LA REIVINDICACIÓN DE LA FILOSOFÍA
EN GIORDANO BRUNO

Miguel A. Granada

LA REIVINDICACIÓN
DE LA FILOSOFÍA
EN GIORDANO BRUNO

Herder

Diseño de la cubierta: Claudio Bado y Mónica Bazán

© 2005, Miguel Ángel Granada
© 2005, Herder Editorial, S.L., Barcelona

ISBN: 84-254-2384-8

La reproducción total o parcial de esta obra sin el consentimiento expreso de los titulares del *Copyright* está prohibida al amparo de la legislación vigente.

Imprenta: ROMANYÀ VALLS
Depósito legal: B - 557 - 2005
Printed in Spain – Impreso en España

Herder
www.herdereditorial.com

A la memoria de mi madre
(1923-2002)

ÍNDICE

A modo de introducción 11

Procedencia de los trabajos recogidos en el presente volumen 45
Ediciones usadas de las obras de Giordano Bruno 49

    I. «Mirado el pecho del Nolano, donde habría podido faltar más bien algún botón». Bruno y la «rareza» del filósofo . . . 51
   II. Epicuro y Giordano Bruno: descubrimiento de la naturaleza y liberación moral (una confrontación a través de Lucrecio) 85
  III. «Para evitar censura o ayudar a otro». El elogio del Nolano en *La cena de las cenizas* y una posible polémica con san Agustín y Dante 107
  IV. «Se hagan todos una única sanguijuela». Nota a un pasaje suprimido de la versión definitiva de *La cena de las cenizas* 133
   V. Erasmo y Bruno: de la *Philosophia Christi* a la Filosofía . . . 155
  VI. Bruno y Pascal: la naturaleza infinita y Cristo entre el hombre y Dios 183
 VII. Universo infinito, *vicissitudine* y «verdadera moralidad» . . 215

Apéndices
1. *Vicissitudine* 245
2. «Quel che viviamo è un punto...». Nota sobre el uso de Séneca por Giordano Bruno en *De gli eroici furori* 259

Índice onomástico 279

A MODO DE INTRODUCCIÓN

Hay otro género de individuos, cuyo espíritu o ánimo, aunque tocado por algunas afecciones corpóreas, no resulta sin embargo penetrado o ligado por ellas; antes bien, en virtud de su mente despierta, alcanza una sabiduría más profunda, de suerte que no sólo resta inmune a las turbaciones de los necios, sino al temor mismo del vulgo: no cree en lo que éste cree, no teme lo que a éste conturba, desprecia lo que él ambiciona. Por tanto, el vulgo –situado en una posición intermedia y determinando a su manera los límites y los grados de la sabiduría– a todos aquellos que están por igual fuera de sus metas y límites los decreta fuera de todo sentido, intelecto y mente, llamándolos necios sin ninguna distinción. Este juicio merecieron Zoroastro, Sócrates, Demócrito y otros muchos que sin embargo quedaron acreditados como sabios por el testimonio de los mismos dioses y de las voces de la naturaleza. Su disposición habitual y su condición estaban determinadas por la condición de su potencia cogitativa, la cual a su vez no estaba gobernada por un espíritu turbulento interior, sino por un espíritu divino irradiante, iluminante y asistente (G. Bruno, *Theses de magia*, XLVII).

El presente estudio aborda la obra de Giordano Bruno –tal como indica el título– como una consciente reivindicación de la Filosofía. Ello es mucho más que la simple banalidad de que alguien defienda su oficio. Tras el gesto bruniano hay, por un lado, una idea precisa y fuerte de la Filosofía y del sujeto que la realiza (el Filósofo), idea que Bruno ve y vive como en conflicto radical con la realidad contemporánea del filósofo y la filosofía, así como con la inmediata tradición intelectual en que tanto el uno como la otra se insertan: la cultura cristiana y el lugar que ésta les concede. Por otro lado, como lógica consecuencia de lo anterior, hay también un enfrentamiento con la tradición intelectual del Occidente cristiano en tanto que ámbito en el que ha tenido lugar históricamente la desaparición de la Filosofía y del Filósofo en su sentido genuino y propio, sustituidos por una práctica cultural (a la que Bruno denomina «filosofía vulgar» o sencillamente «Pedantismo») que es la negación de la auténtica Filosofía y del genuino Filósofo, pero que, sin embargo, se arroga los nombres mismos de lo que en realidad suprime. En suma: tras el gesto bruniano de reivindicar la Filosofía y de afirmarse a sí mismo como Filósofo está la convicción de que se inicia una nueva etapa histórica que pone fin a un largo periodo de subversión de valores y del mismo lenguaje («aquí Giordano habla claramente [...], a cada cosa a la que la naturaleza ha dado un ser determinado le da el nombre apropiado», dice la epístola dedicatoria de la *Expulsión de la bestia triunfante*) que ha tenido en el cristianismo y en su premisa griega (el aristotelismo) su factor desencadenante. Aristotelismo y cristianismo no sólo han subvertido la imagen del universo (reduciéndolo a una criatura finita y contingente, jerarquizada en su interior, donde la tierra, cual «heces del mundo», ocupa el lugar central), sino que han falseado la relación del mismo con la divinidad y por tanto la noción misma de divinidad, con las inevitables consecuencias antropológicas: caído en el lugar más bajo del universo, el hombre sólo puede elevarse y «salvarse» si la divinidad misma lo eleva y salva. Ante esta situación de miseria total y universal del hombre no hay distinciones, pues todos los hombres por igual necesitan del mediador y redentor divino. En la medida en que pretende ofrecer un itinerario propio y selecto, para los hombres superiores, a la divinidad a través del conocimiento filosófico-científico, la Filosofía es —como dice el apóstol— un engaño: «Mirad que nadie os engañe con filosofías y vanas falacias, fundadas en tradiciones humanas, en los elementos del mundo y no en Cristo. Pues en Cristo habita toda la plenitud de la divinidad corporalmente» (Colosenses 2, 8-9). La Filosofía es, pues, vanidad y engaño, una seducción del maligno a través de la promesa del «seréis como Dios, conocedores del bien y del mal» (Génesis 3, 5).

Cuando Bruno reivindica la Filosofía y el Filósofo lo hace contra esta tradición —en la que ve, como hemos dicho, una subversión de los valores y del lenguaje mismo— y contra las posteriores ubicaciones secundarias que esta tradición había concedido a la Filosofía (esto es, a la ciencia): como *ancilla* o esclava de la Teología en una concepción integrada y unitaria del saber humano que tenía en la cúspide, como saber supremo, la Teología-religión. Por el contrario, su reivindicación de la Filosofía se hace mediante la apelación directa a lo que, fundamentalmente, había sido la Filosofía en Grecia desde los orígenes hasta la culminación en Platón y en la tradición platónica (y en este punto también en Aristóteles: no es necesario decir que, en su feroz polémica con Aristóteles, motivada por su interpretación del Estagirita como comienzo del error secular por su doctrina cosmológica, teológica y metafísica, Bruno no quiere reconocer que su propia antropología y teoría de la elevación intelectual a la divinidad continúan en buena medida la concepción peripatética a partir de la tradición medieval, de la que son ejemplo, entre otros, Averroes y el Dante del *Convivio*): la vía auténtica de conocimiento y unión con la divinidad a través del conocimiento de la realidad, de lo que existe, tal como se formula en el programa de «asimilación a lo divino» (véase Platón, *Teeteto* 176b: «... hacerse uno tan semejante a la divinidad como sea posible, semejanza que se alcanza por medio de la inteligencia con la justicia y la piedad»; y el mismo Aristóteles en *Ética a Nicómaco*, X, 7, 1177b 32-35: «Pero no hemos de tener, como algunos nos aconsejan, pensamientos humanos puesto que somos hombres, ni mortales puesto que somos mortales, sino en la medida de lo posible inmortalizarnos y hacer todo lo que está a nuestro alcance por vivir de acuerdo con lo más excelente que hay en nosotros») y en el cumplimiento a partir de Sócrates del mandato délfico de «Conócete a ti mismo» (véase Plotino, *Enéadas*, VI, 9, 7, 29ss.: "No está –dice Platón– fuera de nadie [el Uno]", antes está con todos sin saberlo ellos. Y es que son ellos quienes huyen fuera de él, o mejor, fuera de sí mismos. No pueden, pues, dar alcance a aquél de quien han huído, ni pueden, tras de perderse a sí mismos, buscar a otro. Tampoco un hijo enajenado y fuera de sí conocerá a su padre. Pero quien se conozca a sí mismo, también conocerá su origen»).

La Filosofía se había configurado en Grecia como un programa de autodivinización del hombre a través del conocimiento, de asimilación a la divinidad por el cultivo de lo divino en el hombre (el intelecto y la intelección) y por la perfección moral y felicidad, que es la consecuencia del conocimiento intelectual. La Filosofía era, por tanto, camino de salvación y de felicidad (*via salutis*), una salvación y felicidad que, lejos de ser un estadio futuro y heterogéneo con respecto a la vida presente, se identificaban con la vida filosófica misma y con la figura del Filósofo o del *sapiens*, de la que Sócrates y su destino (un destino que se ha de evitar, pero no temer) eran el arquetipo (véase el *motto* que encabeza estas líneas e *infra*, cap. I). Característico del programa filosófico era el principio de que el hombre puede «salvarse» por sí mismo, pues en realidad la salvación no consiste en otra cosa que en el desarrollo de potencialidades y capacidades naturales presentes en el sujeto humano; en cambio, no es posible que otro nos salve, pues nadie puede ser filósofo por otro y la *salus* no es otra cosa —como decimos— que la vida según la Filosofía.

Ahora bien, no es fácil el camino de la Filosofía, sino arduo y esforzado, pues requiere una reorientación de la atención y prioridades humanas, una reconducción de la mirada de lo exterior a lo interior, de lo sensible y corpóreo a lo intelectual (véase la definición platónica de Filosofía en *República* VII, 521c: «un volverse el alma desde el día nocturno hacia el verdadero; una ascensión hacia el ser, de la cual diremos que es la auténtica filosofía»). Por eso son pocos los filósofos, esto es, los amigos de la Sabiduría, viviendo y prefiriendo vivir la mayoría de los hombres en el ámbito de lo sensible y de la corporeidad, en el reino de la opinión cambiante.

La concepción griega de la Filosofía está unida, por tanto, a una precisa antropología, según la cual los hombres —de forma permanente, pues el hombre es parte de la naturaleza o del ser y éste es siempre idéntico a sí mismo, homogéneo, inmodificable en el curso del tiempo; la Historia es, por tanto, repetición— se dividen en las dos categorías fundamentales de la minoría intelectual que vive según razón e intelecto y el vulgo mayoritario que conoce únicamente a nivel de la sensibilidad e imaginación. Si los primeros, los filósofos, encuentran y descubren por la razón y el intelecto la norma moral y la ley, siendo por consiguiente virtuosos y felices, el segundo está agitado por las pasiones, zarandeado por estímulos siempre cambiantes, siervo de sus deseos e incapaz de alcanzar un principio universal de conducta que regule su vida y sus relaciones en una convivencia pacífica. Esto último sólo es posible en la medida en que la razón interna que le falta le adviene exteriormente en la forma de una Ley dada por un legislador (en el caso óptimo, pero raro, por un legislador filósofo), cuya razón, principio de *auto-nomía* en él, es para el vulgo mayoritario principio *heteró-nomo* de conducta. El libro noveno de la *República* de Platón, con su distinción de las tres partes del alma y por ende de las tres clases de sujetos humanos y de clases sociales, es el punto de partida de esta concepción que debía determinar la teoría política clásica (también la concepción de Bruno) hasta la modernidad europea y la formulación de la ideología de la Ilustración: «Por consiguiente para que esa clase de hombres [*Rep*. 590c: en quienes la parte mejor es débil por naturaleza, de modo que no puede gobernar a las bestias que hay dentro, sino que las sirve y no es capaz de aprender más que a adularlas] sea gobernada por algo semejante a lo que rige al hombre superior, sostenemos que debe ser esclava de este mismo hombre, que es el que lleva en sí el principio rector divino; y esto [...] porque es mejor para todo ser el estar sujeto a lo divino y racional, sea, capitalmente, que este elemento habite en él, sea, en otro caso, que lo rija desde fuera, a fin de que todos, sometidos al mismo gobierno, seamos en lo posible semejantes y amigos» (*República*, IX, 590c-d).

No era diferente la opinión de Aristóteles, si en su *Ética a Nicómaco* dedica el último capítulo –después de haber expuesto en los capítulos inmediatamente anteriores la doctrina de la vida teorética (la Filosofía) como forma superior de vida, perfección del hombre y felicidad suprema en tanto que actualización de lo superior y divino en el hombre: el intelecto– a presentar la necesidad de la Ley, dada la incapacidad e indisposición para la Filosofía de la mayoría de los hombres: «Como la mayor parte de los hombres viven a merced de sus pasiones, persiguen los placeres que les son propios y los medios que a ellos conducen y huyen de los dolores contrarios; y de lo que es hermoso y verdaderamente agradable ni siquiera tienen noción, no habiéndolo probado nunca. A tales hombres, ¿qué razonamiento podrá reformarlos? No es posible, o no es fácil, desarraigar por la razón lo que de antiguo está arraigado en el carácter» (*Ética a Nicómaco*, X, 9, 1179b 13-18). «Para eso –continúa Aristóteles– necesitamos leyes (*nómoi*) y, en general, para toda la vida, porque la mayor parte de los hombres obedecen más bien a la necesidad que a la razón, y a los castigos que a la bondad [...], pues el bueno y el que tiende en su vida a lo que es noble obedecerá a la razón, y el hombre vil que sólo aspira al placer debe ser castigado con el dolor, como un animal de yugo. [...] La ley tiene fuerza obligatoria, y es la expresión de cierta prudencia e inteligencia» (*ibidem*, 1180a 2-22).

Pues bien, la religión es parte de la ley que constituye el Estado, es *nómos*. Por eso la reflexión filosófica sobre la religión es en el pensamiento clásico —desde Platón hasta Maquiavelo, Bruno y Spinoza— no una etérea «filosofía de la religión», sino pura y llanamente *Filosofía política,* como muestra tanto la *República* como *Las leyes* de Platón. Del mismo modo, la acusación de que fue objeto Sócrates (véase *Apología de Sócrates,* 24b: «Sócrates delinque corrompiendo a los jóvenes y no creyendo en los dioses en los que la ciudad cree, sino en otras divinidades nuevas») fue una acusación política, de transgresión del *nómos*, y por tanto un ejemplo de conflicto entre la Filosofía y la sociedad, del peligro y amenaza que cada una de ellas es y representa para la otra.

Por esta raíz antropológica y política de la religión el filósofo no necesita de la religión ni ésta le está destinada, puesto que él conoce la Verdad o el Ser en la forma más adecuada y propia, a través de la razón y el intelecto, es decir, por la Filosofía o ciencia; además, lo que la religión procura a la mayoría de la humanidad, la Ley, el filósofo lo alcanza por sí mismo y por la Filosofía, tal como se pone de manifiesto en su conducta virtuosa, vertiente práctica de su conocimiento (es el intelectualismo moral o eudemonismo racional de raigambre socrática que es consustancial a la Filosofía). Unido y «asimilado» a lo divino por el conocimiento filosófico, el filósofo está situado a un nivel epistemológico y ontológico superior al vulgo y a la religión, la cual opera, por el vínculo orgánico con el vulgo, en el nivel de conocimiento que es propio de éste: sensibilidad, imaginación, mito; no transmite ni vehicula razonamientos, sino mandamientos, exigiendo obediencia e imponiendo una conducta. El filósofo es libre con respecto a ella; está «liberado», como dirán los libertinos de la cultura europea de los siglos XVI y XVII. Ahora bien, el filósofo conoce la utilidad y beneficio que la religión aporta al vulgo y a la sociedad e indirectamente a él mismo como miembro de dicha sociedad, haciendo posible una convivencia que de otro modo sería altamente difícil; por ello respeta la religión establecida, no siembra el escándalo cuestionando o debilitando la fe religiosa de la multitud con una razón filosófica que, por principio, no puede ser entendida por la multitud sino de modo filosóficamente perverso y contraproducente para la religión misma. Por ello mantiene la Filosofía y su ejercicio separados de su práctica social, en un territorio privado, en el interior de un círculo de seguridad, garantizado por la comunicación oral a personas de confianza, entregadas como él a la Filosofía, por el uso de toda una serie de reservas y cautelas cuando se hace uso de la escritura. Todo ello presupone la convicción de que la Filosofía constituye, ciertamente, un peligro para la sociedad, que tiene en la *opinión* del vulgo (*dóxa,* cfr. nuestro *motto*; por tanto, en aquello que la Filosofía cuestiona y critica radicalmente) «el elemento constituyente en el que respira», como señaló Leo Strauss (véase «On a Forgotten Kind of Writing», en L. Strauss, *What Is Political Philosophy? and other Studies,* The University of Chicago Press, Chicago y Londres, 1959, pp. 221s.). Pero presupone también, como el destino de Sócrates testimonia ejemplarmente, que la Filosofía está amenazada por la sociedad y corre un peligro, por lo cual la cautela y *prudentia dicendi* es necesaria también para la seguridad e integridad del filósofo (véase a título de ejemplo en castellano, aunque el tratamiento del problema incurra excesivamente en lo anecdótico, con perjuicio de la elaboración conceptual, L. Canfora, *Una profesión peligrosa. La vida cotidiana de los filósofos griegos,* Anagrama, Barcelona 2002) a fin de garantizar un espacio de libertad que permita el desarrollo de la Filosofía como una empresa necesaria y rigurosamente privada. Y, ciertamente, privado, verbal y esotérico fue, en lo fundamental, el desarrollo de la Filosofía en la antigüedad (véase de nuevo Platón, *República,* IX, 592a: «[el hombre sensato o el hombre de intelecto, el filósofo: *ho noûn ekhôn, ibi,* 591c] actuará, e intensamente, en su ciudad interior, pero no de cierto en la ciudad patria, a menos que se presente alguna ocasión de origen divino»).

El presente volumen argumenta, en conexión con otros trabajos nuestros precedentes (véase en particular nuestra introducción a la edición de *Des fureurs héroïques [De gli eroici furori],* Les Belles Lettres, París 1999; y nuestro *Giordano Bruno. Universo infinito, unión con Dios, perfección del hombre,* Herder, Barcelona 2002), que es ésta la concepción de la Filosofía cuya reivindicación consciente y polémica en relación con el cristianismo constituye un motivo central de la obra bruniana, tanto de los diálogos italianos como de la obra latina. En efecto, cuando Bruno se proclama «filósofo» («espíritu dotado de una filantropía general y del título de la profesión filosófica, en el que quiero poner todo mi gozo y gloriarme únicamente»; véase *infra,* cap. I) y reivindica la «libertad de la filosofía» frente a los teólogos (véase *Del infinito: el universo y los mundos*, Alianza, Madrid 1993, p. 122: «los teólogos no menos doctos que religiosos jamás han puesto trabas a la libertad de los filósofos») es en esta concepción de la Filosofía en lo que piensa, así como en la relación con la religión que ella postula: «y los filósofos verdaderos, con conciencia cívica y buenas costumbres, han favorecido siempre las religiones, porque tanto los unos como los otros [filósofos y teólogos prudentes] saben que la fe es necesaria para la ordenación de los pueblos rudos que deben ser gobernados y la demostración [esto es, el razonamiento científico, la Filosofía] para los contemplativos que saben gobernarse a sí mismos y a los demás» (*Del infinito*, p. 122).

Ciertamente, la Filosofía (para Bruno el conocimiento supremo del hombre, coincidente sin más con la ciencia) es conocimiento «demostrativo», que procede por conceptos, proposiciones y razonamientos concluyentes; un itinerario racional e intelectual que conoce la estructura física y metafísica de la naturaleza y a través de ella conoce a la divinidad, la cual (aunque incognoscible en su ser absoluto) se expresa totalmente en su efecto o producción necesaria y única que es la naturaleza infinita y eterna. Así, por medio de la contemplación intelectual (filosófica), el Filósofo conoce a Dios y se une con él en la única forma que es posible, en su obra, y con ello lleva a la perfección la naturaleza humana, por la actualización del intelecto, y alcanza la felicidad suprema, el Paraíso: «Ésta es la filosofía [dice Bruno presentando su pensamiento en *Del infinito*, p. 89] que abre los sentidos, contenta el espíritu, exalta el intelecto y reconduce al hombre a la verdadera beatitud». De lo dicho se sigue que la Filosofía contiene una teología (un conocimiento intelectual de la divinidad, el máximo asequible por el hombre en el ejercicio de sus facultades; entiéndase, en la naturaleza que constituye la *explicatio* necesaria y plena de la divinidad y con la cual ésta se identifica), tal como había postulado desde siempre la tradición filosófica griega (recordemos que para Aristóteles la «filosofía primera» o metafísica, la Sabiduría, es teología) y había continuado en la filosofía islámica o judía (Averroes, Maimónides). Pero se trata de una teología muy distinta de la mezcla de argumentación filosófica y verdad revelada presente en la escolástica cristiana; es, por el contrario, una teología puramente filosófica, en el sentido indicado. Así, «no tanto son dignos de represión como dignísimos de alabanza aquellos que se esfuerzan por conocer este principio y causa [Dios] para aprehender su grandeza, en cuanto ello sea posible. Examinan con los ojos de un intelecto reflexivo esos astros magníficos y esos cuerpos centelleantes, que parecen y son mundos innumerables [...] y proclaman en un espacio infinito, con voces innumerables, la excelencia sin límites y la majestad de su primer principio y su primera causa. [...] examinemos el primer principio y la primera causa en su vestigio, que o es la propia naturaleza o brilla en el ámbito y seno de ella» (*De la causa, principio y uno,* diálogo II).

Se trata de una reivindicación de la Filosofía frente al *pedantismo* que históricamente la había suplantado, usurpando su mismo nombre, en las dos formas de la «filosofía vulgar» del aristotelismo y de la religión y teología cristianas. En particular el cristianismo había, de hecho, según Bruno, eliminado la Filosofía: 1) cuando se había presentado a sí mismo como la verdadera y divina Filosofía, encarnada en Cristo, frente a la incapacidad de la filosofía griega de cumplir sus promesas de perfección, felicidad y divinización del hombre (un planteamiento de la Patrística griega que en el siglo XVI es actualizado por Erasmo en su *Philosophia Christi*; véase *infra,* cap. V); 2) cuando había proclamado la vanidad y nulidad de la Filosofía frente a la única redención posible, la operada por Cristo y que se concede al hombre en virtud de la mera fe (*sola fide*); 3) cuando concede a la filosofía un papel subordinado y *ancilar* en el interior del itinerario cristiano a Dios. Contra ello, la Filosofía que Bruno reivindica es la que, a través del conocimiento, procura al hombre perfección, felicidad, norma de vida y unión con Dios: «Tratamos de alcanzar una contemplación no ligera y vana, sino gravísima y dignísima del hombre perfecto, cuando buscamos el esplendor, la fusión y comunión con la divinidad y naturaleza, no en un individuo egipcio, sirio, griego o romano; no en una comida, bebida y alguna materia más innoble, junto con la masa de los atónitos, y fingimos y soñamos que lo hemos encontrado, sino en la augusta morada del omnipotente, en el inmenso espacio etéreo, en la infinita potencia de la naturaleza» (*De immenso et innumerabilibus,* I, 1; véase *infra,* caps. II, III, VI).

La Filosofía que Bruno reivindica es la *contemplación* o *theoría* que en la antigüedad se encarnaba en el *bîos theoretikós* glosado tanto por Platón y el platonismo como por el denostado Aristóteles y cuya superioridad Bruno proclama también: la Filosofía y su libre investigación de la verdad, del ser, de la divinidad, es la empresa intelectual propia «a sabios, a espíritus nobles y a quienes son verdaderamente hombres, los cuales hacen lo que conviene sin necesidad de ley [*i. e.* religión]» (*La cena de las cenizas*, Alianza, Madrid 1987, p. 134). Es una empresa y una forma de vida, un conocimiento, superior y distinto (que se debe mantener cuidadosamente separado) de la religión, de las leyes, destinadas al vulgo mayoritario y cuyo fin «no es tanto buscar la verdad de las cosas y especular como la bondad de las costumbres, el provecho de la civilización, la concordia entre los pueblos, y la conducta con vistas al bienestar de la convivencia humana, el mantenimiento de la paz y el progreso de los Estados» (*ibidem*).

Llegados a este punto se nos dirá, con razón, que esa concepción de la religión como *lex* y de la filosofía, así como la de su separación rigurosa, es la de la filosofía islámica, en especial de Averroes, y que llega a Bruno tanto desde la lectura directa de Averroes (obviamente en la traducción latina) como desde la tradición del averroísmo latino. Es cierto, y nosotros mismos hemos tenido ocasión de establecerlo (véase en especial nuestro *Giordano Bruno. Universo infinito, unión con Dios, perfección del hombre*, *passim*; también nuestra introducción a *Des fureurs héroïques*, # 5 y 6). Ahora bien, ocurre que esta concepción de la *Falsafa* islámica (no sólo de Averroes, sino también de al-Farabi –en quien encuentra su primera formulación– y del zaragozano Avempace, pero que pasa al occidente latino en el siglo XIII en los escritos del filósofo cordobés) y también de la filosofía judía medieval, de Maimónides (cuyo maestro y referente inmediato en filosofía es al-Farabi) y de la continuación del racionalismo maimonídeo en las comunidades judías de la Provenza (Moisés de Narbona, Levi ben Gerson, que articulan a Maimónides con Averroes), esta concepción de la *Falsafa* islámica –decimos– es la continuación de la posición de la Filosofía griega al respecto, cuyas tesis básicas asume y desarrolla de forma coherente. Bastará con remitir en este punto a la obra de Leo Strauss, en especial a su estudio seminal de la época alemana *Philosophie und Gesetz* (publicado en 1935; traducción francesa de Rémi Brague en Leo Strauss, *Maïmonide*, P.U.F., París 1988: «La philosophie et la Loi. Contributions à la comprehension de Maïmonide et de ses devanciers», pp. 11-142) o a su trabajo posterior *Farabi's Plato* (publicado en 1945; traducción francesa de O. Sedeyn: *Le Platon de Farabi*, Editions Allia, París 2002).

En este sentido se ha hablado, con toda razón, a propósito de la concepción de Strauss, de una interpretación «musulmana» de la filosofía griega (véase R. Brague, «Athènes, Jérusalem, La Mecque. L'interprétation «musulmane» de la philosophie grecque chez Leo Strauss», *Revue de Métaphysique et de Morale*, 1989, pp. 309-336; cfr. p. 316: «Le modèle de lecture que Strauss applique aux Grecs n'est d'origine ni antique, ni moderne, mais médiévale: pour être précis, islamique»), pero de una interpretación que no es en absoluto arbitraria e infundada, sino que por el contrario aferra estructuras conceptuales básicas del pensamiento antiguo, sobre las cuales se ha construido conscientemente, desde al-Farabi, la filosofía en tierra del Islam.

Si la religión en el mundo antiguo, especialmente en la Grecia clásica, era un componente del *nómos*, de la ley del Estado, y por ello una religión política (un *ordine dello stato*, por decirlo con Maquiavelo), las religiones islámica y judía son, cada una en su ámbito, «Ley» (*sharia, torah*), con la diferencia frente al mundo antiguo de que están basadas en una revelación de Dios al profeta (Moisés, Mahoma). En ambos casos la revelación da e impone a los hombres una Ley –una norma y reglamentación total de la vida– que configura y produce una sociedad política. Consecuentemente, el desarrollo lógico de la *ley*, en la sociedad islámica y en las comunidades judías, no es una *Teología* (una construcción dogmática especulativa, apoyada en el libro revelado), sino el derecho. En palabras de Strauss: «Si dovrà prendere avvio dalla diversità tra l'ebraismo e l'Islam, da una parte, e la cristianità dall'altra. Per l'ebreo e per il musulmano la religione non è anzitutto, come per il cristiano, una religione articolata in dogmi, bensí una legge, un codice di origine divina. Di conseguenza, la scienza religiosa, la *sacra dottrina*, non è teologia dogmatica, *theologia revelata*, bensí la scienza della legge, *halakah* o *fiqh*. La scienza della legge cosí intesa ha molto meno in comune con la filosofia di quanto non ne abbia la teologia dogmatica»; «Come avviare lo studio della filosofia medievale», en L. Strauss, *Gerusalemme e Atene. Studi sul pensiero politico dell'Occidente*, Einaudi, Turín 1998, pp. 249-270: 265).

El resultado, como señala Strauss, fue la marginalidad, superfluidad o inesencialidad de la Filosofía en los mundos islámico y judío. Y por tanto un carácter de la misma rigurosamente privado, en condiciones de extrema precariedad: «Di conseguenza lo status della filosofia è, in linea di principio, molto più precario nel mondo islámico-ebraico di quanto non lo sia nel mondo cristiano. Nessuno potrebbe divenire un teologo cristiano competente senza aver compiuto perlomeno degli studi fondamentali di filosofia; per la religione cristiana la filosofia costituiva parte integrante del corso di studi ufficialmente autorizzato e perfino richiesto. D'altra parte, si potrebbe diventare un esperto di *halak* o un *faqih* perfettamente competente senza avere la minima cognizione filosofica. Tale fondamentale differenza rende senza dubbio conto della possibilità del successivo tracollo degli studi filosofici nel mondo islamico [y también en las comunidades judías, con el ocaso de la tradición averroísta-maimonídea y el triunfo del misticismo cabalístico a finales de la Edad Media; véase M.-R. Hayoun, *Les lumières de Cordoue à Berlin*, Lattès, París 1996], fenomeno che non ha paralleli nell'Occidente» (*ibidem*). Tal privacidad y precariedad constituía una amenaza muy seria contra la continuidad de la Filosofía y es muy probablemente la aguda conciencia de ello y la voluntad de hacer frente al ocaso definitivo del pensamiento especulativo lo que decidió a Maimónides a escribir la *Guía de los perplejos* (véase L. Strauss, «The Literary Character of the Guide for the perplexed» en *Idem, Persecution and the Art of Writing*, Free Press, Nueva York 1952, pp. 38-94, especialmente p. 52).

Pero en el mundo islámico y judío la escritura filosófica, el modo filosófico de escribir, era fuertemente *esotérico*: «basado en argumentaciones demostrativas o científicas» (véase Strauss, «Come avviare...», p. 269), se servía por lo demás de toda una serie de recursos encaminados a vedar el acceso al núcleo de verdad a la mayoría vulgar, que por lo general lee siempre de manera superficial, esperando que el verdadero destinatario, la minoría inteligente (la élite filosófica), sería capaz de atravesar esas defensas y de acceder hasta él. Como señala Rémi Brague, «ésotérisme entendu comme moyen de communiquer des vérités jugées dangereuses, sans que soient mises en danger la sécurité de l'auteur ou la paix civile» («Athènes, Jérusalem, La Mecque...», p. 323). La escritura esotérica es la lógica consecuencia de la polémica relación de la Filosofía con la sociedad y de la diferencia antropológica; persigue no poner en peligro la seguridad del filósofo y de la Filosofía por una reacción hostil y violenta de la sociedad ante la subversión filosófica, pero también no hacer vacilar o destruir la fe y las opiniones del vulgo (que por lo demás es incapaz de elevarse al nivel de la Filosofía y por tanto de comprenderla en sus justos términos) con la consiguiente perturbación de la paz civil. Así, esotérica es la *Guía de los perplejos* de Maimónides y esotéricos son los *Comentarios* de Averroes al *corpus* aristotélico o su *Destructio destructionum*, allí por ejemplo donde presenta la doctrina filosófica de la necesaria producción eterna de Dios (esotérica porque esta verdad filosófica que alimenta al filósofo es, en cambio, para el vulgo, veneno mortal por la errónea y moralmente nociva interpretación que hace de ella), que Bruno recoge en su *Del infinito* en términos prácticamente idénticos (véase *Del infinito*, pp. 120-123 e *infra*, cap. V). Strauss lo formula con toda claridad: «Philosophy or science, the highest activity of man, is the attempt to replace opinion about "all things" by knowledge of "all things"; but opinion is the element of society; philosophy or science is therefore the attempt to dissolve the element in which society breathes, and thus it endangers society. Hence philosophy or science must remain the preserve of a small minority, and philosophers or scientists must respect the opinions on which society rests. To respect opinions is something entirely different from accepting them as true. Philosophers or scientists who hold this view about the relation of philosophy or science and society [y este es el caso desde Grecia al menos hasta el siglo XVII] are driven to employ a peculiar manner of writing which would enable them to reveal what they regard as the truth to the few, without endangering the unqualified commitment of the many to the opinions on which society rests. They will distinguish between the true teaching as the esoteric teaching and the socially useful teaching as the exoteric teaching; whereas the exoteric teaching is meant to be easily accessible to every reader, the esoteric teaching discloses itself only to the very careful and well-trained readers after long and concentrated study» («On a Forgotten Kind of Writing», pp. 221s.).

Creemos que esta concepción de la Filosofía –fuerte, autónoma y suficiente– llega a Bruno tanto desde el pensamiento medieval islámico (con inclusión de Maimónides) como desde la filosofía antigua misma. Y esa es la Filosofía que él reivindica (para la cual reclama *libertad*, dando por garantizado, como hemos visto, la prudencia y responsabilidad de los filósofos con respecto al vulgo y a la sociedad) frente a la *confusión* imperante en la sociedad cristiana, donde se vende y postula como filosofía lo que en realidad constituye la negación de la misma, así como frente a la mutilación de la misma, como consecuencia de que se le haya privado de su dimensión salvífica y asimiladora a lo divino para someterla a la teología y religión cristianas a partir del supuesto de que la fe en Cristo es condición necesaria para la salvación y acceso a Dios de todos los hombres y que, por tanto, «todos pueden pretender volver la mente por igual a un alto amor» y a todos es entonado el «sursum corda» (véase *Los Heroicos Furores*, Tecnos, Madrid 1987, pp. 174 y 176). Por el contrario, Bruno se presenta como liberado, en virtud de la Filosofía, de la *caverna*, de la condición natural, social e histórica del sujeto humano: «el Nolano [...] ha liberado el ánimo humano y el conocimiento que estaba encerrado en la estrechísima cárcel del aire turbulento, donde [...] le habían sido cortadas las alas a fin de que no volara a abrir el velo de estas nubes y ver lo que verdaderamente se encontraba allá arriba, liberándose de las quimeras introducidas por aquellos que [...] con multiforme impostura han llenado el mundo entero de infinitas locuras, bestialidades y vicios como si fueran otras tantas disciplinas, apagando aquella luz [del intelecto; por tanto poniendo fin a la Filosofía] que hacía divinos y heroicos los ánimos de nuestros padres, aprobando y confirmando las tinieblas caliginosas de sofistas [Aristóteles] y asnos [el cristianismo; cfr. *Cábala del caballo Pegaso*, Alianza, Madrid 1990, pp. 81-93]» (*La cena de las cenizas*, pp. 69s.).

Es verdad que, como señalaba Strauss, la filosofía gozaba en el medievo cristiano de una situación muy diferente a la del mundo islámico-judío. Lejos de la precariedad, gozaba de una sólida posición institucional y de un prestigio, siempre dentro de la subordinación a la fe y misterio cristianos y de la pérdida consiguiente de su dimensión salvífica (reducida a un nivel o grado de conocimiento dentro de la *sapientia* o doctrina cristiana, tal como había dicho, por ejemplo, san Buenaventura en réplica a las pretensiones de los «artistas» o filósofos parisinos: «Philosophica scientia via est ad alias scientias; sed qui ibi vult stare, cadit in tenebras»; véase J. Domanski, *La philosophie, théorie ou manière de vivre? Les controverses de l'Antiquité à la Renaissance*, Cerf-Éditions Universitaires de Fribourg, Friburgo 1996, cap. II). Sin embargo, esta diferente situación había dado a la filosofía en el islam (y en el judaísmo) una *libertad* (siempre unida al esoterismo), a la vez que en la sociedad cristiana había suscitado, en especial por parte de la autoridad religiosa, la vigilancia, el control, la condena y la persecución: «Il riconoscimento ufficiale della filosofia nel mondo cristiano aveva indubbiamente delle contropartite. Tale riconoscimento fu ottenuto a prezzo dell'imposizione di una rigorosa supervisione ecclesiastica. D'altra parte la posizione precaria della filosofia nel mondo islamico-ebraico le garantiva o imponeva un carattere privato e quindi un più alto grado di libertà interiore. La situazione della filosofia nel mondo islamico-ebraico assomiglia sotto questo aspetto alla sua situazione nella Grecia classica» (Strauss, «Come avviare lo studio...», p. 267). Pensemos únicamente en los conflictos subsiguientes a la penetración del aristotelismo greco-árabe a lo largo del siglo XIII y en la famosa condena de las 219 tesis por parte del obispo de París Etienne Tempier en 1277 (véase L. Bianchi, *Il vescovo e i filosofi. La condanna parigina del 1277 e l'evoluzione dell'aristotelismo scolastico*, Pierluigi Lubrina, Bérgamo 1990; *Idem, Censure et liberté intellectuelle à l'université de Paris (XIIIe-XIVe siècles)*, Les Belles Lettres, París 1999).

Así pues, esta concepción greco-islámica de la Filosofía, como saber total y completo que contiene una teología y comporta «la verdadera vía a la verdadera moralidad» (*Del infinito*, p. 88) además de procurar al sujeto que la realiza la beatitud, la perfección y la unión con la divinidad en la medida de lo naturalmente posible (algo, pues, profundamente distinto de lo que la filosofía había venido a ser en la Cristiandad), es lo que Bruno reivindica y pretende restaurar. Y esta es la tesis básica que subyace al presente libro y que pretendemos demostrar en los estudios que lo componen.

La fase final del proceso inquisitorial, así como el desenlace del mismo, con la negativa de Bruno a abjurar, es un cumplido testimonio –nos parece– de esta adhesión y reivindicación de la Filosofía. Es sabido que la condena de Bruno se produjo por su negativa a abjurar de las ocho proposiciones –heréticas, a juicio del tribunal–, cuyo texto se ha perdido, pero que debían coincidir, al menos en parte, con las tesis incriminadas extraídas de la censura de los libros brunianos, entre las cuales figuraban el movimiento de la tierra, la infinitud del universo y de los mundos, el problema del alma y la metempsicosis (véase L. Firpo, *Il processo di Giordano Bruno*, edición de D. Quaglioni, Salerno, Roma 1993, pp. 299-304). La negativa a abjurar («Dixit quod non debet nec vult resipiscere, et non habet quid resipiscat, nec habet materiam resipiscendi, et nescit super quo debet resipisci», véase Firpo, *Il processo...*, p. 333) es del todo coherente y complementaria de la frase que se le atribuye tras la lectura pública de la sentencia que le condenaba a la hoguera: «Maiori forsan cum timore sententiam in me fertis quam ego accipiam» (Firpo, *Il processo...*, p. 351). Según Bruno, era mayor el *temor* de los inquisidores al condenarle que el suyo al saberse condenado y entregado a la muerte, o lo que es lo mismo: Bruno no teme la condena, no teme a la muerte (recuérdese nuestro *motto*: el filósofo «no teme lo que a éste [el vulgo] conturba»). Y ello es debido a un componente de la Verdad alcanzada por la Filosofía: «Pitágoras no teme a la muerte; espera la mutación» (*De la causa*), «*Anima sapiens non timet mortem*, immo interdum illam ultro appetit, illi ultro occurrit» (*De immenso*, I, 1); «desean especialmente vivir y temen especialmente morir aquellos hombres que no poseen *la luz de la filosofía verdadera* y no conocen otro ser que el presente, pensando que no puede sobrevenirles otro ser que les pertenezca a ellos, porque no han llegado a comprender que el principio vital no consiste en los accidentes que resultan de la composición, sino en la sustancia indivisible e insoluble» (*Del infinito*, pp. 199s.; la cursiva es nuestra). Es por «la luz de la filosofía verdadera» (por la Filosofía) por lo que Bruno no teme a la muerte y puede por tanto salirle al encuentro con serenidad. Además, la Filosofía ha hecho saber a Bruno que, frente al temor —cual liebres— de los cristianos a la muerte, a causa de la ignorancia y error en que se encuentran, la muerte «no se acerca, excepto en un esfuerzo vano, allí donde el inexpugnable muro de *la verdadera contemplación filosófica* circunda, [...] donde está abierta la verdad, donde es clara la necesidad de la eternidad de toda sustancia, donde *lo único que se debe temer es el ser despojado de la humana perfección* y justicia, que consiste en la conformidad con la naturaleza superior y no errante» (G. Bruno, *Expulsión de la bestia triunfante*, Alianza, Madrid 1989, p. 288; cursiva nuestra). El único temor legítimo del filósofo es el «ser despojado de la perfección humana»; ahora bien, la perfección humana —como sabemos por *Del infinito* y el *De immenso*— es el resultado precisamente de «la verdadera contemplación filosófica», de la Filosofía, porque es ella la que ejerce y actualiza lo superior en el hombre, el intelecto, y une al hombre con el intelecto divino, haciendo de éste la *forma* propia, y en este sentido «lo conforma con la naturaleza superior y no errante» (cfr. *Los*

Heroicos Furores, p. 195: «[...] la inteligencia superior iluminadora por la cual el intelecto se vuelve habitual y es formado en acto»).

Entonces, si la perfección humana se da en la Filosofía y en la forma de vida filosófica, el ser despojado de la humana perfección no es otra cosa que ser privado de la Filosofía y no poder vivir filosóficamente. Esto es lo que pretendían de Bruno los inquisidores: que abjurando de su Filosofía reconociera que la perfección, por el conocimiento de la Verdad y la vida en consecuencia, residía en la religión cristiana y en la teología eclesiástica y que la Filosofía debía plegarse ante ellas (véase M. A. Granada, "Essere spogliato dall'umana perfezione e giustizia". Nueva evidencia de la presencia de Averroes en la obra y en el proceso de Giordano Bruno», *Bruniana & Campanelliana*, V, 1999, pp. 305-331; *Idem*, Introducción a *Des fureurs héroïques*, pp. CXV-CXVIII; *Idem, Giordano Bruno. Universo infinito...*, introducción y cap. 7). Por eso se puede asentir a Maurice Finocchiaro cuando afirma que el proceso de Bruno «may be said to epitomize the clash between philosophy and religion» (véase M. Finocchiaro, «Philosophy versus Religion and Science versus Religion: the Trials of Bruno and Galileo», en H. Gatti ed., *Giordano Bruno Philosopher of the Renaissance*, Ashgate, Aldershot 2002, pp. 51-96: 54).

Lo significativo, además, en relación con la tesis que pretendemos defender, es que cuando Bruno afirma que «lo único que se debe temer es el ser despojado de la humana perfección» está traduciendo al italiano un pasaje fundamental del *Averroes latinus*, concretamente del proemio al *Gran Comentario a la Física de Aristóteles*. Allí Averroes había dicho, apelando a Alejandro de Afrodisia, que en virtud de la Filosofía y del conocimiento que ella procura, el filósofo («sapiens») no teme a la muerte: «cum noverit sapiens quod mors est ex necessitate materiae, et proprie cum *habet perfectionem humanam, et dubitaverit quod a perfectione spolietur*, tunc non est mirum, si aliquando eligit mortem prae vita: sicut fecit Socrates cum Atheniensibus» (véase Granada, *Giordano Bruno. Universo infinito...*, pp. 54ss.; cursiva nuestra). A través de Alejandro de Afrodisia, Averroes se remite a Sócrates y a su serena aceptación de la muerte. Esta conexión Grecia-Islam se realiza en virtud de la Filosofía y por la continuidad de la misma de Grecia a la *Falsafa*. Cuando Bruno cita tácitamente a Averroes como ilustración de su propia concepción de la Filosofía está indicando que, para él, ésta representa lo mismo que para Averroes y para la tradición «socrática» griega. Bruno, ciertamente, no apela a Sócrates explícitamente (pero léase una vez más nuestro *motto*), sino a Pitágoras –por su doctrina de la permanencia y mutación del alma que el Nolano pone como un componente central de la Filosofía y como condición para la comunión con la divinidad (véase *infra*, cap. VII)–, pero no cabe duda de que, a través de Averroes, lo tenía presente. Incluso su propia aceptación de la condena inquisitorial coincide con la aceptación socrática de la condena ateniense («no es de extrañar si en alguna ocasión prefiere la muerte a la vida, tal como hizo Sócrates ante los atenienses»). Como Bruno, Sócrates prefirió la muerte a dejar de filosofar, esto es, a despojarse de la perfección humana alcanzada en y por la Filosofía y compatible sólo con la forma de vida según la Filosofía: «Si me dijerais: "Ahora, Sócrates, [...] te dejamos libre, a condición, sin embargo, de que no [...] filosofes, y si eres sorprendido haciendo aún esto, morirás"; si, en efecto, como dije, me dejarais libre con esta condición, yo os diría: "Yo, atenienses, [...] voy a obedecer al dios más que a vosotros y, mientras aliente y sea capaz, es seguro que no dejaré de filosofar"» (véase Platón, *Apología de Sócrates*, 29c-d). Y cuando Sócrates dice: «Sabed bien que si me condenáis a muerte, siendo yo cual digo que soy, no me dañaréis a mí más que a vosotros mismos» (*ibi*, 30c), no está diciendo en el fondo algo distinto de lo que Bruno dijo a sus jueces: «Con mayor temor, quizá, pronunciáis vosotros contra mí esta sentencia de lo que yo la recibo». O de lo que dejó escrito Siger de Brabante justo antes de interrumpir la redacción de su última obra, *De anima intellectiva*: «[...] cum vivere sine litteris mors est et vilis hominis sepultura», por lo cual quizá dijo Dante de él (*Paradiso*, X, 135) que «a morir li parve venir tardo».

Todo ello demuestra que lo que une a Sócrates (Platón), Averroes, Siger de Brabante y Bruno es la idéntica concepción de la Filosofía, que no es la concepción débil y ancilar de la misma, propia de la cultura cristiana (donde la filosofía era simplemente conocimiento de un determinado nivel, no absoluto y pleno, puesto que la moralidad, la perfección humana y la unión con Dios venían dadas por la religión cristiana), sino la concepción fuerte, autónoma, autosuficiente (encarnada en la tradición griega y de la *Falsafa*), en la que el conocimiento superior comporta la «verdadera moralidad», la felicidad máxima y la unión con el principio divino. Esta última es la Filosofía que Bruno reivindica y para la cual reclama *libertad* («los teólogos no menos doctos que religiosos jamás han puesto trabas a la libertad de los filósofos», *Del infinito*, p. 122).

Pero ¿por qué esta reivindicación? En primer lugar por razones teóricas, esto es, por amor a la verdad y, dado que la verdad se refleja o expresa en la Sabiduría, por amor a la Sabiduría, por «filo-sofía». Así, frente al «vilipendio» general en que se encuentra la Filosofía por obra de los pedantes, Bruno la revindica y restaura no «por sórdido amor propio o por vil cuidado de hombre particular, sino por amor a mi amadísima madre filosofía y por celo de su lesa majestad» (*De la causa*; véase *infra*, cap. I). Si la *pedantería* es la confluencia de aristotelismo, cristianismo y humanismo que ha suplantado a la Filosofía, tanto en sus pretensiones de conocimiento como en la función de guía y gobierno del pueblo, es comprensible que Bruno le declare la guerra en el plano teórico, esto es, en el nivel del mero conocimiento: «Advirtamos que jamás ha estado la pedantería más exaltada que en nuestros tiempos, cuando amenaza gobernar el mundo [...]. Por ello en nuestra época más que nunca deben estar alerta los espíritus bien nacidos, armados con la verdad, alumbrados por la divina inteligencia, prestos a medir sus armas con la oscura ignorancia, alcanzando la alta fortaleza y eminente torre de la contemplación. A éstos conviene ciertamente tener toda otra empresa por vil y vana» (*Heroicos Furores*, p. 176).

Ahora bien, como «la pedantería amenaza con gobernar el mundo», precisamente por haber suplantado a la Filosofía, la reivindicación y restauración de esta última es también una necesidad imperiosa de orden práctico, derivada del estado contemporáneo de la sociedad europea. De acuerdo con su rígida concepción *vicisitudinal* de la historia, por la cual ésta se desarrolla en periodos alternativos y contrapuestos de verdad/error, conocimiento/ignorancia, virtud/vicio, Bruno presenta en *La cena de las cenizas* (en el marco ciertamente de una representación mítica) el efecto o «los frutos» de la Filosofía en la Antigüedad en el plano político: «la convivencia pacífica de sus pueblos» (*La cena*, p. 77). Sobre los «frutos» en general y en el plano político-social de la «filosofía vulgar», esto es, del *pedantismo* aristotélico-cristiano, Bruno no se pronuncia en este lugar («dejo el examen a quien tenga juicio», *ibi*), pero sí en otros muchos.

Uno de estos lugares es *Expulsión*, pp. 175s.: «Mientras dicen [se trata de los reformados] que quieren reformar las leyes y religiones deformadas, lo que hacen de seguro es devastar todo lo que tienen de bueno y confirmar y ensalzar a los astros todo lo que de perverso y de vano puede haber o creerse que hay en ellas. Que vea [el Juicio] si aportan otros *frutos* que los de impedir la convivencia, disipar las concordias, disolver las uniones, rebelar a los hijos contra los padres, a los siervos contra los señores, a los súbditos contra los superiores, suscitar el cisma entre unos pueblos y otros, entre unas naciones y otras, entre compañeros, entre hermanos, y sembrar la discordia en las familias, ciudades, repúblicas y reinos. Y en conclusión, que vea si mientras saludan con la paz llevan allí donde entran el cuchillo de la división y el fuego de la dispersión, arrebatando el hijo al padre, el prójimo al prójimo, el habitante a la patria y causando otros divorcios horrendos contra toda naturaleza y ley. Que vea si mientras se dicen ministros de uno que resucita muertos y sana enfermos, son ellos quienes (peores que todos los otros a quienes nutre la tierra) estropean a los sanos y matan a los vivos, no tanto con el fuego y con el hierro como con su perniciosa lengua».

En la sociedad europea, de matriz aristotélico-cristiana, la suplantación de la Filosofía por el pedantismo ha comportado una completa subversión de valores que amenaza con precipitar la civilización y la convivencia en la más completa barbarie, tal como se manifiesta en la Europa contemporánea en dos ámbitos decisivos: por un lado la llamada «evangelización» y «colonización» de América, que Bruno denuncia en una página memorable de *La cena* (pp. 67s.) para presentarse justo a continuación a sí mismo como el llamado, mediante la restauración de la Filosofía, «para causar efectos completamente contrarios liberando el ánimo humano y el conocimiento» (véase M. A. Granada, *Giordano Bruno. Universo infinito...*, cap. 5 e *infra*, cap. III); por otro lado, y mucho más frecuentemente, la Reforma protestante con todo su séquito de guerras y destrucción de la convivencia civil y del entramado estatal. Eliminada la Filosofía y suplantada por el pedantismo, «algunos corruptores de leyes, fe y religión [los teólogos de la Reforma, variante de los *mutakallimun* o teólogos musulmanes contra los que argumenta Averroes en el pasaje de la *Destructio destructionum* que inspira este pasaje bruniano; cfr. *infra*, cap. V], queriendo parecer sabios, han infectado muchos pueblos, convirtiéndolos en más bárbaros y malvados de lo que eran antes, despreciadores de las buenas obras y confiadísimos ante todo tipo de vicios y fechorías, gracias a las conclusiones que sacan de semejantes premisas [la justicia de la fe, la necesidad y omnipotencia divinas]» (*Del infinito*, p. 120). Con posterioridad a los diálogos italianos, en las obras redactadas y publicadas en Alemania, Bruno proseguirá su crítica implacable de la Reforma, señalando su contradicción con la Filosofía. Así, en *De immenso* dirá con mordaz ironía: «Pues ¿qué concluyen por doquier los dogmas de los sicofantes? Que el justo no incurre en la ira de los dioses por sus malas acciones, que Dios óptimo y uno no está vinculado por las buenas acciones, sino sólo si en el ánimo impera aquella opinión por la que el pueblo se separa del pueblo, el hijo abandona a sus padres, nadie saluda al que tiene una fe diferente y pretende defender a los dioses, aunque éstos sean omnipotentes, cualquier mortal sin fuerza, fanático, insensato» (véase M. A. Granada, *Giordano Bruno. Universo infinito...*, pp. 150s.). Y en la dedicatoria a Rodolfo II de los *Articuli adversus mathematicos* (1588) extenderá su crítica al catolicismo, en una universal denuncia de la intolerancia, fanatismo y sectarismo religiosos que –contradiciendo totalmente los principios de la Filosofía– devolvían los pueblos de Europa a la barbarie, podríamos decir a un hobbesiano estado de naturaleza marcado por la guerra universal:

> Todas las generaciones se enfrentan a todas las demás, de suerte que cada una de ellas, a juicio de todas las demás, delira tanto más cuanto más convencida está de que puede avanzar en el saber a todas las restantes. Entre todos ellos, los más envueltos en tinieblas son aquellos que (iluminados por la luz de la verdad, con los ojos y las manos elevadas al cielo, por la luz, puerto y casa de la verdad a ellos en exclusiva revelada, concedido y por ellos en exclusiva habitada, mientras que fuera de allí todos los demás colectivos andan a ciegas, fluctúan vacilantes y peregrinan) desde lo más profundo de su corazón dan gracias al Altísimo, que solamente a ellos ha vuelto su mirada, cual padre cariñoso y retribuidor de vida eterna, mientras que se ha apartado de todos los demás, destinados a la muerte eterna, abominando de ellos, cruel, juez severo y vengador. No hay ninguna [secta] que (despreciando a las demás) no se atribuya ni se haya atribuido la primacía y no estime un sacrilegio y el mayor de los pecados tener algún trato con las demás. De esa clase de religión deriva, como fuente, que (contra

toda razón, forma de gobierno y naturaleza; contra el derecho de gentes también y por consiguiente contra el verdadero orden impuesto por Dios óptimo a las cosas) los vínculos de naturaleza yazcan disueltos y por la sugestión de espíritus malignos [...] se haya llegado al extremo de que el hombre disienta del hombre más que de cualquier otro animal y esté más enfrentado a los demás hombres que a los restantes seres vivos, con la consecuencia de que esa ley de amor, difundida por doquier, no esté observada en ninguna parte, una ley que, al no provenir del genio perverso de un único pueblo, sino ciertamente de Dios padre de todos, enseña la filantropía general en tanto que consonante con la naturaleza universal (véase M. A. Granada, *Giordano Bruno. Universo infinito...*, pp. 151ss.).

A esta situación crítica de la sociedad europea y a la consiguiente necesidad en el plano *práctico* (moral, político, religioso; la religión, en efecto, es *ley*) responde la reivindicación bruniana de la Filosofía. La restauración de ésta debe contener, además del reconocimiento de la *libertad* del filósofo para perseguir y unirse intelectualmente con la divinidad, alcanzando de este modo el paraíso (itinerario que se describe en *Los Furores Heroicos*; véase M. A. Granada, *Giordano Bruno. Universo infinito...*, Epílogo), un proyecto de restauración de la convivencia civil europea. Este proyecto (véase *ibi*, pp. 146-167, una presentación de este proyecto como coincidente con el de Spinoza en el *Tractatus theologico-politicus*) está basado en la Filosofía, esto es, en el conocimiento de la Verdad (el Ser, la naturaleza, Dios) que alcanza la Filosofía, tal como reconoce Bruno explícitamente en la *Expulsión* cuando afirma: «después de comer, esto es, tras haber gustado la ambrosía del virtuoso celo y haber bebido el néctar del divino amor; en torno al mediodía o en el momento exacto del mediodía, esto es, cuando menos daño nos hace el error enemigo y más nos favorece la amiga verdad, en el instante del más lúcido intervalo. Entonces tiene lugar la expulsión de la bestia triunfante, es decir, de los vicios que predominan y suelen conculcar la parte divina» (*Expulsión*, p. 98; tengamos presente que el principio de la reforma propuesta en la obra es la secuencia Verdad-Prudencia-Sabiduría).

La restauración de la convivencia realizada por la Filosofía, en tanto que llevada a cabo en la sociedad europea y fundamentalmente en el pueblo o vulgo, es necesariamente una reforma moral por medio de la religión. En efecto, ésta es, por su carácter de *Ley* y en virtud de la capacidad de conocimiento del vulgo y de la fuente de su edificación moral, la vía para inducir en él la virtud moral y el ordenamiento político. La reforma moral-religiosa es, por tanto, obra de la Filosofía, pero ejecutada a través de la Ley religiosa.

Esto significa que Bruno no deja nunca de ser filósofo y nunca pretende ser un «profeta» religioso. Por ello no compartimos la opinión de Giorgio Spini de que «Giordano Bruno era convinto di essere lui il nuovo legislatore, in sostituzione di Cristo» (G. Spini, *Galileo, Campanella e il «divinus poeta»*, Il Mulino, Bolonia 1996, p. 24). Es verdad que Bruno se concibe como un «Mercurio» (restaurador de la luz) contrapuesto a los falsos Mercurios (Aristóteles, Cristo), instauradores del periodo tenebroso de ignorancia y vicio, de total subversión de valores, que ha llevado a Europa casi a la destrucción. Ello no significa, sin embargo, que Bruno se vea a sí mismo como un profeta instaurador de una nueva religión, ni que considere que «il cristianesimo fosse giunto alla sua fine e che un altro legislatore-impostore dovesse presto sostituire la sua legge a quella di Cristo» (*ibidem*). Al contrario; la *Expulsión* reconoce que la religión antigua (presentada en la constelación de Capricornio como un culto a la naturaleza en tanto que expresión de la divinidad: *natura est deus in rebus*) «se ha perdido» (*Expulsión*, p. 264), o sea, está muerta, y que la única religión existente es la de Cristo: «en este templo celeste, junto al altar al que asiste, no hay otro sacerdote que él [Cristo] y ya lo veis con esa bestia que ha de ser ofrendada en la mano [...]. Y puesto que el altar, el templo, el oratorio es necesarísimo y sería inútil sin el administrante, que viva, pues, aquí, que aquí permanezca y persevere eternamente a no ser que el destino disponga otra cosa» (*ibi*, p. 299; el texto reconoce, por otra parte, que Cristo es el único sacerdote; de acuerdo en esto con la Reforma y en contra de la Iglesia católica, a la que la reforma ha de privar de su pretensión de ser la detentadora del poder espiritual y por ello la mediadora exclusiva con la divinidad y la depositaria de la función sacrificial). En última instancia, es el destino el que decidirá si adviene una nueva *Ley* religiosa para la nueva Europa, en sustitución de la de Cristo. Bruno pretende sencillamente trabajar con la (única) religión existente –el cristianismo– y reformarla desde la Filosofía para que cumpla eficazmente su función de *Ley* con respecto al vulgo.

Pero ¿quién impone en la sociedad europea la reforma moral-religiosa planteada desde la Filosofía? Evidentemente Bruno no es tan iluso como para pensar que es el Filósofo, él mismo, el encargado de hacerlo. Tal cosa supondría que el filósofo, Bruno, ha devenido rey (véase Platón, *República*, VI, 499b). Lo que Bruno concibe, por el contrario, es la otra alternativa planteada por Platón, «que, por obra de alguna inspiración divina, se apodere de los hijos de los que ahora reinan y gobiernan, o de los mismos gobernantes, un verdadero amor de la verdadera filosofía» (*ibi*), esto es, que los monarcas europeos (del tipo de Isabel I o Enrique de Navarra) asuman –contra la perniciosa teología eclesiástica, tanto católica como protestante– el planteamiento de la Filosofía, de Bruno, y ejecuten la política de la Filosofía. Dicho de otro modo: la reforma es ejecutada por el poder político soberano en virtud de la «nueva alianza» que ha establecido con la Filosofía. También en este punto se pone de manifiesto la continuidad de la reivindicación bruniana de la Filosofía, no sólo con la concepción antigua de la misma (concretamente con Platón), sino también con la *Falsafa* islámica. En efecto, como señaló Strauss a propósito de al-Farabi, «since he [al-Farabi] contends that philosophy and the royal art together are required for producing happiness, he agrees in a way with the orthodox view according to which philosophy is insufficient for leading man to happiness. Yet the supplement to philosophy which, according to him, is required for the attainment of happiness is not religion or Revelation but politics, if Platonic politics. He substitutes politics for religion. *He thus may be said to lay the foundation for the secular alliance between philosophers and princes friendly to philosophy*» (véase L. Strauss, *Persecution and the Art of Writing*, p. 15, cursiva nuestra; véase también Strauss, *Le Platon de Farabi*, pp. 61-70).

Son bastantes los indicios en la *Expulsión de la bestia triunfante* de que Bruno encarga al poder político, inspirado por la Filosofía, la realización de la reforma religiosa. Así, se dice que la Corona boreal permanecerá «en el cielo esperando el momento en que deberá ser entregada como premio a aquel futuro brazo invicto que con la maza y el fuego devuelva la tan anhelada paz a la desgraciada e infeliz Europa, destruyendo las muchas cabezas de este monstruo peor que el de Lerna» (*Expulsión*, p. 147). Es evidente que Bruno contempla una instancia de fuerza y poder que restaure la paz, al modo como por ejemplo los intelectuales franceses antihugonotes (en particular Ronsard) saludaban a la monarquía con los rasgos de Hércules destruyendo la hidra lernea de la Reforma (véase S. Ricci, *Giordano Bruno nell'Europa del Cinquecento*, Salerno, Roma 2000, pp. 309ss.; N. Ordine, *La soglia dell'ombra. Letteratura, filosofia e pittura in Giordano Bruno*, Marsilio, Venecia 2003, pp. 117-119).

Asimismo, Hércules y Perseo, como personificaciones de las virtudes operativas que realizan la reforma (Fortaleza y Solicitud respectivamente), son instancias de una fuerza legítima. Así Hércules ejecuta, en calidad de «lugarteniente mío [de Júpiter, que a su vez es alegoría del intelecto] y ministro de mi poderoso brazo» (*Expulsión*, p. 153), una nueva edición de sus filantrópicos trabajos (alegoría de los problemas sociales de matriz religiosa en el siglo XVI) con reconocimiento explícito del empleo de la fuerza: «retuerza, reforme, expulse, persiga, ate, dome, despoje, destruya, rompa, despedace, destroce, hunda, sumerja, queme, raje, mate, aniquile» (*ibi*, p. 154). Y la virtud de la que «Hércules ha sido hasta ahora imagen» (*ibi*, p. 202), la Fortaleza, «sucede con la linterna de la razón por delante», ya que «la Fortaleza no debe estar lejos de donde está la verdad» (*ibidem*). No cabe duda alguna de que el ejecutor de la reforma es un poder aliado a la Filosofía.

Similar es el caso de Perseo, representante también de una virtud filosófica como la Solicitud, retratada además por Bruno con abundancia de rasgos procedentes de la Filosofía a través del empleo de citas tácitas de Séneca (véase *Expulsión*, pp. 219-216 e *infra*, Apéndice 2).

Pero quizá sea el examen de la constelación de Orión lo que más claramente pone de manifiesto esta convocatoria del poder estatal y la nueva alianza con la Filosofía que se le propone. A este personaje mitológico, trasunto de Cristo y cuyo retrato por Bruno presenta tantos rasgos del cristianismo reformado (véase G. Sacerdoti, *Sacrificio e sovranità. Teologia e politica nell'Europa di Shakespeare e Bruno*, Einaudi, Turín 2002, pp. 148ss.), sustituyen en el cielo reformado (en la nueva sociedad europea; con escándalo del lector contemporáneo conocido como *postillatore napoletano*, que anota: «loco veri Christianismi reponit Nolanus militiam») «la Industria, el Ejercicio bélico y el Arte militar, con el que se mantenga la paz patria y la autoridad; se haga frente, se venza y reduzca a vida civil y convivencia humana a los bárbaros; se deroguen los cultos, religiones, sacrificios y leyes inhumanas, porcinas, salvajes y bestiales, porque para efectuar esta tarea a veces (por la multitud de viles ignorantes y criminales, que prevalece sobre los nobles sabios y verdaderamente buenos, que son pocos) mi sabiduría no es suficiente sin la punta de mi lanza, por cuanto que tales maldades han echado raíces, han germinado y se han multiplicado por el mundo» (*Expulsión*, pp. 285s.; véase también G. Sacerdoti, *Sacrificio e sovranità...*, pp. 187s.). Creemos que éste es uno de los lugares en que la intención del *Spaccio* se explicita de forma más rotunda en el sentido que venimos exponiendo. Es obvio que aquí se supone que la reforma religiosa –por la que se derogan toda una serie de tradiciones religiosas perversas, incluidos ciertos «sacrificios salvajes», con excepción del que, a continuación, en la constelación del Perro se atribuirá en exclusiva al poder estatal; véase G. Sacerdoti, *Sacrificio e sovranità, passim–* es llevada a cabo por un poder armado, legítimo y soberano, que no puede ser otro que el del Estado, a fin de realizar la función misma del Estado con el instrumento de la ley religiosa, tal como teoriza la Filosofía: reducción a convivencia civil del vulgo, conservación de la paz y respeto a la autoridad, derogación de los componentes religiosos nocivos desde esa perspectiva. Es significativo y del todo consecuente que éste sea el dictamen de Minerva (diosa a la vez de la sabiduría y de la guerra) y que ella reconozca el límite de la Filosofía, que es suplido mediante la alianza con el Príncipe: «para efectuar esta tarea a veces (por la multitud de viles ignorantes y criminales, que prevalece sobre los nobles sabios y verdaderamente buenos, que son pocos) mi sabiduría no es suficiente sin la punta de mi lanza».

Significativamente también, de la Corona austral (conclusión de la reforma e identificada con la Tiara como indicación de que la reforma religiosa efectuada por el poder político convertido a la Filosofía, producirá la plena soberanía del mismo mediante la recuperación de la autoridad religiosa y de la función sacrificial; cfr. M. A. Granada, *Giordano Bruno...*, pp. 194-196 y G. Sacerdoti, *Sacrificio e sovranità...*, caps. V-VI y sobre todo XX) se dice que espera al monarca, «que será digno de poseerla magníficamente y que tenga allí también su solio la Victoria, la Remuneración, el Premio, la Perfección, el Honor y la Gloria» (*Expulsión*, p. 301; cfr. pp. 290 y 292).

No deja de ser coherente con esta reivindicación de la Filosofía y con la nueva alianza con el poder político para la realización de la necesaria reforma religiosa que ha de devolver la paz a la atribulada Europa contemporánea, y con ella la función originaria de *lex* a la religión cristiana, la anécdota que presenta a Bruno ofreciendo a la reina Isabel I de Inglaterra en 1584 los cuatro primeros diálogos italianos, publicados ese mismo año, encuadernados lujosamente en un solo volumen con el escudo real grabado, volumen que a finales del siglo siguiente sería adquirido por John Toland (véase G. Aquilecchia, *Schede bruniane*, Vecchiarelli, Manziana 1993, pp. 149s.).

Finalmente, ¿cuál es la posición de Bruno sobre el esoterismo, que como hemos visto está estrechamente unido a la Filosofía tanto en su fase griega como en la fase islámico-judía? En este último ámbito, Averroes, por ejemplo, había afirmado en la *Destructio destructionum*: «El discurso relativo al conocimiento que el Creador tiene de sí mismo y de lo otro es uno de aquellos que está prohibido analizar en modo dialéctico durante las disputas, y todavía más tratarlo por escrito, puesto que la comprensión de las masas no llega a semejantes sutilezas. Si uno se para a discutir con el vulgo de semejantes cuestiones, se destruye en sus mentes la divinidad. Por eso está prohibido disputar con él de tales cuestiones, ya que para su felicidad basta con que sepa lo que puede alcanzar su inteligencia [...]. Pero esta cuestión es propia de los sabios, los cuales fueron llamados por Dios a la verdad. Por eso no debe ser tratada por escrito, excepto en libros compuestos según el método demostrativo [...]. El que da veneno a quien le resulta perjudicial debe ser castigado, aunque para otros hombres sea alimento; y quien prohibe el veneno a aquel a quien alimenta, de suerte que le hace morir, debe ser castigado también. Y de este modo hay que entender la presente cosa y por eso, cuando yerran los malos y los necios dando veneno como si fuera alimento a quien resulta verdaderamente veneno, el Médico debe tratar de curarlo por medio de su arte. Por eso nos está permitido tratar de esta cuestión en un libro como éste, pues de otra manera nos estaría prohibido, ya que es rebelión expresa o una de las cosas más deplorables sobre la tierra, y se conoce la pena que la Ley reserva para los que incurren en ella» (véase *infra*, cap. V y para una posición similar en Maimónides cfr. *Guía de los perplejos*, I, 33).

A primera vista se podría pensar que el modo esotérico de escribir y de presentar la Filosofía ha fracasado o no se ha respetado en Bruno.

¿Qué otra cosa parece indicar la captura por la Inquisición, el proceso y la muerte? A esta objeción se puede responder que el proceso es el resultado de una denuncia personal (en todo caso se podría achacar a Bruno el no haber valorado bien qué tipo de personaje era Mocenigo) y no el fruto de la lectura de sus obras. Es cierto que el proceso tomó en consideración desde 1595 el examen de las pocas obras brunianas de que disponía el tribunal y también que, en virtud de dicho examen, se plantearon a Bruno «censuras», las cuales afectaban a puntos centrales de su pensamiento y que, en 1599, constituyeron parte relevante de las ocho proposiciones sobre las cuales el tribunal exigió la plena e incondicional abjuración del filósofo. Entonces, ¿no fue Bruno en su obra lo suficientemente cauto y no transmitió su doctrina con el esoterismo necesario?

En primer lugar podemos decir que la necesidad de una comunicación reservada y esotérica es reconocida por Bruno y declarada como puesta en ejecución en el más delicado, por subversivo, de sus diálogos: la *Expulsión de la bestia triunfante*. En la epístola preliminar leemos que «Giordano habla claramente [...] llama al pan, pan y al vino, vino» (*Expulsión*, p. 90), esto es, desvela la subversión histórica de los valores operada por el cristianismo en general (y por la Reforma protestante en particular, en la época contemporánea) y por lo tanto es claro. Pero poco antes hemos podido leer también que ese claro desvelamiento se ha expuesto como núcleo contenido bajo una corteza que lo vela y esconde, resultando de este modo la obra un «sileno»: «dejaremos que la multitud se ría, bromee, se burle y se recree con la superficie de estos mímicos, cómicos e histriónicos Silenos, bajo los cuales está escondido, cubierto y seguro el tesoro de la bondad y de la verdad» (*ibi*, p. 89; cfr. L. Strauss, *Persecution and the Art of Writing*, pp. 36-37, para una referencia al tema del «sileno»).

Por otra parte, se ha señalado con bastante razón que la *Expulsión* es «un libro a dir poco sorprendente, giacché mai il cristianesimo era stato oggetto di un attacco di quella portata, e di quella trasparenza» (G. Sacerdoti, *Sacrificio e sovranità*, p. 145). Sin embargo, si tenemos en cuenta que, como el conjunto de los diálogos, el *Spaccio* es una obra *in volgare*, pero publicada en Inglaterra, podemos pensar que, en principio, era accesible únicamente a un pequeño círculo de intelectuales y aristócratas conocedores de la lengua italiana y de la cultura literaria y filosófica del Renacimiento italiano, a quienes estaba dirigida en exclusiva. Si la publicación impresa comportaba una difusión general que, inicialmente y sin considerar otros recursos de selección, no se conciliaba con el esoterismo, la lengua restringía el ámbito de lectores a una minoría. Además, aunque componentes críticos centrales en el plano religioso aparecían con bastante transparencia –es el caso del pasaje que concluye el segundo diálogo de *La cena de las cenizas* y que fue eliminado de los últimos ejemplares impresos (véase *infra*, cap. IV) o también de la crítica de la Reforma en la *Expulsión*, si bien no conviene olvidar que su publicación coincide con la ofensiva antipuritana y estrictamente *politique* de Isabel I–, no se puede decir que el designio último y global de la entera obra italiana (la reivindicación de la Filosofía concebida como vía propia, legítima y autónoma del hombre superior a la divinidad, la concepción misma de ésta en su relación con la naturaleza y la valoración de Cristo y del cristianismo más allá de la polémica contra sus manifestaciones históricas) fuera absolutamente transparente. Por referirnos únicamente al punto más delicado, aquel que origina la exigencia de esoterismo (esto es, la transmisión de doctrinas filosóficas en conflicto con la religión y susceptibles de desencadenar una reacción que pone en peligro al filósofo y a la Filosofía, además de hacer peligrar la fe vulgar en la religión con el consiguiente perjuicio para la estabilidad política) hemos de tener presente, en primer lugar y con relación al último punto señalado, que la estabilidad política y la función socializadora de la religión habían sido radicalmente subvertidas por las doctrinas religiosas reformadas, contra las cuales se dirige en su aspecto más *exotérico* la *Expulsión*. Bruno podía pensar y decir que estaba enderezando, «con conciencia cívica» (cfr. *Del infinito*, p. 122), un rumbo político y religiosamente equivocado de la sociedad europea. Al mismo tiempo, los componentes más filosóficos (en el sentido de la Filosofía) de la obra global y de la *Expulsión* en particular, se transmitían a un nivel más profundo y menos superficial. Si tenemos en cuenta, por ejemplo, la utilización en *Los Heroicos Furores* de un discurso bastante habitual e integrado, como es el lenguaje del «furore eroico» platónico al modo de Ficino, para transmitir un mensaje filosófico que subvierte la doctrina del «platonismo cristiano» y restaura la Filosofía (véase nuestra introducción a *Des fureurs héroïques*, # 4-6; M. A. Granada, *Giordano* Bruno..., Epílogo); o bien, si consideramos que componentes centrales de la Filosofía expuesta en la *Expulsión* y en *Los Heroicos Furores*, como el alcance y el sentido exacto de la «vicissitudine» (véase *infra*, cap. VII y Apéndice 1) o la crítica al núcleo mismo del cristianismo en los tres diálogos morales, sólo han salido a la luz en nuestros días gracias al trabajo de descodificación de pacientes estudiosos, entonces podemos concluir que, en buena medida, Bruno ha tratado de ser fiel al principio de la cautela y reserva, de la «reticencia» en la comunicación de la Filosofía (y ello tanto en la «pars destruens» como en la «pars construens» de la misma), y que por consiguiente ha ejercitado una comunicación esotérica. También, pues, en este punto podemos hablar de una reivindicación y restauración de la Filosofía en continuidad con las tradiciones griega e islámico-judía.

Reserva y esoterismo son, por otra parte, principios de la comunicación filosófica asumidos explícita y programáticamente por nuestro autor. Si la imagen del sileno como cifra de la Filosofía y del filósofo (por oposición al sileno invertido o *praeposterus* de la filosofía vulgar) es asumida por Bruno incluso vitalmente (véase *infra*, cap. I), el Nolano deja claro por otra parte que la Filosofía como actividad intelectual (*enérgeia toû noû*) es, por definición, inasequible al vulgo inmerso en la sensibilidad. Por ello ni la doctrina del movimiento de la tierra ni la del universo infinito y homogéneo pueden ser transmitidas al vulgo; hacerlo sería como «lavar la cabeza al asno» (véase *La cena*, p. 73 y *Del infinito*, p. 188; cfr. M. A. Granada, *Giordano Bruno...*, cap. 6). Es más: Bruno acepta explícitamente que enseñanzas filosóficas (y por tanto tesis verdaderas), como la necesidad en el despliegue de la potencia divina infinita, sean rechazadas por los «verdaderos padres y pastores de pueblos», es decir, por los buenos teólogos atentos a la edificación moral del pueblo, únicamente «para no dar ocasión a malvados y seductores, enemigos de la sociedad y del bien común, de extraer conclusiones nocivas abusando de la simplicidad e ignorancia de quienes difícilmente pueden comprender la verdad y están prontísimamente dispuestos al mal» (*Del infinito*, p. 121; véase *infra*, cap. V, también para la directa conexión con el Averroes de la *Destructio* citado con anterioridad).

Exactamente lo mismo ocurre a propósito de la enseñanza filosófica sobre el alma y su destino. En *Los Heroicos Furores* (p. 22) Bruno acepta que la enseñanza de la Filosofía sobre la «vicissitudine» universal y sempiterna —esto es, sobre la eterna «rueda de la metamorfosis» en que desarrolla su existencia el alma o la sustancia una y universal, con la consiguiente inmanentización y transitoriedad del Paraíso de la contemplación filosófica y del Infierno de la ignorancia y del vicio; cfr. *infra*, caps. I, VII y Apéndice 1– y sobre la «metempsicosis» (véase *infra*, cap. VII) sea rechazada por los teólogos «que se ocupan en dar a los pueblos las leyes e instituciones» sólo en cuanto a la divulgación «a los ojos de la multitud» (*Furores*, p. 22). En consecuencia, del mismo modo que la enseñanza de la necesidad del universo infinito por la necesidad del autodespliegue de la naturaleza divina se propone «únicamente a sabios que pueden llegar a comprender nuestras consideraciones» (*Del infinito*, p. 121), también la doctrina filosófica del alma y de su *vicissitudine* se presenta únicamente a los filósofos: «No dejo de afirmar ni aceptar la opinión de aquellos que hablan entre los menos, los sabios y los buenos según la razón natural» (*Furores*, p. 22).

Por lo demás, al comienzo mismo de los diálogos italianos, en la epístola proemial de *La cena*, Bruno llama a leer con atención y arte una obra que también ha sido escrita con cuidado y arte: «Tened presente también que no hay ni una sola palabra superflua, ya que en todas partes se puede cosechar algo y desenterrar cosas de no poca importancia y quizá más donde menos lo parece» (*La cena*, p. 57). La *Expulsión* teoriza la necesidad de la disimulación «para evitar la envidia, la censura y el ultraje [...] como sierva de la Prudencia y escudo de la Verdad» (pp. 209s.), y en su discurso (donde tantos elementos autobiográficos están presentes) la Solicitud llama a la Sagacidad en los siguientes términos: «Confunde tú misma, siguiéndome, mis huellas para que mis enemigos no me encuentren y su furor no se me arroje encima [Bruno cita tácitamente a Séneca, *Epístolas a Lucilio*, 68, 4; cfr. *infra*, Apéndice II]. [...] Haz que mi trabajo sea oculto y sea manifiesto a la vez: manifiesto para que nadie lo busque e indague; oculto para que no todos, sino poquísimos lo encuentren. Porque sabes muy bien que las cosas ocultas son investigadas y las cosas abiertas convidan a los ladrones. Además, lo que se muestra abiertamente es juzgado vil y el arca abierta no es buscada diligentemente y se concede poco valor a lo que no se ve guardado con mucha diligencia» (*Expulsión*, p. 214). Los diálogos brunianos –dice el autor a propósito de la *Expulsión*, pero pensamos que puede generalizarse a toda su obra– deben «ser contemplados con anteojos no ordinarios [...; y que] coja cada uno los frutos que pueda, según la capacidad del propio vaso» (p. 93). Comentando estos pasajes Jean-Pierre Cavaillé ha formulado unas consideraciones que hacemos nuestras: «On peut lire ce texte [*Expulsión*, p. 214] comme un véritable manifeste en faveur de la dissimulation dans l'écriture de la philosophie, et le considérer comme une clé de lecture du *Spaccio* lui-même. [...] La difficulté est d'accomplir un travail tout à la fois "occulte" et "ouvert" (*aperto*), *ouvert* dit-il pour que tous ne le recherchent pas, et *occulte* pour qu'un petit nombre seulement le découvrent: la formulation est elle-même occulte, et ne peut que désigner l'écriture d'un texte à deux niveaux, l'un ouvert précisément à tous, et tel qu'il n'invite pas tout un chacun à en pénétrer le sens occulte, et l'autre occulte, c'est-à-dire ouvert seulement à quelques uns. Cette conception d'un double public, selon le clivage des rares sages et de la foule ignorante, est aussi ancienne que la philosophie elle-même, comme l'a montré Leo Strauss, mais elle est particulièrement prégnante dans la tradition averroïste a laquelle Bruno se rattache manifestement ici. [...] À ces considérations, Bruno ajoute l'idée, elle aussi traditionnelle, de l'importance du secret pour stimuler le désir de connaître, car ce qui s'exhibe au grand jour s'avilit. Ce qui ressort du passage, c'est peut-être surtout la terrible difficulté pour la sagacité de répondre à l'appel et au défi qui lui est lancé: se montrer en même temps ouvert aux uns et fermé aux autres, satisfaire le désir de connaissance superficielle des uns et exciter le désir d'un savoir plus profond chez les autres. Ce sont au fond les difficultés, peut-être insurmontables, rencontrées par toute écriture de la dissimulation» (J.-P. Cavaillé, «Théorie et pratique de la dissimulation dans le *Spaccio de la bestia trionfante*», en *Mondes, formes et société selon Giordano Bruno*, textos compilados por T. Dagron y H. Védrine, Vrin, París 2003, pp. 47-63 (56s.).

Si la interpretación que hemos desarrollado y presentamos en este volumen es fundada, de ella se siguen algunas conclusiones importantes para la valoración del pensamiento de Giordano Bruno. Al menos se derivan las siguientes: Bruno no es un filósofo de la igualdad entre los seres humanos, como él por otra parte reconoce explícitamente en *Los Heroicos Furores*: «¿Por qué debemos afanarnos en pervertir la ley de la naturaleza, que ha dividido el universo en cosas mayores y menores, superiores e inferiores [..?]. Así el «sursum corda» no es a todos entonado, sino únicamente a aquellos que están dotados de alas» (*Furores*, pp. 173-176), y en ese sentido no es un filósofo moderno; no es tampoco, por la misma razón, un pensador democrático. Por el contrario, es un filósofo profunda y radicalmente elitista, aristocrático. Ahora bien, ¿en qué sentido es esto último? De extracción social popular, hijo de una humilde familia campesina de la Campania napolitana, Bruno expresa con frecuencia su desprecio por la aristocracia nobiliaria. La élite de los mejores, a quienes él dirige su pensamiento por ser ellos los protagonistas de la Filosofía, es una élite intelectual, no establecida de modo predeterminado en virtud del origen, pertenencia social u otros factores previos a la acción del sujeto, sino formada por todos aquellos que, independientemente de factores sociales, son *capaces* por «estar privados únicamente del acto [del intelecto] y no también de la potencia» (véase *La cena*, p. 73 e *infra* cap. I), y consiguientemente escuchan la llamada de ese ciervo (no precisamente Cristo, sino la «divina luz» del intelecto; véase la conclusión de nuestro *motto*) que «está siempre presente, siempre se ofrece, siempre llama y bate a las puertas de nuestros sentidos y del resto de nuestras potencias cognoscitivas y aprehensivas; como también se halla significado en el *Cantar* de Salomón, en el que se dice: «Vedle, que está ya detrás de nuestros muros, atisbando por las ventanas, mirando por los resquicios» [2,9]» (*Furores*, p. 12), disponiéndose a la «caza de la verdad» (*ibi*, pp. 180 ss.), a esa conquista ardua, esforzada y trabajosa del saber, la virtud y la felicidad.

En suma: la élite del Nolano está formada paradójicamente por «asnos» (véase N. Ordine, *La cabala dell'asino. Asinità e conoscenza in Giordano Bruno*, Liguori, Nápoles 1987), por aquellos que –convencidos de la propia ignorancia y lejos de presumir de saber lo que ignoran– se lanzan (como Sócrates, arquetipo del filósofo; véase *infra* cap. I) a la búsqueda del saber anhelado, entregándose a esa búsqueda y conquista del Paraíso con todas las fuerzas de su ser, aun en la certidumbre de que podrán caer en su empresa: «Una naturaleza heroica antes prefiere caer o fracasar dignamente en altas empresas en las que muestre la nobleza de su ingenio que triunfar a la perfección en cosas menos nobles o bajas. [...] Que caeré muerto en tierra, lo sé bien; / mas, ¿qué vida pareja al morir mío» (*Furores*, pp. 67s.).

PROCEDENCIA DE LOS TRABAJOS RECOGIDOS EN EL PRESENTE VOLUMEN

Aunque algunos de los trabajos recogidos en el presente volumen han sido presentados y/o publicados (o bien se hallan en curso de imprenta) en el marco de diferentes iniciativas a lo largo de estos dos últimos años –con la excepción únicamente del capítulo II, que se remonta a bastantes años atrás–, todos ellos forman parte sin embargo de un proyecto de lectura e interpretación global de la obra de Giordano Bruno como una consciente y polémica reivindicación de la Filosofía, en el sentido *fuerte* que esta palabra poseía en los orígenes griegos y en la tradición de la *Falsafa* islámica y judía que continuaba de forma más rigurosa que la *philosophia* medieval en tierra cristiana la concepción griega de la Filosofía. En la presentación, titulada *A modo de introducción,* hemos tratado de exponer de modo articulado y completo esta propuesta de lectura. La procedencia concreta de los diferentes trabajos es la siguiente:

El capítulo I es inédito y ha sido redactado expresamente para este volumen.

El capítulo II fue publicado originalmente, con el mismo título, en el volumen *Lenguaje. Historia. Sociedad. Homenaje a Emilio Lledó*, Crítica, Barcelona 1987. Ha sido revisado y actualizado a partir de la convicción de que se inserta plenamente en el proyecto que hemos intentado llevar a cabo.

El capítulo III fue leído en versión italiana en el simposio «Renaissance Learning and Letters. *In memoriam* Giovanni Aquilecchia», celebrado en Londres en The Warburg Institute (15-16 de noviembre de 2002). La versión española ha aparecido en el volumen VIII/2 (2002) de *Bruniana & Campanelliana*, pp. 353-373, mientras la versión italiana lo hará en las Actas del mencionado simposio londinense.

El capítulo IV ha sido publicado en *Bruniana & Campanelliana*, VIII/1 (2002), pp. 265-276. Se publica aquí con alguna breve ampliación en las notas y con una apostilla final que nos parece de interés.

El capítulo V fue leído con ocasión del simposio «Erasmo y el Humanismo» celebrado en la Biblioteca Valenciana los días 4-5 de octubre de 2002.

El capítulo VI recoge la intervención que, en lengua francesa, presentamos en el simposio «Infini et Salut», celebrado en París, en el Centre d'Histoire de la Philosophie Moderne del CNR, los días 25-26 de octubre de 2002.

Finalmente, el capítulo VII recoge, con algunas ampliaciones, el texto de nuestra participación en el simposio «Filosofía natural y ética en la Filosofía Moderna», celebrado en la Universidad Nacional Autónoma de México –Instituto de Investigaciones Filosóficas–, bajo la coordinación de L. Benítez y J. A. Robles, los días 16-19 de julio de 2002. El texto ha aparecido en las Actas del simposio: L. Benítez, Z. Monroy, J. A. Robles (Coordinadores), *Filosofía natural y filosofía moral en la Modernidad*, U.N.A.M., México 2003, pp. 65-88.

En los apéndices hemos recogido dos trabajos de distinto tenor: el primero, *Vicissitudine*, recoge la voz que se nos encargó para el proyecto de una *Enciclopedia Bruniana e Campanelliana*, coordinada por E. Canone y G. Ernst. Nuestro texto fue leído, en versión italiana, con ocasión de la segunda sesión de dicho proyecto, en diciembre de 2002. Creemos que serán útiles al lector español la presentación sintética y las referencias textuales acerca de este concepto fundamental y básico en la noción bruniana de Filosofía, tanto en su dimensión teorética como práctica. El segundo apéndice recoge nuestra contribución al volumen *Las raíces de la cultura europea. Ensayos en homenaje al Profesor Joaquín*

Lomba, con ocasión de su 70 aniversario, publicado bajo el cuidado de J. Solana, E. Burgos y P. L. Blasco, Prensas Universitarias de Zaragoza, Zaragoza 2004, pp. 353-367. En él el lector podrá encontrar, de la mano de una identificación de importantes citas tácitas de Séneca en *De gli eroici furori* (*De los heroicos furores*) de Bruno, una muestra del frecuente modo bruniano de construir su propio discurso aprovechando materiales de diversa procedencia, que experimentan sin embargo una mayor o menor transformación en el curso de esta integración y adopción.

Finalmente, hemos de decir que los trabajos aquí reunidos han sido realizados en el marco del Proyecto de Investigación «Entre Copérnico y Galileo (1543-1633): la revolución cosmológica y sus implicaciones teológico-religiosas», financiado por el Ministerio de Ciencia y Tecnología.

EDICIONES USADAS DE LAS OBRAS DE GIORDANO BRUNO

Las obras de Giordano Bruno de las que nos hemos servido y a las cuales remitimos a lo largo del presente volumen son las siguientes:

A) Diálogos italianos y *Candelaio*: la reciente edición crítica, ya completa en lo referente a esta sección de la obra bruniana: *Œuvres complètes de Giordano Bruno* [= BOeuC], colección dirigida por Y. Hersant y N. Ordine, Les Belles Lettres, París 1993-1999,
vol. I: *Candelaio. Chandelier* [= *Candelaio*], texto establecido por G. Aquilecchia, prefacio y notas de G. Bárberi Squarotti, traducción de Y. Hersant, París 1993.
vol. II: *La cena de le Ceneri. Le souper des cendres* [= *La cena*], texto establecido por G. Aquilecchia, introducción de A. Ophir, notas de G. Aquilecchia, traducción de Y. Hersant, París 1994.
vol. III: *De la causa, principio e uno. De la cause, du principe et de l'un* [= *De la causa*], texto establecido por G. Aquilecchia, introducción de M. Ciliberto, notas de G. Aquilecchia, traducción de L. Hersant, París 1996.
vol. IV: *De l'infinito, universo e mondi. De l'infini, de l'univers et des mondes* [= *De l'infinito*], texto establecido por G. Aquilecchia, introducción de M. A. Granada, notas de J. Seidengart, traducción de J. P. Cavaillé, París 1995.
vol. V: *Spaccio de la bestia trionfante. Expulsion de la bête triomphante* [= *Spaccio*], texto establecido por G. Aquilecchia, introducción de N. Ordine, notas de M. P. Ellero, traducción de J. Balsamo, París 1999.

vol. VI: *Cabala del cavallo pegaseo. Cabale du cheval pégaséen* [= *Cabala*] texto establecido por G. Aquilecchia, introducción y notas de N. Badaloni, traducción de T. Dagron, París 1994.
vol. VII: *De gli eroici furori. Des fureurs héroïques* [= *Eroici furori*], texto establecido por G. Aquilecchia, introducción y notas de M. A. Granada, traducción de P.-H. Michel, revisada por Y. Hersant, París 1999.

B) Obra latina: *Opera latine conscripta*, edición de F. Fiorentino *et al.*, Morano-Le Monnier, Nápoles-Florencia 1879-1891, 3 volúmenes en 8 tomos, reproducción anastática, Frommann-Holzboog, Stuttgart-Bad Cannstatt 1961-1962 [= BOL seguido del volumen y la página].

Para el *De immenso et innumerabilibus* [= *De immenso*] citamos por esa edición, pero damos el número del libro y del capítulo seguido de la página (así *De immenso* I, 1, p. 204 = *De immenso*, libro I, capítulo 1, pag. 204), independientemente de su ubicación en BOL I, I (libros I-III) o I, II (libros IV-VIII).

C) Traducciones castellanas: Citamos y hacemos referencia siempre a las siguientes ediciones:
La cena de las cenizas, traducción, introducción y notas de M. A. Granada, Alianza Editorial, Madrid 1987.
Del infinito: el universo y los mundos, traducción, introducción y notas de M. A. Granada, Alianza Editorial, Madrid 1993.
Expulsión de la bestia triunfante, traducción, introducción y notas de M. A. Granada, Alianza Editorial, Madrid 1989.
Cábala del caballo Pegaso, traducción, introducción y notas de M. A. Granada, Alianza Editorial, Madrid 1990.
Los Heroicos Furores, traducción, introducción y notas de M. R. González Prada, Tecnos, Madrid 1987.

Las traducciones de textos latinos son siempre nuestras salvo otra indicación.

I
«MIRADO EL PECHO DEL NOLANO, DONDE HABRÍA PODIDO FALTAR MÁS BIEN ALGÚN BOTÓN». BRUNO Y LA «RAREZA» DEL FILÓSOFO

> Filosofo (quale, se è vero, è più onorato titolo che possa aver un uomo)
>
> *Spaccio de la bestia trionfante*

Giordano Bruno se sentía investido de una decisiva misión histórica. En *La cena de las cenizas* de 1584 decía de sí mismo: «damos comienzo a la renovación de la antigua sabiduría»[1], pues tras la «aurora» copernicana Bruno creía haber redescubierto la verdadera estructura y configuración del universo, así como su relación con la divinidad, ya conocidas en la Antigüedad antes de que se perdieran con Aristóteles[2]. Ahora bien, la renovación que Bruno se sentía llamado a realizar no tenía únicamente un carácter *teórico* (cosmológico, metafísico y teológico), sino también *práctico* (moral, político y religioso) y por ello su misión histórica tenía a sus ojos un valor decisivo. Bruno, como la tradición clásica de pensamiento con que conectaba, compartía el intelectualismo moral de Sócrates y por tanto el principio de la correlación conocimiento-virtud, ignorancia-vicio. Por ello pensaba que a la pérdida aristotélica de la Verdad había seguido inevitablemente la introducción del vicio, la pérdida de la norma moral de lo justo, en suma: una subversión de valores y del lenguaje mismo que recibieron ulterior

---

1. Giordano Bruno, *La cena de las cenizas*, traducción de M. A. Granada, Alianza Editorial, Madrid 1987, p. 77 (BOeuC II, p. 63).
2. Véase Giordano Bruno, *Cábala del caballo Pegaso*, traducción de M. A. Granada, Alianza Editorial, Madrid 1990, p. 129 (BOeuC VI, pp. 111-113).

confirmación y profundización con Cristo y el cristianismo hasta llegar a la época contemporánea, en la que los conflictos políticos de matriz religiosa, con sus secuelas de guerras internacionales y civiles, y el fenómeno de la colonización de América amenazaban con una disolución total de la civilización y de la convivencia. A su restauración de la Verdad debía seguir necesaria e inevitablemente una recuperación de la norma moral, una «expulsión de la bestia triunfante»[3] y por consiguiente una sana reforma moral, política y religiosa, que pusiera «fin a semejante mancha, llamando de nuevo el mundo a su antiguo rostro». Así decía Bruno en 1584, en la *Expulsión de la bestia triunfante*, traduciendo en lengua vulgar el *lamento* hermético del *Asclepius* y presentándolo como una profecía de la subversión histórica y de valores concomitante a la pérdida de la verdad en el periodo aristotélico-cristiano:

> Las tinieblas se antepondrán a la luz, la muerte será juzgada más útil que la vida, nadie elevará los ojos al cielo, el religioso será estimado loco, el impío será juzgado prudente, el furioso fuerte, el pésimo bueno. Y creedme que incluso se establecerá pena capital para aquel que se dedique a la religión de la mente, porque se hallarán nuevas justicias, nuevas leyes; nada santo se hallará, nada religioso, no se oirá nada digno del cielo ni de los celestes. Sólo quedarán ángeles nocivos que mezclados con los hombres forzarán a los desgraciados a atreverse a todo mal como si fuera justicia, dando materia a guerras, rapiñas, engaños y todas las otras cosas contrarias al alma y a la justicia natural. Y esto será la vejez y el desorden y la irreligión del mundo[4].

Pero Bruno alteraba sutilmente el texto hermético para introducir en él elementos suyos y sobre todo para insertar en la profecía de la restauración de la verdad y justicia una referencia a sí mismo y al papel de «ministro» que la providencia divina le otorgaba. Así continuaba su traducción amañada:

> Pero no temas, Asclepio, porque después de que hayan sucedido estas cosas, entonces el señor y padre Dios, gobernador del mundo, el

---

3. Véase Giordano Bruno, *Expulsión de la bestia triunfante*, traducción de M. A. Granada, Alianza Editorial, Madrid 1989, p. 98 (BOeuC V, p. 31).
4. *Ibi*, pp. 265s. (BOeuC V, pp. 429-431).

omnipotente proveedor, mediante diluvio de agua o de fuego, de enfermedades o de pestilencias, *u otros ministros de su justicia misericordiosa*, sin duda alguna pondrá fin a semejante mancha llamando de nuevo el mundo a su antiguo rostro[5].

De este modo, como «ministro de la justicia divina», Bruno anuncia un nuevo periodo histórico positivo, y se contrapone a los adalides del ciclo histórico negativo (Aristóteles, Cristo; Bruno es por tanto un o el Anticristo)[6]. En 1591 formulará esta misión histórica en los siguientes términos: «Nam me Deus altus / vertentis secli melioris non mediocrem / destinat, haud veluti media de plebe, ministrum»[7].

¿Megalomanía? Difícilmente cabría concebir una misión histórica mayor. Entre otras cosas, lo que Bruno plantea como componente de su misión es la modificación del concepto mismo de historia. Ésta, en el plano de la historia espiritual humana, que según la representación cristiana singularizaba y hacía excepcional en el conjunto de la naturaleza la existencia humana, no constituye, en opinión de Bruno, un itinerario progresivo de la humanidad hacia la redención, con una serie de etapas sucesivas que marcan, tras la caída o pecado original, el progreso hacia la reconciliación con el Padre: Abraham, Moisés, la encarnación del Verbo divino en Jesús y la proclamación del Evangelio. En el estadio alcanzado, en la época de Bruno, en este itinerario (establecido y gobernado por la Providencia divina en su cura del género humano o más bien del número de los Santos o predestinados a la gloria) sólo restaba el momento escatológico final, que la sociedad cristiana contemporánea consideraba ya no muy lejano en el tiempo e incluso casi inminente: la segunda venida de Cristo en majestad para juzgar al mundo, la resurrección de los cuerpos humanos, el Juicio universal y el

---

5. *Ibi*, p. 266 (BOeuC V, p.431); cursiva nuestra para indicar la interpolación bruniana. Sobre las modificaciones introducidas por Bruno en el texto hermético véase M. Ciliberto, *La ruota del tempo. Interpretazione di Giordano Bruno*, Editori Riuniti, Roma 1986, pp. 160-162.

6. No es ésta la primera ni la única nota común, como veremos, a Bruno y Nietzsche.

7. G. Bruno, *De immenso et innumerabilibus*, III, 9, p. 38 (en Iordani Bruni Nolani, *Opera latine conscripta*, edición de F. Fiorentino *et al.*, Morano-Le Monnier, Nápoles-Florencia 1879-1891, vol. I, I; en lo sucesivo indicada con la sigla BOL).

destino eterno de Infierno para los réprobos y de Paraíso para las almas de los Santos reunidas con los cuerpos de los que eran «formas sustanciales». La concepción bruniana de la historia rechaza de raíz la cristiana y la sustituye por otra concepción, cíclica y vicisitudinal, que procede por periodos contrapuestos de *luz* (verdad, virtud) y *tinieblas* (ignorancia, vicio), esto es, de acuerdo con la misma ley de la alternancia vicisitudinal entre los contrarios (*vicissitudine*) que gobierna todos los procesos naturales.

Pero de este modo la historia humana, la existencia humana, se ve reconducida a su ámbito proprio, del que el cristianismo erróneamente había pretendido sacarla: la naturaleza. El hombre es un sujeto natural; toda su existencia se da en el seno de la naturaleza y dentro de un horizonte natural. Por eso Bruno proclama como uno de los componentes de su misión el inducir a los hombres a abrir «los ojos para ver a este numen, a esta madre nuestra que en su dorso nos alimenta y nos nutre, tras habernos producido de su seno en el que de nuevo nos recoge siempre»[8]. No hay nada en el hombre que trascienda la naturaleza, porque no hay nada trascendente ni sobrenatural, ya que la naturaleza infinita y homogénea, eterna, es el Todo. Una proclamación, pues, de fidelidad a la tierra que anticipa la posterior de Nietzsche en *Así habló Zarathustra*: «¡Yo os conjuro, hermanos míos, *permaneced fieles a la tierra* y no creáis a quienes os hablan de esperanzas sobreterrenales! Son envenenadores, lo sepan o no»[9].

Con esta devolución del hombre a la naturaleza y a un destino enteramente natural se repara aquel error del cristianismo que no sólo había proclamado —enlazando con componentes y desarrollos de la cultura pagana— la *dignidad* y *excelencia* del hombre frente al resto de los seres naturales, sino además un destino humano exclusivo de unión con Dios y contemplación de Dios «cara a cara» en el Paraíso eterno. De este beneficio humano, del que estaba privado el resto de la naturaleza, forma parte la resurrección de los cuerpos. En la defensa de este dogma frente a la crítica pagana, los apologistas cristianos de los siglos II y III habían insistido en la excepcionalidad del vínculo humano con

---

8. *La cena de las cenizas*, cit., p. 71 (BOeuC II, p. 49).
9. F. Nietzsche, *Así habló Zarathustra*, traducción de A. Sánchez Pascual, Alianza Editorial, Madrid 1972, p. 34 (citamos el texto original *infra*, cap. III, nota 43).

Dios y en la omnipotencia divina: si Dios había podido crear el mundo de la nada, podía hacer que los cuerpos de los hombres tornaran a la vida para unirse a las almas que habían informado y a las que estaban sustancialmente unidas[10]. La reintegración del hombre en el seno de la naturaleza sin ningún tipo de privilegio elimina de raíz todas esas ilusiones, sueños o locuras. Pero, al mismo tiempo, la eliminación de una dimensión sobrenatural y trascendente del hombre restituye también a la divinidad su derecho, esto es, su propia forma de acción y producción. Y es que la infinita potencia divina se expresa, de acuerdo con la simplicidad e inmutabilidad divinas, en un único curso, a la vez libre y necesario: el eterno e inmutable orden natural que gobierna la naturaleza o universo infinito y eterno, que es toda la «expresión» y «comunicación» de Dios. No hay un orden o un plano sobrenatural en el que el hombre pueda ser interpelado por la divinidad o entre en comunicación con ella. El hombre, sujeto natural, encuentra en la naturaleza y en la existencia natural el único medio o camino de conocimiento y unión con Dios, ya que únicamente se le puede conocer en su obra necesaria –la naturaleza infinita como sus «espaldas»–, permaneciendo su esencia absoluta, su «faz», del todo incognoscible siempre. Bruno apela a Éxodo 33, 19-22 y conecta implícitamente con la posición de Maimónides en la *Guía de los perplejos* (I, 54 y III, 51)[11].

Además, los periodos históricos contrapuestos, de los cuales conocemos dos: el periodo aristotélico-cristiano que toca a su fin, y el periodo precedente de la «antiqua vera filosofia»[12], se niegan recíprocamen-

---

10. Cfr. Atenágoras, *Sobre la resurrección de los muertos*, en *Padres Apologistas griegos (s. II)*, edición de D. Ruiz Bueno, B.A.C., Madrid 1954, #11, p. 724: «Es evidente que la resurrección de los cuerpos disueltos es obra posible, querida y digna del creador». La crítica pagana a este dogma aparece desarrollada con precisión en el *Discurso verdadero* de Celso, que Bruno conoce a través del *Contra Celso* de Orígenes.

11. Véase G. Bruno, *De la causa, principio e uno*, BOeuC III, p. 107 y *Los Heroicos Furores*, traducción de M. R. González Prada, Tecnos, Madrid 1987, pp. 155s. (BOeuC VII, p. 331). Volveremos sobre la conexión con Maimónides al final del presente capítulo.

12. Véase *La cena de las cenizas*, cit., 67 (BOeuC II, p. 41). En el caso de la «antigua y verdadera filosofía» nuestro conocimiento es muy deficiente como consecuencia de la injuria del tiempo y sobre todo de la hostilidad e incomprensión del periodo aristotélico-cristiano. Sobre ello véase M. A. Granada, «Bruno e l'interpretatione della tradizione filosofica: l'aristotelismo e il cristianesimo di fronte all'*antiqua vera filosofia*»,

te en todos los planos. Así, constatando la excelencia del periodo de la antigua filosofía frente al posterior, Bruno afirma en *La cena*:

> Veamos, pues, la diferencia entre unos y otros. Los primeros, temperados en su modo de vida, en la medicina expertos, en la contemplación juiciosos, en la adivinación excelentes, en la magia milagrosos, en las supersticiones prudentes, en las leyes observantes, en la moralidad irreprensibles, en la teología divinos; en todas sus acciones heroicos. Nos dan cumplido ejemplo de todo ello sus largas vidas, sus cuerpos menos enfermos, sus altísimas invenciones, sus profecías cumplidas, las sustancias transformadas por obra suya, la convivencia pacífica en sus pueblos, sus sacramentos inviolables, sus justísimas actuaciones, su familiaridad con inteligencias buenas y protectoras, los vestigios que todavía duran de sus maravillosas proezas. En cuanto a los otros, sus contrarios, dejo el examen a quien tenga juicio[13].

Lo importante –y en ello insiste Bruno constantemente– es que esa contraposición se expresa en el plano de los valores: un periodo niega al otro o, mejor dicho, subvierte los valores del otro, dando un valor positivo a aquello que el otro valoraba negativamente y viceversa, aplicando por tanto los términos morales y teóricos del lenguaje (justicia, piedad, religión, sabiduría, filosofía y sus contrarios) en sentido exactamente invertido. El *lamento* o *apocalipsis* hermético, tal como Bruno lo cita y lo interpreta, profetizaba la subversión de valores y lingüística que se operaría en el periodo aristotélico-cristiano (como hemos visto), pero ya desde *La cena* Bruno insiste en la impostura de los profetas del periodo aristotélico-cristiano, que se presentan como lo que no son y de cuya falsa doctrina él se ha liberado y pretende liberar al «ánimo humano», abriendo así el nuevo periodo histórico:

> [...] liberándose de las quimeras introducidas por aquellos que (salidos del fango y cavernas de la tierra, pero presentándose como Mercurios y Apolos bajados del cielo) con multiforme impostura han lle-

---

en G. Canziani –Y. Ch. Zarka, eds., *L'interpretazione nei secoli XVI e XVII*, F. Angeli, Milán 1993, pp. 59-82; L. Ruggiu, «La ripresa dell'antico in Giordano Bruno», en *Giordano Bruno: destino e veritá*, edición de D. Goldoni y L. Ruggiu, Marsilio, Venecia 2002, pp. 185-224.

13. *La cena*, p. 77 (BOeuC II, p. 63).

nado el mundo entero de infinitas locuras, bestialidades y vicios como si fueran otras tantas virtudes, divinidades y disciplinas, apagando aquella luz que hacía divinos y heroicos los ánimos de nuestros padres, aprobando y confirmando las tinieblas caliginosas de sofistas y asnos[14].

Si la presentación de Orión-Cristo y de su obra en la *Expulsión* (pp. 282-285), así como la de Aristóteles y su obra en la *Cábala* (pp. 128-130), constituyen ejemplos de una inversión del valor y de una sustitución de la «virtud» por el «vicio», de la «disciplina» por «locura» y de la «divinidad» por «bestialidad», mediante una «multiforme impostura» (de Orión se dice que se impone a los hombres como Dios «enmascarado y no reconocido en su verdadero ser»[15]), en *La cena* Bruno elige como ejemplo de la subversión histórica que llega a su culminación en el momento contemporáneo y frente a la cual él debe «causar efectos completamente contrarios», a la colonización europea de América:

> Los Tifis [*i. e.* los navegantes y colonizadores] han encontrado la manera de perturbar la paz ajena, de violar los genios patrios de las regiones, de confundir lo que la providente naturaleza había separado, de duplicar mediante el comercio los defectos y añadir a los de una los vicios de otra nación, de propagar con violencia nuevas locuras y enraizar insanias inauditas allí donde no había, concluyendo al final que es más sabio quien es más fuerte, de mostrar nuevos afanes, instrumentos y arte de tiranizar y asesinar los unos a los otros[16].

Este ejemplo, sin embargo, a pesar de toda su importancia, es casi un *hapax* en el conjunto de los diálogos italianos. Lo normal en Bruno es remitirse al ejemplo contemporáneo europeo de la escisión y confrontación religiosa y a los efectos nocivos en el plano intelectual, moral, político y religioso del catolicismo romano y sobre todo de la Reforma protestante. Dar ejemplos en este caso es prácticamente ocioso, pues la

---

14. *Ibi*, pp. 70s. (BOeuC II, p.47); hemos modificado ligeramente la traducción.
15. *Expulsión*, cit., p. 284; BOeuC V, p. 465: «mascherato et incognito».
16. *La cena*, cit., pp. 68s.; BOeuC II, p. 45. Sobre la crítica bruniana de la colonización europea de América véase M. A. Granada, «Bruno y América: de la crítica de la colonización a la crítica del cristianismo», recogido en *Idem, Giordano Bruno: universo infinito, unión con Dios, perfección del hombre*, Herder, Barcelona 2002, pp. 197-269.

Expulsión de la bestia triunfante y la *Cábala del caballo Pegaso* tienen como objetivo exponer esta subversión en el momento contemporáneo, además de formular el antídoto. Baste un solo ejemplo de la subversión reformada:

> Que vea el Juicio [esto es, la aplicación de la Ley de la Razón] si es cierto que tales individuos incitan a los pueblos al desprecio o al menos a cuidarse poco de los legisladores y de las leyes, dándoles a entender que establecen cosas imposibles y que ordenan como por burla, es decir, para hacer ver a los hombres que los dioses saben mandar lo que ellos no pueden llevar a cabo. Que vea si mientras dicen que quieren reformar las leyes y religiones deformadas, lo que hacen de seguro es devastar todo lo que tienen de bueno y confirmar y ensalzar a los astros todo lo que de perverso y de vano puede haber o creerse que hay en ellas. Que vea si aportan otros frutos que los de impedir la convivencia, disipar las concordias, disolver las uniones, rebelar a los hijos contra los padres, a los siervos contra los señores, a los súbditos contra los superiores, suscitar el cisma entre unos pueblos y otros, entre unas naciones y otras, entre compañeros, entre hermanos y sembrar la discordia en las familias, ciudades, repúblicas y reinos. Y en conclusión, que vea si mientras saludan con la paz llevan allí donde entran el cuchillo de la división y el fuego de la dispersión, arrebatando el hijo al padre, el prójimo al prójimo, el habitante a la patria y causando otros divorcios horrendos contra toda naturaleza y ley. Que vea si mientras se dicen ministros de uno que resucita muertos y sana enfermos, son ellos quienes [...] estropean a los sanos y matan a los vivos, no tanto con el fuego y con el hierro como con su perniciosa lengua[17].

Pero no queremos insistir en estos puntos sobradamente conocidos. Lo que nos interesa señalar en cambio es un punto fundamental que no ha recibido hasta ahora –nos parece– la atención y valoración que merece. Se trata de que esa subversión de valores y del lenguaje que contrapone los periodos históricos afecta también a la Filosofía misma. La Filosofía, como ejercicio de la razón y del intelecto, como empresa teorética hacia el conocimiento de la verdad del ser y de la unión posible con la divinidad, así como hacia el descubrimiento de la ley y norma moral, no sólo está ausente del periodo aristotélico-cristiano, pues los

---

17. *Expulsión*, cit., pp. 175s. (BOeuC V, pp. 209-211).

impostores «apagan aquella luz [obviamente el intelecto que ilumina[18]] que hacía divinos y heroicos los ánimos de nuestros padres, aprobando y confirmando las tinieblas caliginosas de sofistas y asnos»[19]. Así, Aristóteles (que en su prosopopeya de la *Cábala* dice: «según la luz (a decir verdad según las tinieblas que reinaban en mí) pensé y enseñé perversamente acerca de la naturaleza de los principios y de la sustancia de las cosas, deliré más que el mismo delirio acerca de la esencia del alma, nada pude comprender correctamente de la naturaleza del movimiento y del universo»[20]) marca la desaparición de la Filosofía cuando, renunciando al intelecto fuente de la verdad, establece de la mano del «sentido falaz» la inmovilidad de la tierra en el centro del universo[21]. Crea con ello la premisa para que Cristo establezca (y consiga hacerlo creer a los hombres) «que el intelecto humano allí donde mejor le parece ver es una ceguera y que lo que según la razón parece excelente, bueno y óptimo, es vil, perverso y extremadamente malo; [...] con todo esto persuadirá de que la filosofía, toda contemplación y toda magia que pueda hacerles semejantes a nosotros [los dioses], no son más que locuras, que todo acto heroico no es más que bellaquería y que la ignorancia es la más bella ciencia del mundo»[22]. Decimos que hay más, pues no sólo se trata de que la Filosofía (en su función teorética y práctica) está ausente del ciclo histórico aristotélico-cristiano; se trata además de que, por la subversión de valores y lingüística, la Filosofía auténtica es negada y

---

18. Cfr. *De umbris idearum*, ed. de R. Sturlese, Olschki, Florencia 1991, p. 14: «Nec cessat intellectus, atque sol iste sensibilis semper illuminare, ob eam causam, quia nec semper, nec omnes animadvertimus».

19. *La cena*, cit., p. 70 (BOeuC II, p. 47). Que se trata de la inserción histórica del aristotelismo en la religión cristiana lo muestra el hecho de que posteriormente (BOeuC II, p. 203) *La cena* dice de esta conjunción, por oposición a la filosofía bruniana, que produce «muchos inconvenientes, que no sólo ciegan como falsos la luz del intelecto, sino que incluso apagan con su indolencia e impiedad el fervor de los buenos sentimientos», trad. castellana p. 138.

20. *Cábala*, cit., p. 129 (BOeuC VI, pp. 111-113).

21. Véase *De umbris idearum*, cit., p.12: «Hunc [Solem] intellectus non errans stare docet: Sensus autem fallax suadet moveri. Hic terrae girantis parti huic expositae oritur: occidit simul aliter dispositae». Sobre esta primera formulación copernicana de Bruno, anterior a *La cena*, véase nuestra Introducción a *La cena de le Ceneri* (BOeuC II, 2ª ed., París 2005), # 4.

22. *Expulsión*, cit., pp. 282s. (BOeuC V, pp. 461-463).

condenada y en cambio se da el nombre de Filosofía a lo que en realidad es su negación: la pseudofilosofía o «filosofía vulgar» (expresión que para Bruno es una *contradictio in terminis*) de Aristóteles, o en otros términos, el «Pedantismo», categoría en la que Bruno expresa la antítesis histórica de la Filosofía, a la cual suplanta usurpando su nombre en el periodo histórico negativo. Así, en la mencionada prosopopeya de Aristóteles, Bruno hace al Estagirita («pedante de Alejandro Magno») decir:

> Me entró la presunción de ser filósofo natural, según es costumbre en los pedantes ser siempre temerarios y presuntuosos. Así, extinguido el conocimiento de la filosofía, muerto Sócrates, proscrito Platón [...], quedé yo solo, tuerto entre los ciegos, y pude adquirir fácilmente reputación no sólo de retórico, político, lógico, sino también de filósofo. [...] conseguí colarme como reformador de aquella disciplina de la que no tenía conocimiento alguno. [...] y, en conclusión, me convertí en aquél por quien la ciencia natural y divina yace extinta en lo más bajo de la rueda, igual que en el tiempo de los caldeos y pitagóricos estuvo en lo más alto[23].

La figura del «pedante» y la categoría del «pedantismo», donde Bruno hace confluir las figuras del maestro humanista de lenguas y cultura clásica, la del teólogo reformado y la del seguidor acrítico de Aristóteles, experimentan en la obra bruniana un enriquecimiento sustancial con respecto a lo que representaban en la cultura contemporánea[24]. Para Bruno el pedante es la expresión plástica de la suplantación de la Filosofía por su negación. El pedante pasa a ser, de esta manera, un *sileno*, alguien cuya realidad no coincide con su apariencia, pero un sileno *invertido*, cuya apariencia y ostentación de Filosofía, de saber, esconden y ocultan la verdadera realidad de «temeraria y necia ignorancia, junto con la presunción y descortesía que es su perpetua y fiel compañera»; los pedantes, en suma, son gente que «debido a una crédula locura, temen gastarse si ven y quieren perseverar obstinadamente en las tinieblas de

---

23. *Cábala*, cit., pp. 128s. (BOeuC VI, pp. 111-113).
24. Sobre esta transformación véase M. Ciliberto, *La ruota del tempo*, cit., cap. I, y N. Ordine, *La cabala dell'asino. Asinità e conoscenza in Giordano Bruno*, Liguori Editore, Nápoles 1987.

aquello que en una ocasión malaprendieron»[25]. El pedante, en su aparatosa ostentación de un presunto saber filosófico, esconde la negación de la Filosofía, pues sustituye –por referirnos únicamente a su matriz humanista– la reflexión intelectual, la *speculatio*, por una consideración puramente gramatical y lingüística, a la cual ha reducido la Filosofía. La figura del pedante Polihimnio en *De la causa* reproduce fielmente este sileno invertido en el que la Filosofía, como la moneda, se ve falsificada por un producto sin valor: «Una vez comprendidas bien esas palabras, hacen considerar asimismo bien su sentido. Por eso, el conocimiento de toda ciencia procede del conocimiento de las lenguas»[26]. Por su parte *Los Heroicos Furores* nos presentan la hegemonía cultural del pedantismo en la sociedad contemporánea, con su sustitución de la Filosofía (ejercicio intelectual propio de una minoría) por una práctica lingüística como la ejercitada por Polihimnio, en la cual se pretende ofrecer un acceso universal al saber. El discurso bruniano pone de manifiesto cómo tal situación es por el contrario el momento álgido en la corrupción y subversión propias del actual periodo histórico:

> ¿No advertís, por otra parte, en qué medida hállanse postradas las ciencias por esta causa de que los pedantes hayan pretendido ser filósofos, tratar de la naturaleza, entrometerse a resolver de cosas divinas? ¿Quién no puede ver cuántos males han sobrevenido y sobreviven todavía por haber pretendido volver nuestra mente, todos por igual, a un alto amor? ¿Hay hombre alguno de buen sentido que no advierta el provecho que trajera Aristóteles, que era maestro de humanidades de Alejandro, queriendo aplicar su espíritu a contradecir y combatir la pitagórica doctrina y la de los filósofos naturales [...], más afanoso de la fe del vulgo y de la necia multitud (que se encamina y guía por sofismas y la apariencia de las cosas) que de la verdad, que se oculta en la sustancia de éstas y viene a ser esa misma sustancia? [...] Así, en nuestros tiempos [...] por ministerio de otros pedantes que se inspiran en el mismo «sursum corda», han sido instituidas nuevas dialécticas y modos de formar la razón, tan inferiores acaso a la de Aristóteles cuanto lo es la filosofía de Aristóteles con respecto a la de los antiguos. [...] Por todo ello, bien pudiera darse que éstos [los pedantes actuales], amparados por la igno-

---

25. *La cena*, cit., pp. 73s. (BOeuC II, pp. 53-55).
26. Giordano Bruno, *De la causa, principio et uno*, BOeuC III, p. 161, traducción nuestra.

rante multitud (a cuyo ingenio se hallan más conformes) vinieran a arrasar las humanidades y raciocinio de Aristóteles, como éste fuera a su vez carnífice de ajenas y divinas filosofías. [...] Así, el «sursum corda» no es a todos entonado, sino únicamente a aquellos que están dotados de alas. Advirtamos que jamás ha sido la pedantería más exaltada que en nuestros tiempos, cuando amenaza gobernar el mundo: ella abre tantos caminos poblados de verdaderas especies inteligibles y objetos de única e infalible verdad cuantos pedantes puedan existir[27].

Así pues, la misión histórica de que Bruno se siente investido, como portavoz de un nuevo periodo histórico, como «liberador del ánimo humano y del conocimiento», no es a fin de cuentas otra que la de la reivindicación de la Filosofía (del «oro de la sabiduría», podríamos decir, apelando al símil de la plegaria del filósofo conclusiva del *Fedro* platónico)[28] y su renacimiento como ejercicio intelectual y especulativo tras su secular sustitución por la falsa moneda del pedantismo. No es de extrañar entonces que el pasaje recién citado de *Los Heroicos Furores* continúe en los siguientes términos: «Por ello en nuestra época más que nunca deben estar alerta los espíritus bien nacidos, armados con la verdad, alumbrados por la divina inteligencia, prestos a medir sus armas con la oscura ignorancia, alcanzando la alta fortaleza y eminente torre de la contemplación»[29].

I

Bruno y los «pedantes» oxonienses, los dos doctores peripatéticos (Torcuato y Nundinio) que se le enfrentan a propósito de la doctrina copernicana en *La cena de las cenizas*, son ejemplos respectivamente de

---

27. *Heroicos Furores*, cit., pp. 174-176 (BOeuC VII, pp. 373-377, con nuestro comentario).

28. Véase Platón, *Fedro* 274b4-c8 y K. Gaiser, *L'oro della sapienza. Sulla preghiera del filosofo a conclusione del «Fedro» di Platone*, introducción y traducción de G. Reale, Vita e Pensiero, Milán 1992.

29. *Heroicos Furores*, cit., p. 176 (BOeuC VII, p. 377 y nuestro comentario).

la Filosofía y de su negación en el pedantismo y filosofía vulgar. En *La cena* se nos presentan en un retrato personalizado que muestra muchos puntos de interés. Los dos doctores comparecen con un aparato externo lujoso y brillante, deslumbrante:

> Hombres selectos, de larga toga, con hábitos de terciopelo. Uno de ellos [Torcuato] llevaba al cuello dos cadenas de oro luciente y el otro [Nundinio], ¡por Dios!, con aquella preciosa mano en la que había doce anillos en dos dedos, parecía un riquísimo joyero que se te llevaba detrás los ojos y el corazón cada vez que se la admiraba complacido[30].

Es cierto que esa apariencia se traduce inmediatamente en la realidad interior o esencial que ocultan, contradictoria con la apariencia, esto es, en su ignorancia o asinidad: «dos son los géneros de los asnos: doméstico y salvaje [...]. Dos son las pirámides en las que deben ser escritos y consagrados para toda la eternidad los nombres de estos dos y otros doctores del mismo jaez: la oreja derecha del caballo de Sileno y la izquierda del antagonista del dios de los huertos»[31]. Los doctores oxonienses son, pues, por hablar en la terminología erasmiana, *silenos invertidos*[32]; y lo mismo es, por tanto, lo que plásticamente representan: el pedantismo y la filosofía vulgar, el aristotelismo. Esta apariencia ostentosa, seductora e impostora de los antagonistas de Bruno se ve reiterada en otras ocasiones. Particularmente interesante es aquella en la que uno de ellos, Torcuato, aparece especularmente contrapuesto a Bruno (a la Filosofía): Torcuato «tras haber contemplado su cadena de oro [...] y haber mirado a continuación el pecho del Nolano, donde habría podido faltar más bien algún botón»[33]. Bruno, símbolo de la Filo-

---

30. *La cena*, cit., p. 61 (BOeuC II, pp. 27-29).
31. *Ibi*, p. 62 (BOeuC II, p.31). El caballo de Sileno, esto es, el antagonista de Príapo, era un asno.
32. Cfr. *Causa*, BOeuC III, p. 77: «por lo que no es extraño si veis a muchos que con ese doctorado y sacerdocio saben más de manada, rebaño y establo que quienes son de hecho mozo de establo, cabrero y vaquero». Nótese la conexión entre el aristotelismo («dottorato») y la teología cristiana, especialmente reformada («presbiterato»). Para el tratamiento erasmiano del motivo del sileno véase Erasmo de Rotterdam, *Silenos de Alcibíades*, en *Idem, Escritos de crítica religiosa y política*, edición de M. A. Granada, Círculo de Lectores, Barcelona 1996, e *infra*, caps. IV y V.
33. *Ibi*, p. 139 (BOeuC II, p. 205).

sofía como Torcuato lo es de su negación, es también un sileno, pero un sileno auténtico, que tras su superficie vil, descuidada y sin valor, esconde el oro de la sabiduría. De este modo, la comparecencia de Bruno en *La cena* es una cifra de la Filosofía auténtica y del verdadero filósofo, de su *atopia* o «rareza» con respecto al vulgo y a sus valores, tal como señalaba ya Platón en el *Teeteto* y en el *Banquete*[34], o como en este último diálogo se hace que Alcibíades trace el retrato de Sócrates (es decir, del Filósofo) como un sileno[35], o que el mismo Sócrates describa al Amor –esto es, al Filósofo en tanto que situado «en el medio de la sabiduría e ignorancia»[36]– con sus propios rasgos precisamente, comenzando con el andar descalzo[37]. Y es por lo demás significativo que en el texto que marca la recuperación del motivo para la cultura del Renacimiento, antes del Erasmo del adagio «Sileni Alcibiadis», esto es, en la carta de Giovanni Pico a Ermolao Barbaro de junio de 1485, hallemos una referencia a Sócrates como sileno en los siguientes términos: «[...]

34. Véase *Teeteto*, 149b, 172c-175b; *Banquete*, 215a; *Fedro* 229c, 230c.
35. *Banquete*, 215a ss. Platón construye y aporta a la posteriridad la figura de Sócrates como arquetipo del Filósofo, independientemente del Sócrates histórico. Véase sobre esto último J. Solana Dueso, «Sócrates como símbolo», en S. Echandi, coord., *Espejo y modelo. Perspectivas en Historia de la Filosofía Griega*, Mira Editores, Zaragoza 2003, pp. 53-78, y L. Brisson, «Les accusations portées contre Socrate. Évanescence de la réalité et puissance du mythe», en G. Romeyer-Dherbey, dir. y J.-B. Gourinat, ed., *Socrate et les socratiques*, Vrin, París 2001, pp. 71-94.
36. *Ibi*, 203ess.
37. *Ibi*, 203c-d, 220b. Otra presentación de Bruno como sileno auténtico frente al sileno invertido del pedantismo en la forma del teólogo reformado, nos la ofrece la *Expulsión de la bestia triunfante* en su epístola preliminar: «De esta forma, pues, dejaremos que la multitud se ría, bromee, se burle y se recree con la superficie de estos mímicos, cómicos e histriónicos Silenos, bajo los cuales está escondido, cubierto y seguro el tesoro de la bondad y de la verdad, igual que por el contrario hay más que muchos que bajo el ceño severo, el semblante sumiso, prolija barba y toga magistral y grave, encierran expresamente, con daño universal, la ignorancia no menos vil que arrogante y la maldad no menos perniciosa que ostentosa. Aquí muchos que por su bondad y saber no pueden venderse como sabios y buenos, podrán adelantarse fácilmente mostrando cuán ignorantes y viles somos nosotros. Pero sabe Dios, conoce la verdad infalible, que, al igual que esa clase de hombres son necios, perversos y malvados, yo por mi parte con mis pensamientos, palabras y obras no sé, no tengo, no pretendo otra cosa que sinceridad, simplicidad, verdad», *op. cit.*, p. 89 (BOeuC V, p. 9). Sobre este pasaje véase ahora G. Sacerdoti, *Sacrificio e sovranità. Teologia e politica nell'Europa di Bruno e Shakespeare*, Einaudi, Turín 2002, pp. 28ss.

ac si quem in Socrate de moribus docente offendat, aut laxus calceus, aut *toga dissidens* et sectum prave stomachetur ob unguem»[38]. Es tentador ver en la falta de un botón en la indumentaria de Bruno la adaptación a la vestimenta de la época de la «toga dissidens» que Pico –inspirándose en Horacio (*Sátiras*, I, 3, 30-32; *Epístolas*, I, 1, 96-97)[39]– aplica a Sócrates. Si Bruno, como parece, se inspira en la famosa carta de Pico y en este pasaje[40], entonces no podemos sino concluir que Bruno se declara a sí mismo en este lugar de *La cena* como un sileno auténtico frente al sileno invertido del pedante oxoniense y, además, como nuevo Sócrates, esto es, sencillamente como paradigma de la Filosofía.

Pero en la contraposición de *La cena* encontramos ulteriores elementos de interés. En un pasaje lleno de ironía Bruno califica al pedante aristotélico Torcuato de tan ignorante en su vejez como lo había sido él mismo en su niñez, cuando «yo carecía totalmente de inteligencia especulativa [y] me parecía que creer eso [el movimiento de la tierra] era una locura y pensaba que había sido propuesto por alguien con una intención sofística y capciosa, como un ejercicio para esos ingenios ociosos que gustan de disputar por diversión y que hacen profesión de demostrar y defender que lo blanco es negro»[41]. Así pues, el pedantismo –como corresponde a su carácter de negación de la Filosofía y a su personificación en Torcuato– es un infantilismo en edad adulta por carecer, como los niños, de inteligencia especulativa, que es lo que define precisamente a la Filosofía. Como «viejos niños», los pedantes aristoté-

---

38. J. Pico de la Mirandola, *Opera omnia*, Basilea 1572, p. 355; cursiva nuestra: «[...] no de otro modo que si a alguien oyendo a Sócrates disertar sobre las costumbres, le disgusta el calzado mal ajustado, o *la toga caída*, o las uñas mal cortadas», trad. de L. Martínez Gómez, en Pico de la Mirandola, *De la dignidad del hombre,* con dos apéndices: *Carta a Hermolao Barbaro* y *Del ente y el uno*, Editora Nacional, Madrid 1984, p. 150.

39. Véase F. Bausi, *Nec rhetor neque philosophus. Fonti, lingua e stile nelle prime opere latine di Giovanni Pico della Mirandola (1484-1487),* Olschki, Florencia 1996, p. 24.

40. Así pensaba F. A. Yates, quien en su primer trabajo sobre Bruno («Giordano Bruno's conflict with Oxford», *Journal of the Warburg and Courtauld Institutes*, II, 1939, pp. 227-242) daba la siguiente traducción inglesa del pasaje: «his shoe is loose, *his coat unbuttoned* or his nails uncared for», p. 241; cursiva nuestra. Por lo demás, Yates indica con claridad la dimensión simbólica del pasaje como contraposición de «gramática» *versus* «filosofía».

41. *La cena*, cit., p. 144 (BOeuC II, p. 217).

licos oxonienses «dicen lo que dicen por fe y por costumbre y lo que niegan lo hacen por desacostumbrado y novedoso, como es propio de quienes reflexionan poco y no son dueños de sus propias acciones, ya sean naturales o racionales»[42]. En su ejercicio mental y moral el pedante no es autónomo, porque en él la instancia que descubre la verdad y la norma moral, esto es, la razón y el intelecto, no es activa ni está viva. Es, por el contrario, pasivo o heterónomo, es decir, se mueve en virtud de una autoridad externa que le dicta la verdad y la norma; es un sujeto gregario, pues al igual que «la gregaria multitud [...] discurre, se guía (se precipita más bien) por el sentido del oído de una fe innoble y animal»[43]. Por el contrario, los filósofos (Copérnico en cierto modo, de quien se dicen las siguientes palabras, y por supuesto el mismo Bruno) «gracias a su feliz ingenio han podido orientarse y elevarse con la fidelísima guía del ojo de la divina inteligencia»[44].

La Filosofía, pues, es ejercicio o hábito racional e intelectual. Si el ser humano se define por la razón y el intelecto –«essere uomo è ragione usare», decía Dante en el *Convivio*[45] remitiéndose a una tradición peripatética radical, averroísta–, se sigue que, por oposición a la multitud o vulgo infantil y en este sentido no hombre, los filósofos son «espíritus nobles y quienes son verdaderamente hombres»[46]. Por el contrario, el

---

42. *Ibi*, p. 121 (BOeuC II, p. 161).
43. *Ibi*, p. 67 (BOeuC II, pp. 41-43).
44. *Ibidem* (BOeuC II, p. 43).
45. *Convivio*, IV, VII, 11-12: «Si, como dice Aristóteles en el segundo libro de *Sobre el alma*, "el vivir es el ser de los vivientes", y son muchas las maneras de vivir (como en las plantas el vegetar; en los animales, el vegetar, sentir y moverse; en los hombres, el vegetar, sentir, moverse y discurrir o entender) y las cosas se deben denominar por su parte más noble, resulta evidente que el vivir en los animales es sentir –hablo ahora de los animales brutos–; el vivir en el hombre es usar la razón. Por consiguiente, si el vivir es el ser del hombre, el apartarse de este uso de la razón es alejarse del ser, y, por tanto, es lo mismo que estar muerto», en Dante Alighieri, *El convite. Monarquía. Disputa sobre el agua y la tierra*, traducciones de J. L. Gutiérrez García, L. Robles y L. Frayle, Círculo de Lectores, Barcelona 1995. Cfr. *ibi*, II, VII, 3-4: «las cosas deben ser denominadas por la última nobleza de su forma, así como, por ejemplo, el hombre es denominado por la razón y no por el sentido ni por otra cosa que sea menos noble. De aquí que, cuando se dice que el hombre vive, debe entenderse que el hombre usa la razón, que es su vida especial y acto de su parte más noble. Y por este motivo quien se desvía de la razón y usa sólo la parte sensitiva, no vive como hombre, sino que vive como bestia».
46. *La cena*, cit., p. 134 (BOeuC II, p. 193).

pedante, en tanto que carente de razón y de intelecto, no es un hombre en sentido propio y estricto, sino un animal, un niño o un hombre muerto. Por eso no tiene sentido y es una pérdida de tiempo discutir con él de cuestiones filosóficas que, como el movimiento de la tierra, requieren el ejercicio de la razón y del intelecto. Hacerlo –dice Bruno en *La cena*– es «como se dice, lavar la cabeza al asno o comprobar lo que saben hacer los cerdos con las perlas, recogiendo de su estudio y fatiga aquellos frutos que suele producir la temeraria y necia ignorancia»[47].

El diálogo entre Bruno (la Filosofía) y la negación de la Filosofía (o pedantismo) es imposible y está condenado al fracaso, como muestra el curso mismo de *La cena*. Ello no es debido a que la Filosofía no tenga relación posible con la ignorancia (en absoluto, puesto que la Filosofía misma empieza en la ignorancia y además «podemos ser maestros de aquellos ignorantes e iluminadores de aquellos ciegos que reciben dicho nombre no por incapacidad emanada de impotencia natural o por carencia de ingenio y aplicación, sino tan sólo por no advertir y no tomar en consideración, lo cual sucede únicamente por privación del acto y no también de la potencia»)[48], sino a que el pedantismo, al transmutar silénicamente la ignorancia en sabiduría, subvierte los valores, y la misma «presunción de saber» convierte a los pedantes en inasequibles a la Verdad de que carecen y creen en cambio erróneamente poseer: «[...] hay algunos tan malvados y desalmados que por una cierta indolencia y envidia se encolerizan y ensoberbecen contra aquel que pretende enseñarles (a ellos que son estimados y –lo que es peor– se estiman a sí mismos doctos y doctores) y se atreve a mostrar saber lo que ellos no saben. Entonces los veréis sofocarse y rabiar. [...] Hay quienes, debido a alguna crédula locura, temen gastarse si ven y quieren perseverar obstinadamente en las tinieblas de aquello que en una ocasión malaprendieron»[49].

Los pedantes, pues, como privados de razón y de intelecto y como engreídos de una «crédula locura» confundida con sabiduría, «viven

---

47. *Ibi*, p. 73 (BOeuC II, p. 53).
48. *Ibidem* (BOeuC II, pp. 53-55).
49. *Ibi*, pp. 73s. (BOeuC II, p. 55). Para una posible alusión crítica en las últimas líneas a Montaigne y a su escepticismo fideísta unido a la aceptación de la opinión establecida, tal como se formula en la *Apologie de Raimond Sebond* (*Essais*, II, 12), véase J. Bayod, «Bruno, lector de Montaigne, I. (Ecos de los *Ensayos* en el primer diálogo de *La cena de las cenizas*)», *Bruniana & Campanelliana*, x, 2004, pp. 11-26.

muertos sus propias vidas»[50], puesto que, efectivamente, si el vivir humano es ejercer la razón y el intelecto, como dice Dante de nuevo en el *Convivio*, el pedante «es un muerto que camina»[51], es un hombre en sentido lato que vive a nivel vegetativo y sensitivo, pero que está muerto en cuanto a la humanidad estricta. Por eso en *La cena* Bruno ha hecho a fin de cuentas –por lo que a los doctores oxonienses se refiere; otra cosa es en cuanto a los lectores– lo que temía precisamente: «hacer lo de quienes exponen sus razones a las estatuas y van a hablar con los muertos»[52].

Esta identificación del filósofo (y por tanto de Bruno) con el «hombre verdadero», y del pedante (los enemigos de Bruno) con «hombres en apariencia» y en realidad «muertos», se repetirá a lo largo de toda la obra del Nolano, para indicar que se trata de un principio estructural y básico de su pensamiento. Así, en la epístola proemial al *Del infinito*, Bruno vuelve a referirse a su enfrentamiento con la multitud asociado al hecho de que su amor está dirigido en exclusiva a la divinidad, esto es, a la Sabiduría (al conocimiento de la divinidad accesible al hombre; por tanto al conocimiento de la naturaleza)[53]. Por esta su vinculación

50. *Ibi*, p. 75 (BOeuC II, p. 59).
51. *Convivio*, cit., IV, VII, 10: «Finalmente cuando se dice: "Y toca a tal que está muerto y camina", afirmo para su mayor desprecio, que este hombre vilísimo está muerto aunque parece vivo. Pues se puede decir con toda verdad que el hombre malo está muerto» (hemos modificado la traducción).
52. *La cena*, cit., p. 82 (BOeuC II, p. 75). Sobre la dimensión averroísta de esta frase véase, por ejemplo, el siguiente pasaje del Proemio de Averroes a su *Comentario a la Física*, que insiste sobre la predicación equívoca del término «hombre» y usa al respecto el ejemplo de la estatua: «Manifestum est quod predicatio nominis hominis perfecti a scientia speculativa, et non perfecti, sive non habentis aptitudinem quae perfici possit est aequivoca: sicut nomen hominis quod praedicatur de homine vivo et de homine mortuo: sive praedicatio hominis de rationali et lapideo ["de homine rationali et picto in lapide", rezaba la traducción de Mantino recogida en la misma página]», *Averrois Cordubensis In libros Physicorum Aristotelis Prooemium*, en *Aristotelis omnia quae extant Opera [...] Averrois Cordubensis [...] commentarii*, Apud Iuntas, Venecia 1562-1574, vol. IV, p. 1H-I. Véase asimismo L. Bianchi, «Filosofi, Uomini e Bruti. Note per la storia di una antropologia "averroista"», *Rinascimento*, 2ª serie, XXXII, 1992, pp. 185-201, donde sin embargo no se habla de Bruno; este artículo está ahora recogido en L. Bianchi, *Studi sull'aristotelismo del Rinascimento*, Il Poligrafo, Padua 2003, pp. 41-61, junto con «*Pomponazzi politicamente corretto? La disuguaglianza fra gli uomini nel Tractatus de immortalitate animae*», pp. 63-99.
53. G. Bruno, *Del infinito: el universo y los mundos*, trad. de M. A. Granada, Alianza Editorial, Madrid 1993, p. 74 (BOeuC IV, p. 5): «[...] la multitud que me desagrada,

con la divinidad a través de la sabiduría, el filósofo (Bruno) puede decir: «Soy libre en la sujeción, contento en la pena, rico en la necesidad y vivo en la muerte; [...] no envidio a quienes son siervos en la libertad, sienten pena en los placeres, son pobres en las riquezas y muertos en la vida»[54]. Justo a continuación aclara las razones de esta aparentemente paradójica muerte en vida: el vivir únicamente a nivel corpóreo y sensible (anulación, pues, de la razón) y el estar alejados de la ciencia y del intelecto: «[...] porque en el cuerpo tienen la cadena que los ata, en el espíritu el infierno que los deprime, en el alma el error que los tiene enfermos, en la mente el letargo que los mata; sin magnanimidad que los libere, sin generosidad que los eleve, sin resplandor que los ilumine, sin ciencia que los reanime»[55]. El *De immenso et innumerabilibus* de 1591 proseguirá en la misma línea y afirmará desde el comienzo que «los verdaderos hombres son muy pocos»[56], identificándolos con los verdaderos filósofos, aquellos que «no someten a cosas más viles [poco antes se ha hablado despectivamente de quienes filosofan «pro pane lucrando», esto es, por motivos puramente utilitarios y materiales] la majestad de la verdad que debe ser cultivada por sí misma»[57]. Del mismo modo en la obertura del libro cuarto de este poema latino, en el cual se va a refutar la concepción aristotélica de la jerarquía cosmológica en el mundo finito, Bruno pone en boca del gigante Tifón (figura de la dignidad del género humano o más bien del «verdadero hombre», de la filosofía, por su rebelión contra la falsa religión asociada a esa cosmología) un elogio indirecto de su propia obra de liberación a través de la filosofía, similar al elogio del Nolano en el primer diálogo de *La cena*[58] y, como éste, inspirado en buena parte en los elogios de Epicuro presentes en el *De rerum natura* lucreciano[59]. Al inicio de este elogio, dirigido a los necios hombres («stulti») que adoran a los dioses de la mito-

---

sagrada, una que me enamora». El amor divino y la unión con Dios a través del conocimiento de la naturaleza es el tema de *Los Heroicos Furores* como conclusión beatífica de los diálogos italianos. Véase M. A. Granada, *Giordano Bruno*, cit., Epílogo.
54. *Del infinito*, cit., p. 74 (BOeuC IV, pp. 5-7).
55. *Ibidem* (BOeuC IV, p. 7).
56. *De immenso*, I, 2, p. 207: «perpaucique homines veri sunt».
57. *Ibi*, p. 208.
58. Véase *infra*, cap. III.
59. Véase *infra*, cap. II.

logía religiosa que desde el cielo superior amenazan a los hombres, Tifón exhorta a venerar por el contrario a los «hombres verdaderos» que apoyados «en las fuerzas del alto ingenio» (del intelecto) han descubierto la verdadera faz de la naturaleza infinita y desenmascarado la «ficción» religiosa[60].

Que *La cena* y en general el proyecto bruniano desarrollado en el arco de los diálogos italianos constituyen una consciente reivindicación de la Filosofía contra su suplantación histórica por el pedantismo, lo comprobamos en el primer diálogo del *De la causa, principio et uno*, que –como es sabido– Bruno redactó con posterioridad a los otros cuatro diálogos de la misma obra, con el fin de defender *La cena* y las posiciones allí sostenidas contra la reacción hostil del público londinense. En el momento culminante de este primer diálogo Bruno reitera la identificación (ya presente en *La cena*) de la Filosofía con una perla preciosa no reconocida –por su carácter de sileno, obviamente– por los «cerdos» (*i. e.* los pedantes) y consiguientemente pisoteada por ellos, es decir, conculcada, despreciada y negada:

> ARMESSO. –Pocos conocen estas mercancías [las doctrinas de la filosofía verdadera]. FILOTEO. –No por eso las perlas son menos preciosas y no las debemos defender con todas nuestras fuerzas y hacerlas defender, liberar y *reivindicar* de la conculcación de los pies porcinos, con todo el rigor posible[61].

Lo terrible es que los «cerdos» (pedantes) han triunfado históricamente y por tanto han impuesto dos acciones: por un lado la aniquilación y desaparición histórica de la Filosofía; por otro la suplantación histórica de la misma por su propia producción, el pedantismo, esto es: una «filosofía vulgar» que, vendida como Filosofía, da como resultado el desprecio social de la (verdadera) Filosofía, cuyo nombre se ha usurpado. La Filosofía «por sus falsos familiares e hijos (porque no hay vil pedante, vago diccionario, estúpido fauno, ignorante caballo, que por el

---

60. *De immenso*, IV, 1, pp. 1-2.
61. *De la causa*, BOeuC III, p. 63; cursiva nuestra (en el original «vendicare»). Obviamente Bruno evoca Mateo 7, 6: «No deis las cosas santas a los perros ni arrojéis vuestras perlas a puercos, no sea que las pisoteen con sus pies y revolviéndose os destrocen». Bruno ya había utilizado el símil previamente en *La cena*, p. 73 (cit. *supra*, nota 47).

hecho de mostrarse cargado de libros o con dejarse crecer la barba o con otros procedimientos [...] no quiera titularse de la familia) se ha visto reducida a tal extremo que ante el vulgo decir un filósofo vale tanto como decir un impostor, un inútil, pedantón, saltimbanqui, charlatán, bueno como pasatiempo en casa y como espantapájaros en el campo»[62].

Por obra de los pedantes, pues, «la filosofía [está] en vilipendio»[63]. En este punto, Bruno presenta su obra como la reivindicación de la Filosofía conculcada y suplantada, es decir, como la restauración de la auténtica Filosofía que no existe desde la Antigüedad. Y lo hace de forma explícita, sosteniendo que su crítica del pedantismo no obedece al amor propio, a una motivación puramente personal, sino que es la legítima reacción frente al delito de «lesa majestad» cometido contra la Filosofía: «Yo jamás me tomé semejantes venganzas por sórdido amor propio o por vil cuidado de hombre particular, sino por amor a mi amadísima madre filosofía y por celo de su lesa majestad»[64].

II

Como hemos visto por las referencias efectuadas al *De immenso*, la identificación de Bruno con la Filosofía continúa hasta el final de su actividad y de su producción intelectual[65]; podemos decir incluso que hasta el final de su vida y hasta su muerte misma, en la medida en que la decisión final de no abjurar de sus posiciones frente a las pretensiones del tribunal inquisitorial constituye una reivindicación final de la Filosofía

---

62. *De la causa*, BOeuC III, p. 63.
63. *Ibi*, p. 65.
64. *Ibi*, p. 63. Cfr. *ibi*, p. 57: «Nosotros no injuriamos, sino que rechazamos las injurias, cometidas no tanto contra nosotros como contra la filosofía despreciada»; p. 65: «El que ha encontrado la verdad, que es un tesoro escondido, encendido por la belleza de ese rostro divino, deviene no menos celoso de que no se vea engañada, despreciada y contaminada».
65. Véase sobre este punto nuestro trabajo «La perfección del hombre y la filosofía», recogido en M. A. Granada, *Giordano Bruno*, cit., pp. 297-329.

(de la ciencia) como «perfección del hombre»[66]. Pero antes de llegar a estos momentos finales de su existencia, la primera etapa de su estancia en Alemania, concretamente el feliz periodo de Wittenberg (1586-88) y las obras procedentes del mismo, nos ofrecen amplia reafirmación de todo ello. Los años de Wittenberg representaron para Bruno un remanso de paz en su agitada y tumultuosa existencia. Allí consiguió un nombramiento como profesor universitario que le permitió desarrollar la docencia que se le había vedado en Oxford. El constante enfrentamiento con el pedantismo encontró en la ciudad de Lutero una pausa, debido a la tolerancia y respeto de la «libertas philosophandi» de que el claustro profesoral de Wittenberg hizo gala frente a quien se presentó ante él investido no de un dogma religioso sectario, sino únicamente de la «generalis philanthropia» unida al título de filósofo, y gloriándose del mismo:

> Vosotros me acogisteis [...] sin interrogarme y probarme en relación con vuestro dogma religioso. Únicamente tuvisteis en cuenta que, sin hostilidad y tranquilo, hacía gala y mostraba un espíritu dotado de una filantropía universal y del título de la profesión filosófica, en el que quiero poner todo mi gozo y gloriarme únicamente, ajeno del todo a una actitud cismática y divorciosa, en absoluto sometido a las circunstancias del tiempo, del lugar y a las ocasiones particulares[67].

Si éste es un texto de 1587, dos composiciones muy importantes de 1588 reiteran la identificación y el compromiso con la Filosofía. En

---

66. Véase M. A. Granada, «"Esser spogliato dall'umana perfezione e giustizia". Nueva evidencia de la presencia de Averroes en la obra y en el proceso de Giordano Bruno», *Bruniana & Campanelliana*, V, 1999, pp. 305-331, recogido en lo fundamental en la Introducción a Granada, *Giordano Bruno*, cit., pp. 19-61.
67. *De lampade combinatoria lulliana*, dedicatoria, en BOL, II, II, pp. 230s. Véase para este examen de los escritos de Wittenberg: M. A. Granada, *Giordano Bruno*, cit., pp. 146-167. La profesión filosófica y la norma moral de la «filantropía universal» ya habían sido reivindicadas por Bruno (en oposición tanto al sectarismo de los teólogos puritanos como a la «filosofía vulgar» y a «la multitud de los filósofos vulgares») en la presentación que de sí mismo había hecho en 1583 en la carta al vicecanciller de la Universidad de Oxford antepuesta a algunos ejemplares de la *Explicatio triginta sigillorum*: «Philotheus Iordanus Brunus Nolanus [...] philosophus, [...] qui in actibus universis generalem philanthropiam protestatur» (BOL II, II, pp. 76 y 78).

la importantísima dedicatoria al emperador Rodolfo II de los *Articuli adversus Mathematicos* Bruno reivindica de nuevo la Filosofía y la libertad de pensamiento que le es consustancial:

> En el campo ciertamente de la filosofía (a cuyas libres aras me retiré de tan variado oleaje) solamente escucharé a aquellos doctores que no ordenan cerrar los ojos, sino abrirlos al máximo. Así, alzamos la cabeza al fulgor bellísimo de la luz [el intelecto], escuchamos la naturaleza que nos llama a gritos, perseguimos con sencillez de espíritu y el noble afecto del corazón la sabiduría, anteponiéndola a todas las demás cosas[68].

Por su parte la *Oratio valedictoria*, el discurso de despedida de Wittenberg, pronunciado por Bruno ante la asamblea universitaria cuando la imposición de la facción calvinista había puesto fin a ese paréntesis de calma obligándolo a reanudar su existencia errante, presenta la Sabiduría humana (esto es, la ciencia conseguida con el esfuerzo humano, por la cual se alcanza un reflejo en la mente humana de la Sabiduría mundana, es decir, del Universo, el cual es la verdadera «Scriptura» y el «primogénito»)[69] como «presidiendo el timón de esta nave en el agitadísimo mar de este siglo fluctuante»[70].

La *Oratio valedictoria* es en realidad una «loa de la Sabiduría»[71], de esa forma posible de unión con la divinidad a la que el hombre verdadero se esfuerza por acceder mediante la Filosofía y la forma de vida

---

68. *Articuli adversus Mathematicos*, dedicatoria, en BOL I, III, pp. 6-7.
69. Véase *Oratio valedictoria* en BOL, I, I, p. 14. El pasaje muestra una polémica tácita con el cristianismo a través de la atribución al universo de esos dos rasgos que el cristianismo atribuye al texto revelado y a Cristo como Verbo. La Sabiduría mundana es a su vez la «sombra» de la Sabiduría primera o de la Mente divina misma, que es «luz» inasequible al intelecto humano, el cual sin embargo la conoce en su primogenitura que le es semejante y en la que se expresa: el universo infinito como su «sombra». Cfr. *ibi*, pp. 14-15: «Itaque tres domos habet divina sapientia, primam inaedificatam, aeternam, immo ipsam aeternitatis sedem; secundam primogenitam, quae est iste mundus visibilis; tertiam secundogenitam, quae est hominis anima. [...] Hic ergo tandem inter homines sapientia aedificavit sibi domum rationalem et intentionalem, quae est post mundum, ubi inspiciatur umbra primae domus archetypae et idealis, quae est ante mundum, et imago secundae sensibilis, quae est mundus».
70. *Ibi*, p. 14.
71. *Ibi*, p. 3.

filosófica. Estamos, por tanto, siempre en el ámbito de la reivindicación de la Filosofía, de una contemplación teorética que, en virtud del intelectualismo moral, comporta necesariamente –como ya hemos indicado– los principios de una «vida buena», de una praxis moral correcta. Así, Bruno evoca, al comienzo de su discurso, el juicio de Paris para señalar que, en su caso, la elección (de la mejor forma de vida) no hubiera ido dirigida a Venus (predilecta de quienes «abrazan las amistades, las compañías, la tranquilidad de la vida, la belleza, las alegrías y los placeres»)[72], ni a Juno (predilecta a su vez de los que «anhelan el poder, las riquezas, los principados, reinos e imperios»), sino a Minerva, como es propio de quienes «anteponen a todas las demás cosas el consejo, la prudencia, la sabiduría y el intelecto»[73]. En ella, como fundamento de consejo y prudencia, el filósofo encuentra los principios del comportamiento moral: «Así aquél a quien ella asiste nunca está inerme para afrontar los acontecimientos de la fortuna, repeliéndolos con el consejo o superándolos con paciencia»[74]. En efecto, la Sabiduría está asentada sobre sus siete pilares o columnas (obvia referencia a Proverbios 9,1), que no son otra cosa que las siete artes. Se trata de un tema tradicional, elaborado a lo largo de la Edad Media[75], en el que Bruno modifica el esquema de las siete artes liberales, unificando las cuatro artes matemáticas del *quadrivium* bajo una sola (*Mathesis*) para dar de ese modo espacio a las tres artes o disciplinas superiores: Física, Moral, Metafísica[76]. La Sabiduría comporta, pues, la ética, que da las normas de comportamiento y acción en todos los ámbitos de las relaciones humanas, desde el derecho a la economía, desde la política a la religión[77].

Que la Filosofía, la amistad y búsqueda de la Sabiduría, es una profesión peligrosa, lo sabían ya los griegos, para quienes la muerte de Só-

72. *Ibi*, p. 5.
73. *Ibi*, pp. 6-7.
74. *Ibi*, p. 7.
75. Véase M.-Th. d'Alverny, *Études sur le symbolisme de la Sagesse et l'iconographie médiévale*, editado por Ch. Burnett, Variorum Collected Studies Series, Ashgate, Aldershot 1993.
76. *Oratio valedictoria*, cit., p. 15. Recordemos, por otra parte, que del mismo modo que para Aristóteles la metafísica es «Teología», es decir, conocimiento de la divinidad, para Bruno es siempre un conocimiento de la divinidad en su *expresión*, o sea, en la naturaleza infinita.
77. *Ibi*, pp. 15-16.

crates fue en cierto modo la muestra palmaria de ello[78]. La precariedad y el riesgo de la Filosofía, incrementados por la presencia de religiones reveladas, fue mayor en los siglos medievales en aquellas sociedades –musulmana y judía– que primero recibieron el impacto y la presencia de la auténtica filosofía griega. Al-Farabi y Averroes en el mundo islámico y Maimónides en el ámbito judío, todos ellos testimonian el esfuerzo teórico de la Filosofía por procurarse un estatuto de seguridad en la sociedad en que vive[79]. El trasvase de la Filosofía, con Aristóteles como protagonista, desde el ámbito islámico a la sociedad cristiana a partir del siglo XII trajo consigo la reproducción del problema en el Occidente latino, donde la peculiaridad de la teología cristiana y la existencia de la Iglesia romana con las pretensiones del papado por alcanzar una *plenitudo potestatis* dieron mayor urgencia al control y a la vigilancia del pensamiento. De ahí los conflictos doctrinales que marcaron el desarrollo de la filosofía en las universidades a lo largo de los siglos XIII y XIV, de los cuales la condena parisina de 1277 constituye tan sólo el episodio más marcado[80].

El Renacimiento no representa una ruptura en esta situación. Incluso se puede decir que la Reforma tuvo como una de sus consecuencias el incremento de la precariedad e inseguridad de la filosofía en su formulación rigurosa y estricta. Bruno (poco después Vanini y Galileo) es la prueba más rotunda de ello. Si ya en el mundo islámico y judío (por no referirnos ya a la teoría platónica de la comunicación y de la escritura filosófica) al-Farabi, Averroes y Maimónides despliegan toda

---

78. Véase L. Canfora, *Una profesión peligrosa. La vida cotidiana de los filósofos griegos*, Anagrama, Barcelona 2002.

79. Véase L. Strauss, *Le Platon de Farabi*, trad. francesa, Éditions Allia, París 2002; Idem, «The Literary Character of *The Guide for the Perplexed*», en *Persecution and the Art of Writing*, The University of Chicago Press, Chicago y Londres 1980, pp. 38-94.

80. Véase, además del clásico estudio de R. Hissette, *Enquête sur les 219 articles condamnés à Paris le 7 mars 1277*, Publications de l'Université, Louvain-la-Neuve 1977, los estudios más recientes de L. Bianchi, *Il vescovo e i filosofi. La condanna parigina del 1277 e l'evoluzione dell'aristotelismo scolastico*, Pier Luigi Lubrina Editore, Bérgamo 1990 y D. Piché, *La condamnation parisienne de 1277*, texto latino, traducción, introducción y comentario, Vrin, París 1999. Sobre el desarrollo posterior véase L. Bianchi, *Censure et liberté intellectuelles à l'Université de Paris (XIIIe–XIVe siècles)*, Les Belles Lettres, París 1999.

una serie de estrategias comunicativas tendentes a asegurar la continuidad y el desarrollo incólumes de la Filosofía y al mismo tiempo a garantizar a la sociedad la no difusión de los efectos socialmente perniciosos de la incomprensión y tergiversación de la misma, Bruno –cuya concepción de la Filosofía es, en lo fundamental, idéntica a la de esos precursores– se mueve en la misma línea[81] y pretende aplicar diferentes cautelas destinadas a evitar los riesgos y efectos nocivos de la confusión de los niveles de humanidad y los grados de conocimiento y formas de comunicación correspondientes. Si con ello la Filosofía pretendía procurar al filósofo una existencia segura en la sociedad y comunidad de que formaba parte, en el caso de Bruno todo ello no pudo evitar el exilio y el peregrinaje errabundo por diversos países europeos hasta caer finalmente en las garras de la Inquisición romana, que ya no lo soltaría excepto convertido en humo y cenizas. No obstante, Bruno bendice el exilio que fue la consecuencia de su profesión filosófica. Ya la *Expulsión* proclama por boca de la Solicitud, en un discurso moral que traduce prácticamente la *contemplación* o *theoría*:

> Tú, Industria mía, [...] haz salutíferas todas esas calumnias ajenas, todos esos frutos de maldad y envidia ajenas y aquel razonable temor tuyo que te arrojaron de tu morada nativa, que te privaron de los amigos, que te alejaron de la patria y te desterraron a países poco amistosos. Haz, Industria mía, junto conmigo, glorioso este exilio y estos trabajos por encima de la quietud, por encima de la tranquilidad, comodidad y paz de la patria[82].

Bruno, por lo demás, no se olvida de establecer que esos «trabajos» son solidarios con la búsqueda constante de la Sabiduría, esto es, con el ejercicio de la auténtica Filosofía. Así, siempre según la *Expulsión*, la Deliberación «pondrá la mira adecuadamente no en el oro y en los bienes propios de ingenios vulgares y sórdidos, sino en aquellos tesoros que el tiempo menos esconde y dispersa y que son celebrados y cultivados en el campo de la eternidad»[83].

81. Véase *infra*, cap. V.
82. *Expulsión*, cit., pp. 213s. (BOeuC V, p. 311).
83. *Ibi*, p. 215 (BOeuC V, p. 313). El tesoro aludido es obviamente la Verdad, a propósito del cual el adagio clásico reza «Veritas filia temporis». Cfr. E. Panofsky,

La *Oratio valedictoria* renueva ese compromiso con la Sabiduría a través de la Filosofía y por tanto bendice de nuevo el exilio: «[...] ardiendo del deseo de contemplar este Paladio [la casa de Minerva-Sabiduría] por lo que no me avergüenzo de la pobreza, la envidia y el odio de los míos, de las execraciones e ingratitud de aquellos a quienes quise ayudar y ayudé, efectos de la extrema barbarie y de la sordidísima avaricia; de las injurias, calumnias, improperios e incluso infamias de quienes me debían amor, servicio y honor»[84]. La *Oratio* añade, por lo demás, un punto de gran interés para nosotros y para el análisis que venimos desarrollando. Bruno hace a ese exilio y a esos trabajos consecuencia de la hostilidad y persecución de aquellos a quienes en *La cena* calificaba averroísticamente de «muertos en vida», no hombres en el sentido estricto de la palabra, sino «bestias» por su nivel de conocimiento, bajo una apariencia humana:

> No me avergüenzo de haber sufrido las risas y los desprecios de necios e innobles, de algunos que, aun cuando son completamente bestias, se pavonean de su fortuna y modo de vida con temeraria arrogancia, bajo la imagen y semejanza de hombres. Por lo cual, no me avergüenzo de haber incurrido en trabajos, dolores, exilio, porque con los trabajos avancé, con los dolores acumulé experiencia, con el exilio aprendí, puesto que en el breve trabajo encontré prolongado descanso, en el ligero dolor inmensa alegría, en el angosto exilio una patria amplísima[85].

III

Un último punto queremos señalar. Entre los motivos de excelencia de la Sabiduría enumerados en la *Oratio* figura el de ser «Deo pergrata» (muy grata a Dios)[86]. Este motivo recibe como comentario la

---

«El padre Tiempo», en *Idem, Estudios sobre iconología*, Alianza Editorial, Madrid 1972, pp. 93-117 y G. Bruno, *De immenso*, VI, 20, p. 229.
84. *Oratio valedictoria*, cit., p. 21.
85. *Ibi*, pp. 21s.
86. *Ibi*, p. 11.

cita tácita de un versículo del libro de la *Sabiduría*: «porque Dios a nadie ama sino a aquel que mora con la Sabiduría»[87]. Poco más adelante se vuelve a citar tácitamente otro versículo del mismo libro veterotestamentario, por el que Bruno siente especial dilección: «[la Sabiduría] es para los hombres tesoro inagotable, y los que de él se aprovechan se hacen partícipes de la amistad de Dios»[88]. El pasaje merece el siguiente comentario por parte de Bruno: «Por tanto, si todas las cosas de los amigos son comunes, el sabio es riquísimo»[89].

No nos interesa subrayar la riqueza superior del sabio por la transferencia a él del tesoro inagotable de la sabiduría divina (en su manifestación mundana o en el universo, la accesible al hombre como hemos visto), por lo cual seguramente Bruno puede declararse en *Del infinito* «rico en la necesidad» y calificar a los pedantes muertos en vida de «pobres en las riquezas»[90]. Queremos señalar más bien que Bruno enfatiza que a través de la Sabiduría alcanzada el hombre se hace «amigo de Dios» y por tanto receptor de su beneficio, obviamente a través del efecto sobre el hombre (el filósofo) de la Sabiduría con que en última instancia Dios se identifica, en sí mismo y en su obra (el universo)[91]. Bruno alude, pues, al tema clásico, reiterado en la tradición filosófica, del filósofo y del sabio como «amigo de la divinidad» (*theóphilos*), tanto más amigo cuanto más ha avanzado en la Sabiduría, esto es, en el conocimiento intelectual de Dios a través del conocimiento de sus obras (el universo, su estructura y su legalidad), y por tanto cuanto más ha alcanzado la perfección del hombre por el cultivo del intelecto. Que el portavoz de Bruno en *La cena* se llame precisamente «Teófilo (filósofo)» no es casual y responde a este orden de consideraciones, al igual que tampoco es casual que más tarde sea Spinoza quien en el *Breve tratado* llame «Teófilo» a uno de los protagonistas del diálogo que en esa obra se recoge[92]. La *theophilía* de que se

---

87. Sabiduría 7, 8. Cfr. *Oratio valedictoria*, cit., p. 11.
88. Sabiduría 7, 14. Cfr. *Oratio valedictoria*, cit., p. 12.
89. *Oratio valedictoria*, cit., p. 12: «Ergo si amicorum omnia communia sunt ditissimus est sapiens». Sobre el tema de la riqueza o el oro de la Sabiduría véase la plegaria final del *Fedro* platónico (279b4-c8) y la espléndida exégesis de K. Gaiser en *L'oro de la sapienza. Sulla preghiera del filosofo a conclusione del «Fedro» di Platone*, cit.
90. Cfr. *Del infinito*, cit., p. 74 (BOeuC IV, pp. 5-7), cit. *supra* nota 54.
91. Véase *Oratio valedictoria*, cit., p. 13.
92. Cfr. Spinoza, *Breve tratado*, traducción de A. Domínguez, Alianza Editorial,

beneficia el filósofo ya la había señalado Platón en su *República*[93] y en el *Banquete*[94]. Pero había sido precisamente Aristóteles, tan denostado por Bruno como pedante y profeta de las tinieblas, formulador sin embargo de la doctrina de la perfección y beatitud intelectual con que Bruno conecta a través de la tradición peripatética radical y averroísta, el que había dado de la *theophilía* la formulación más completa al final de su exposición en la *Ética Nicomaquea* del *bíos theoretikós* y de la perfección y beatitud que lo acompañan:

> Además el que pone en ejercicio su intelecto y lo cultiva parece a la vez el mejor constituido y el más amado de los dioses (*theophiléstatos*). En efecto, si los dioses, como se cree, tienen algún cuidado de las cosas humanas, será también razonable que se complazcan en lo mejor y más afín a ellos (y esto tiene que ser el intelecto), y que correspondan con sus beneficios a aquellos que más lo aman y lo honran, por ocuparse de lo que los dioses aprecian y obrar recta y hermosamente. Y que todo esto se da sobre todo en el sabio, es manifiesto. Por consiguiente será el más amado por los dioses[95].

Son palabras que recibieron comentario y glosa de toda la tradición peripatética[96]. Aquí mencionaremos únicamente la glosa de Averroes en su paráfrasis de la *Nicomáquea*. El Comentador dice en la versión la-

---

Madrid, pp. 74-78. La coincidencia con Bruno no tiene por qué significar necesariamente un conocimiento o abogar con mayor o menor plausibilidad por él, puesto que –como en otros aspectos de la relación entre ambos de clara afinidad intelectual– puede basarse en el alineamiento común y consecuente en una misma tradición de pensamiento (la que sostiene esta idea fuerte de Filosofía que venimos comentando). Véase sobre este particular, M. A. Granada, *Giordano Bruno*, cit., pp. 146-167.

93. *República*, X, 612e-613a.

94. *Banquete*, 212a: «Y al que ha engendrado y criado una virtud verdadera, ¿no crees que le es posible hacerse amigo de los dioses y llegar a ser, si algún otro hombre puede serlo, inmortal también él?». Cfr. *Del infinito*, p. 74: «vivo en la muerte» frente al «letargo que mata» a los pedantes. Véase también *Filebo* 39e. Agradecemos a Jordi Bayod estas indicaciones.

95. *Ética Nicomaquea*, X, 8,1179a 23-31, traducción de M. Araujo y J. Marías, Instituto de Estudios Políticos, Madrid 1970 (traducción ligeramente modificada).

96. Véase, a título de mero ejemplo, Tomás de Aquino, *Comentario a la Ética a Nicómaco de Aristóteles*, traducción de A. Mallea, estudio preliminar y notas de C. A. Lértora Mendoza, Eunsa, Pamplona, p. 583.

tina publicada con las *Opera omnia* del Estagirita en la edición giuntina leída por Bruno:

> Y si ciertamente Dios se cuida de los hombres, como se cree y se debe, y Dios ciertamente se goza en aquello que es mejor, entonces se goza en quien se esfuerza por asemejársele grandemente; tal es el intelecto. Por tanto, es justo que beneficie a aquellos que más lo aman y que a ellos honre y visite, tal como es la disposición del amigo para con su amigo[97].

El sentido del pasaje cabe precisarlo con cuidado. No pretende establecer, en nuestra opinión, un cuidado personal, solícito, del sabio por parte de Dios, cual el de un hijo por el padre. Hay que entenderlo en sentido despersonalizado y hacerlo compatible con el hecho de que la divinidad, en opinión de Averroes, no conoce a los individuos particulares y por tanto no mantiene o guarda una relación con ellos individualizada. Este punto aparece con bastante claridad en el *Comentario a la Metafísica*, libro XII, com. 37, que dice así:

> Et ex hoc [del movimiento eterno que Dios como primer motor inmóvil imprime al universo] videtur Deum habere curam circa omnia entia. Dicentes autem quod deus sollicitus est circa unumquodque individuum, aliqualiter est verum, et aliqualiter non est quidem verum, quia nullum individuum habet dispositionem propriam, nisi illa dispositio inveniatur in aliquo modo illius speciei. Hoc igitur modo verum est Deum solicitari circa individua. Solicitudo autem circa individuum tali modo, quod nullus habeat communicationem cum eo, hoc non est fas bonitati divinae[98].

---

97. «Et siquidem cura sit Deo de hominibus, ut creditur, et ut debitum est: et sit quidem Deus gaudens de eo, qui est melior, tunc gaudet de eo, qui nititur assimilari ei valde. Et hic est intellectus: dignus est ergo ut benefaciat eis, qui amant ipsum plus, et ut honorificet eos, et visitet ipsos: sicut est dispositio amici cum amico suo», Aristóteles, *Opera omnia,* cit., vol. III, p.156 G-H.

98. *Aristotelis metaphysicorum libri XIIII. Cum Averrois Cordubensis in eosdem Commentariis,* en Aristóteles, *Opera omnia,* cit., vol. VIII, p. 320I-K. La traducción latina es, ciertamente, confusa y, además, no recoge una frase muy importante que aparece en la traducción inglesa del pasaje efectuada a partir del original árabe: «This is the source of the providence [*cura*] of God for all the existents. *He knows them by spe-*

La amistad de Dios, *theophilía* o «cura» divina, hay que entenderla en el sentido de que el conocimiento de Dios (de su producción: el universo y su orden) representa la perfección del hombre y éste recibe, por su propia elevación intelectual, el beneficio del conocimiento y de la perfección con la felicidad que les acompaña, así como el beneficio de la praxis moral correcta que es la consecuencia de ese conocimiento. El sabio, en virtud de su conocimiento, actúa en el sentido de la acción divina y por tanto Dios está sobre él y le acompaña. Es lo que parece decir Giordano Bruno cuando afirma en el manifiesto filosófico con que concluye la epístola preliminar a *Del infinito*: «Gracias a esta contemplación sucederá [...] que [...] tendremos la verdadera vía a la verdadera moralidad [...], porque nos habremos hecho verdaderos contempladores de la historia de la naturaleza, la cual está escrita en nosotros mismos, y regulados ejecutores de las leyes divinas, que están esculpidas en el centro de nuestro corazón»[99].

Más afín es, si cabe, la relación con Maimónides, a pesar de las apariencias. Según la *Guía de los perplejos* «la divina Providencia no velará por igual sobre todos los individuos humanos, sino que se graduará a te-

---

cies, since it is not possible to know them numerically. The view of those who think that God's providence extends to every person is right in a sense and wrong in another. It is right insofar as nobody is in a condition peculiar to him, but (this condition) belongs to the class of species. If this is so, it is correct to say that God takes care of individuals in this way; but providence for an individual, in which nobody else shares, is something which the divine bounty does not necessitate», Ch. Genequand, ed., *Ibn Rushd's Metaphysics. A Translation with introduction of Ibn Rushd's Commentary on Aristotle's Metaphysics, Book Lam*, Brill, Leiden 1986, p. 155 (en cursiva la frase omitida en la traducción latina). Sobre la doctrina «aristotélica» de la providencia tal como fue formulada por Alejandro de Afrodisia, cuyo tratado *Sobre la providencia* se conservó en traducción árabe y fue conocido de Averroes y Maimónides, véase Alejandro de Afrodisia, *La provvidenza. Questioni sulla provvidenza*, edición y traducción del griego de S. Fazzo, traducción del árabe de M. Zonta, texto árabe y griego confrontados, Rizzoli, Milán 1999.

99. *Del infinito*, cit., p. 88 (BOeuC IV, p. 39). En otro lugar hemos señalado la correspondencia de esta declaración con el pasaje muy conocido de Bruno del Proemio de Averroes al *Comentario a la Física*: «Oportet sapientes esse iustos et temperantes. Iusti: cum sciverint naturam iustitiae existentem in substantia rerum, tunc amant similari illi naturae, et acquirere illam formam. Temperantes: [...] erunt temperantes, et mansueti, et *manutenebunt leges divinas, et imitabuntur ordines naturales*», en Aristóteles, *Opera omnia*, cit., vol. IV, p. 2 C y G; cursiva nuestra. Véase M. A. Granada, *Giordano* Bruno, cit., pp. 54-61.

nor de la correspondiente perfección»[100]. Como la perfección del hombre reside en el conocimiento de Dios y por tanto en la Sabiduría[101], pero como por otra parte el conocimiento de Dios en sí es imposible, estándonos concedido en cambio el conocimiento de Dios en sus «actos» o en su «bondad»[102], esto es, en el conocimiento de la naturaleza (cfr. *Guía*, III, 32: «si recapacitas en las obras divinas, me refiero a las de la naturaleza»[103]), se sigue que la providencia o *theophilía* se ejerce sobre el sabio y sobre el filósofo:

> Quien conoce al Creador «halla gracia ante sus ojos», no quien simplemente ayuna y ora. En consecuencia, todo aquel que le conoce

100. Maimónides, *Guía de perplejos*, traducción de D. Gonzalo Maeso, Trotta, Madrid 1994, libro III, cap. 18, p. 417.
101. *Ibi*, III, 54: «Ni la posesión, ni la salud, ni las costumbres constituyen perfecciones de las que nadie haya de gloriarse ni debe apetecer, y que la única perfección codiciable para nuestro orgullo y aspiraciones es el conocimiento de Dios, que es la verdadera ciencia», p. 548. Cfr. p. 549: «La perfección de que el hombre puede realmente gloriarse es haber adquirido, según sus facultades, el conocimiento de Dios y reconocido su Providencia, que vela por sus criaturas y se revela en la manera como las crea y gobierna. Un hombre así, después de haber adquirido ese conocimiento, habrá de conducirse siempre de manera tendente a la benevolencia [cfr. la «generalis philanthropia» que según Bruno acompaña al verdadero filósofo], equidad y justicia, imitando los actos de Dios». Cfr. Averroes: «imitabuntur ordines naturales» y Bruno: «ejecutores de las leyes divinas».
102. *Ibi*, I, 54, p. 149, donde por una exégesis de Éxodo 33 (que Bruno comparte; cfr. M. A. Granada, *Giordano Bruno*, cit., pp. 294s.) se establece que «Dios es conocido por sus atributos». Pocas líneas antes se ha dicho que Dios prometió a Moisés «revelarle todos sus atributos, que son sus actos, y dándole a entender que su esencia no podría percibirla en toda su realidad».
103. *Ibi*, p. 457. Shlomo Pinès aproxima la frase a Spinoza, que es como decir a Bruno. Véase Sh. Pinès, «Les sources philosophiques du *Guide des perplexes*», recogido en Sh. Pinès, *La liberté de philosopher. De Maïmonide à Spinoza*, traducción, introducción y notas de R. Brague, Desclée de Brouwer, París 1997, p. 159: «Maïmonide est tout à fait consistant quand, dans une formule qui évoque irrésistiblement Spinoza, parle des actions «divines», c'est-à-dire naturelles (III, 32). L'étude de la nature et de l'ordre de la nature est la seule voie ouverte à l'homme pour connaître quelque chose de Dieu». Esta obra es fundamental para la cuestión que nos ocupa. Pinès, por otra parte, pone en estrecha relación la concepción maimonídea de la «cura» divina del sabio con la posición de Aristóteles formulada en la *Ética a Nicómaco* (X, 8, 1179a 23ss.; cit. *supra*, nota 95): «il est clair que la position d'Aristote [...] préfigure, et peut-être explique, la position de Maïmonide selon laquelle le degré auquel l'individu humain a part à la providence est en fonction de ses capacités intellectuelles», *ibi*, pp. 106s.

es objeto de su complacencia y acercamiento, y quien le ignora de su ira y alejamiento[104].

La Providencia vela sobre todo ser dotado de razón en la medida de ésta. Por consiguiente, el hombre dotado de una perfección perfecta, cuya mente nunca cesa de ocuparse de Dios, está siempre bajo la salvaguarda de la Providencia; en cambio, aquel que, aun igualmente dotado, relaja su pensamiento en determinados momentos sin ocuparse de Dios, solamente está bajo la tutela de la Providencia mientras su pensamiento está con Dios, pero ella le abandona en las horas de sus preocupaciones[105].

Se trata, en suma, de algo muy parecido, si no idéntico, a lo que pensaban los epicúreos, los paladines de la ociosidad y despreocupación de Dios por la «cura» del mundo y del hombre: no es que Dios actúe directamente sobre el hombre en una providencia personal; la divinidad actúa sin actuar directamente, por el efecto mismo de la sabiduría filosófica que nos ha «asimilado a lo divino» o por su ausencia. Por eso Epicuro decía en la *Epístola a Meneceo*: «De los dioses provienen los más grandes daños y ventajas; en efecto, aquellos que en todo momento están familiarizados con sus propias virtudes, acogen a los que les son semejantes, considerando como extraño lo que les es discorde»[106]. Lucrecio en el *De rerum natura* expande la idea:

> Si no escupes tales errores fuera de tu ánimo [la falsa noción de los dioses; desde la perspectiva de Bruno y Maimónides la ignorancia de la naturaleza y de su orden] y rechazas lejos de ti la idea de atribuir a los dioses acciones indignas de ellos y contrarias a la paz de que gozan, el sagrado poder de los dioses, maltrecho por ti, se opondrá muchas veces en tu camino; no porque sea vulnerable la suprema potencia divina, ni anhele aplacar su ira en crueles castigos, sino porque, mientras descansan en plácida paz, creerás que la cólera levanta en su pecho olas terribles, no podrás acercarte a sus templos con el corazón sosegado y estos simulacros emanados de su santo cuerpo que se introducen en la mente de los hombres, nuncios de la divina belleza, no

---

104. *Ibi*, I, 54, p. 149.
105. *Ibi*, III, 51, pp. 538s.
106. *Epístola a Meneceo*, 124, traducción de C. García Gual y E. Acosta en *Ética de Epicuro. La génesis de una moral utilitaria*, Barral, Barcelona 1974, p. 91.

podrás ya acogerlos con el alma en paz y tranquila. Por ahí puedes ver la vida que entonces te aguarda[107].

En última instancia la expresión *theophilía* o el adjetivo *theóphilos* comportan, en lo que a la amistad de Dios se refiere, un genitivo a la vez subjetivo y objetivo («los sabios son amigos de los dioses y los dioses de los sabios»)[108]: el que ama a la divinidad, es decir, a la Sabiduría y a la verdad (el filósofo o «philótheos») recibe a su vez el amor de la divinidad, la *theophilía* y los efectos benéficos de la Sabiduría y de la verdad por la vía de lo que Bruno llama la «verdadera moralidad». Los dioses aman a quienes a su vez los aman y el amor de los dioses (genitivo subjetivo) no es otra cosa que el efecto salutífero de la Sabiduría y del conocimiento, esto es, de la «asimilación a lo divino» (*homoiosis theoî*), pues ya Platón había dicho (*Leyes*, IV, 716d): «El hombre temperante (*sóphron*) es amigo de la divinidad (*theô phílos*), pues es semejante (*homoîos*) a ella».

Con esta tradición fuerte de filosofía, que a través de la filosofía islámica y judía hunde sus raíces en la Grecia antigua, se vincula la reivindicación de la Filosofía, frente al pedantismo, por parte de Bruno como una actividad y un modo de vida autosuficiente, capaz de dar pleno sentido a la existencia humana en tanto que realización perfecta de la misma. Por ello Sofía puede decir con toda la razón en la *Expulsión* que el de filósofo es el «más honorable título que puede recibir un hombre»[109].

---

107. Lucrecio, *De rerum natura. De la naturaleza*, VI, 68-79, traducción de E. Valentí Fiol, Bosch, Barcelona 1976. Sobre la *theophilía* en el epicureísmo véase el artículo fundamental de W. Schmid, «Götter und Menschen in der Theologie Epikurs», *Rheinisches Museum*, 94, 1951, pp. 97-156 (cfr. p. 99: "Förderungen" und "Schädigungen" sind Funktionen unseres Verhältnisses zur *nóesis theoû*»). En castellano puede leerse con provecho I. Méndez Lloret, «La teología epicúrea: la concepción de la divinidad y su incidencia en la vida humana», *Pensamiento*, 53, 1997, pp. 33-52, especialmente pp. 49-52.

108. Así dice el epicúreo Filodemo en su *De diis*, según cita de W. Schmid, *loc. cit.*, p. 131.

109. *Expulsión*, p. 271; *Spaccio*, BOeuC V, p. 443: «[...] filosofo (quale, se è vero, è più onorato titolo che possa aver un uomo)».

II

EPICURO Y GIORDANO BRUNO: DESCUBRIMIENTO DE LA NATURALEZA Y LIBERACIÓN MORAL (UNA CONFRONTACIÓN A TRAVÉS DE LUCRECIO)

I

En el diálogo *De genio Socratis*, Plutarco ilustra y visualiza mediante un símil la situación del hombre (más exactamente del *noûs*-alma) en el mundo, en el mundo sublunar y en la Tierra, las «heces del mundo»[1], lejos de los cielos y de los dioses, que son la verdadera meta nuestra y de la cual nos separan la empecinada adhesión al cuerpo y la atadura a la rueda de los nacimientos sucesivos:

> Los que han dejado ya atrás las luchas de la vida, convertidos en démones por la virtud de su alma, no desprecian totalmente las cosas de aquí abajo, los discursos y afanes, sino que propicios a los que se esfuerzan por alcanzar la misma meta y partícipes de su empeño por la virtud, les exhortan y ayudan cuando los ven ya cerca de su esperanza, porfiando por ella y casi tocándola con la mano. Pues los démones no ayudan a todos indiferentemente, sino que, igual que entre los que nadan en el mar, los que se encuentran en tierra se limitan a mirar en silencio a los que se ven arrastrados todavía en alta mar y lejos de la costa, pero a los que han conseguido ya acercarse los salvan,

---

1. «Faeces istae mundi» dirá Ficino siglos más tarde, refiriéndose a la región de la tierra y del agua en su *Commentarium in Convivium Platonis de Amore,* discurso sexto, cap. 3. Véase M. Ficino, *De amore. Comentario a «El Banquete» de Platón*, traducción de R. de la Villa Ardura, Tecnos, Madrid 1986, p. 126, que traduce: «Elementos impuros del mundo». Evidentemente, Ficino seguía el espíritu y la letra de toda la tradición platónica y cristiana secular, a la cual el aristotelismo tampoco era, al menos en este punto, ajeno.

animándolos y ayudándolos con sus manos y sus voces; el mismo, amigos, es también el comportamiento del demon. En efecto, deja que nosotros, sumergidos en las vicisitudes humanas y cambiando frecuentemente de cuerpos como de vehículos, luchemos y nos esforcemos pacientemente por nosotros mismos, intentando salvarnos con nuestra propia virtud y alcanzar el puerto. El alma que tras luchar bien y esforzadamente grandes batallas a lo largo de incontables nacimientos, alcanzando ya casi el final de su ciclo, se acerca ya a la región superior, bañada en sudor y en el momento del supremo trance, esforzándose por salir, a esta alma la divinidad no veta, sino que permite que el demon personal le preste su ayuda[2].

La metáfora del mar y del combate con las olas ilustra aquí la existencia humana a la luz de la cosmología «platonizante»: el mar es el mundo sublunar en que nuestra alma se ahoga, azotada y zarandeada por el oleaje y las tempestades de las pasiones corporales y terrenas[3]. Por su propio esfuerzo –cultivo de la virtud y del conocimiento– debe intentar adquirir la purificación *(kátharsis)* que le permita acceder al puerto y orilla segura de la tierra, esto es, «a la región superior» de los cielos y de lo inteligible, ascendiendo a través de ese cosmos jerarquizado[4].

---

2. Plutarco, *De genio Socratis,* 593e-594a (la traducción es nuestra). Hay traducción castellana con el título *Sobre el demon de Sócrates* en Plutarco, *Obras morales y de costumbres,* vol. VIII, traducción de R. M. Aguilar, Biblioteca Clásica Gredos, Madrid 1996.

3. Según otra metáfora –la de la cárcel– nuestras almas están prisioneras en el antro de lo sensible (recuérdese la alegoría platónica de la caverna que abre el libro VII de la *República*). Virgilio formulará esta situación magistralmente, con versos destinados a rodar por la cultura occidental: «hinc metuunt cupiuntque, dolent gaudentque, neque auras / dispiciunt *clausae tenebris et carcere caeco» (Eneida,* VI, 733-734; «ciego sin lumbre en cárcel tenebrosa», dirá Garcilaso en su *Égloga primera,* v. 295). Para los ecos de esta metáfora en Petrarca y Ficino, véase M. A. Granada, «Virgilio y la *theologia poetica* en el humanismo y en el platonismo del Renacimiento», *Faventia,* 5/1, 1983, pp. 41-64 (ahora recogido en M. A. Granada, *El umbral de la modernidad. Estudios sobre filosofía, religión y ciencia entre Petrarca y Descartes,* Herder, Barcelona 2000, pp. 55-82).

4. Para otra formulación de este ascenso cósmico del alma en Plutarco, véase el mito de *De facie in orbe Lunae* (940f-945d; traducción castellana en Plutarco, *Obras morales y de costumbres,* vol. IX, Biblioteca Clásica Gredos, Madrid 2002), mito que guarda notables semejanzas con la escatología del alma en la *Eneida* virgiliana (VI, 736-751), derivadas posiblemente de fuentes griegas comunes, acaso de Posidonio de Apamea; sobre este punto véase E. Norden, *Aeneis Buch VI,* Leipzig-Berlín 1926, pp. 20ss. Téngase presente asimismo el mito «geográfico» del *Fedón* (108e-111c), donde

Nuestra lucha en y con el mar tiene sin embargo unos espectadores, aquellos que liberados ya de la rueda del nacimiento –prófugos del mar– han llegado a puerto y accedido a tierra firme (aquí la tierra es símil del suelo firme de la verdad, del ser, de lo ontológicamente superior; un ámbito cósmico distinto y heterogéneo de la «tierra» real –el mar en la metáfora– en que está prisionera el alma) con anterioridad a nosotros o están por siempre allí: los démones, los dioses, que sólo cuando los nadadores están ya a punto de llegar a la meta les tienden la mano salvadora en una ayuda casi simbólica, casi innecesaria. Son unos espectadores que permanecen pasivos hasta el último instante, aunque Plutarco parezca insinuar que siguen dramáticamente interesados la batalla con las olas que las almas dolientes caídas desarrollan ante ellos, fuera de la imperturbada serenidad del suelo firme y verdadero que ellos pisan.

Esta metáfora del desastre marítimo con espectador en lugar seguro había sido ya magistralmente expuesta, como alegoría de la existencia humana, algunos años antes de Plutarco por el poeta latino Lucrecio. En efecto, el segundo libro del *De rerum natura* se abre con unos versos terriblemente provocadores:

> Suave, mari magno turbantibus aequora ventis
> e terra magnum alterius spectare laborem;
> non quia vexari quemquamst iocunda voluptas,
> sed quibus ipse malis careas quia cernere suave est[5].

---

nuestra situación con respecto al mundo superior etéreo es ilustrada mediante el símil del pez que cree que la realidad es la percibida en el medio acuoso en que vive hasta que consigue sacar la cabeza sobre el agua: «Viviendo en alguna concavidad de la tierra creemos vivir encima de ésta, y llamamos cielo al aire, como si éste fuera el cielo y los astros se movieran en él. Y este es el mismo caso: por debilidad y pesadez no somos capaces nosotros de avanzar hasta el confín del aire. Porque si alguien llegara a lo más alto de éste o volviéndose alado remontara a su límite, vería al sacar la cabeza, al modo como los peces sacando la cabeza [de las aguas] ven las cosas de acá, así éste vería las cosas de allá, y en caso de que su naturaleza fuera capaz de resistir la contemplación, conocería que aquél es el cielo de verdad y la verdadera luz y la tierra en sentido propio» (109d-e; traducción de C. García Gual, en Platón, *Diálogos*, vol. III, Biblioteca Clásica Gredos, Madrid 1986).

5. «Es dulce, cuando sobre el vasto mar los vientos revuelven las olas, contemplar desde tierra el penoso trabajo de otro; no porque ver a uno sufrir nos dé placer y con-

En su uso de la metáfora, Lucrecio presenta, sin embargo, algunas notables diferencias con respecto al uso posterior de Plutarco. Si éste atiende sucesivamente a uno y otro frente, al náufrago y al espectador, como eslabones diferentes y sucesivos de una cadena articulada que es el *kósmos* jerarquizado, pero unitario y dotado de un sentido global en virtud de la inteligencia providente que lo gobierna, Lucrecio atiende exclusivamente al punto de vista del espectador subrayando su gloriosa pasividad e inmunidad frente al desastre que contempla, del que está separado por una franja de segura discontinuidad. El mar, por otra parte, no designa en Lucrecio el cosmos sublunar, la Tierra, dentro del cosmos jerarquizado, sino toda la naturaleza, porque ante la imagen epicúrea de la naturaleza (un universo infinito y homogéneo —esto es, donde todas las regiones presentan una similar fenomenología—, sin un orden providencial y sin una finalidad inmanente; un universo donde la vida y la muerte no son fenómenos inferiores de una región concreta, sino manifestaciones universales de la naturaleza, propias de todos los compuestos atómicos, de individuos puntuales como los seres humanos y de compuestos de mayores dimensiones como los mundos, soles y tierras) no hay regiones jerarquizadas y dotadas de condiciones de vida diferentes, sino que lo dicho de una se dice universalmente de todas[6].

Por su movimiento y labilidad incesantes, por su índole proteica y su carácter traicionero y asesino, el mar designa en Lucrecio el comportamiento de la naturaleza, que sin providencia ni *télos* destruye todo aquello que surge de su seno, desde los mundos mismos:

---

tento, sino porque es dulce considerar de qué males te eximes», traducción de E. Valentí Fiol en Lucrecio, *De rerum natura. De la naturaleza,* Bosch, Barcelona 1976, II, versos 1-4 (citamos el poema de Lucrecio siempre por esta edición). Para un breve estudio de la fortuna histórica y mutaciones de esta metáfora lucreciana, véase H. Blumenberg, *Schiffbruch mit Zuschauer. Paradigma einer Daseinsmetapher,* Fráncfort 1979.

6. Lucrecio comparte y expresa la hostilidad a la navegación (actividad estrechamente asociada al comercio) propia de los sectores sociales y mentalidades agrarias y conservadoras, para las cuales el acceso humano al mar es una violación de los límites impuestos por la divinidad. Véase *De rerum natura,* II, 556-559; V, 999-1006 («Improba navigii ratio tum caeca iacebat» [«El arte funesto de la navegación yacía ignorado»], dice el verso 1006 de los primeros tiempos de la humanidad). Véase asimismo la famosa oda de Horacio «A la nave que conduce a Virgilio» *(Odas,* I, 3).

> Una dies dabit exitio, multosque per annos
> sustentata ruet moles et machina mundi.
> Nec me animi fallit quam res nova miraque menti
> accidat exitium caeli terraeque futurum[7],

hasta la existencia humana. En efecto, la vida humana (con su cortejo de dolor, riesgo, peligros y amenazas incesantes) es descrita con la metáfora marítima; semejamos a marineros vomitados por el mar a las playas de la dura existencia:

> Tum porro puer, ut saevis proiectus ab undis
> navita, nudus humi iacet, infans, indigus omni
> vitali auxilio, cum primum in luminis oras
> nixibus ex alvo matris natura profudit,
> vagituque locum lugubri complet, ut aecumst
> cui tantum in vita restet transire malorum[8].

La vida en general, y la vida humana en particular, emerge de restos de naufragios y a su vez desemboca en nuevos naufragios, punto de partida de nuevos nacimientos. Sólo la muerte parece comportar un descanso —y así Lucrecio hablará de *leti secura quies*, «la segura paz de la muerte» (III, 211)– o bien el no haber nacido –«qui numquam vero vitae gustavit amorem / nec fuit in numero, quid obest non esse creatum?»[9]–, esto es,

---

7. *De rerum natura*, V, 95-98: «Un solo día las hará perecer [a mares, tierras y cielo], y esta mole y fábrica del mundo se derrumbará después de estar en pie tantos años. Y no se me oculta cuán nueva y sorprendente es la idea de que hayan de perecer la tierra y el cielo». De «inmenso piélago de materia» *(materiae tanto in pelago)* habla II, 550, para continuar con el símil naturaleza-mar: «Como sucede cuando se producen muchos y graves naufragios, que el mar embravecido dispersa bancos, cuadernas, antenas, proas y mástiles, se lleva nadando los remos y por toda la costa arroja grímpolas flotantes [...] así, si por un momento supones que los átomos de una especie son limitados en número, eternamente el flujo y reflujo de la materia los echará de un lado a otro dispersos», vv. 552-562.

8. *Ibi*, V, 222-227: «Y el niño, como un marinero arrojado por las crueles olas, yace desnudo en el suelo, sin habla, carente de toda ayuda para la vida, una vez la Naturaleza, con grandes esfuerzos, lo ha hecho salir desde el seno materno a las riberas que baña la luz; y llena el espacio con lúgubres vagidos, como es justo, siendo tantos los males por los que ha de pasar en la vida».

9. *Ibi*, V, 179-180: «para el que jamás gustó del amor de la vida ni figuró en el número de los seres vivientes, ¿qué daño hay en no haber sido creado?». Véase asimismo la famosa prosopopeya de la naturaleza en *De rerum natura*, III, 931ss. e *infra*, cap. VII.

que nuestro «coniugium corporis atque animae» no haya surgido en el movimiento atómico de la naturaleza, no haya sido vomitado por el mar a la existencia doliente.

Pero si todo el universo-naturaleza es mar y si la tierra no es —como en el uso que Plutarco hace de la metáfora— una región cósmica superior y distinta a aquella en la que nacemos, sino la existencia misma, ¿dónde está situado el espectador que en Lucrecio contempla el espectáculo universal de la naturaleza y la miseria humana?; ¿cuál es la roca que permite aislarse indemne frente al movimiento de todo lo demás? Y a fin de cuentas, ¿quién es ese espectador?

Si en el universo de Plutarco la divinidad es providente y atiende al bien humano por medio de los *démones* mediadores (asistentes interesados en el drama humano de la existencia y que al final tienden la mano), en el universo epicúreo la divinidad está gloriosamente ajena al curso del mundo y desligada de él. Sólo la divinidad parece responder, en su independencia frente al curso de la naturaleza, al magnífico aislamiento contemplativo —absolutamente desvinculado— del espectador pintado por Lucrecio. El aislamiento e impunidad, la seguridad del espectador, sólo parece tener una réplica en el ámbito existencial de los dioses: los *intermundia* en que (lejos del fárrago ruidoso de la naturaleza) los dioses moran como en islas ajenas al mar de la naturaleza: «Illud item non est ut possis credere, sedes / esse deum sanctas in mundi partibus ullis»[10].

Es evidente, sin embargo, que Lucrecio no piensa en los dioses como los espectadores de la tragedia de la naturaleza y de la vida humana. El espectador es un hombre, pero un hombre que ha accedido o se ha elevado a la seguridad y a la paz, a la imperturbabilidad *(ataraxía)* de los dioses y que ha fortalecido y asegurado su existencia en una atalaya semejante a los *intermundia* divinos. Tal existencia humana es el fruto de la sabiduría (la sabiduría es la roca que permite independizarse del torbellino de la vida humana y asistir impávido a ese espectáculo), como ponen de manifiesto los versos siguientes:

> Sed nil dulcius est, bene quam munita tenere
> edita doctrina sapientum templa serena,

---

10. *De rerum natura*, V, 146-147: «Es igualmente increíble que las sagradas moradas de los dioses estén situadas en alguna parte del mundo».

> despicere unde queas alios passimque videre
> errare atque viam palantis quaerere vitae,
> certare ingenio contendere nobilitate,
> noctes atque dies niti praestante labore
> ad summas emergere opes rerumque potiri[11].

Ahora bien, tal sabiduría no es otra que la epicúrea y con esta metáfora del naufragio con espectador como solemne obertura del libro segundo, Lucrecio efectúa en realidad un nuevo elogio de Epicuro –el benéfico liberador de la humanidad del «terror y tinieblas del ánimo»– paralelo a los que abren los libros primero, tercero, quinto y sexto del *De rerum natura*. Porque Lucrecio no es un *inventor* o descubridor. Él tiene plena conciencia de ser un expositor de las doctrinas de Epicuro[12], de la verdad sobre la naturaleza finalmente desvelada por el sabio griego: «Nam simul ac ratio tua coepit vociferari / naturam rerum, divina mente coorta, / diffugiunt animi terrores, moenia mundi / discedunt, totum video per inane gereri res»[13]. Por eso Lucrecio no contiende con Epicuro, sino que sigue humilde y devotamente sus pasos: «te sequor, o Graiae gentis decus, inque tuis nunc / ficta pedum pono

---

11. *Ibi*, II, 7-13: «Pero nada hay más dulce que ocupar los excelsos templos serenos que la doctrina de los sabios erige en las cumbres seguras, desde donde puedas bajar la mirada hasta los hombres, y verlos extraviarse confusos y buscar errantes el camino de la vida, rivalizar en talento, contender en nobleza, esforzarse día y noche con empeñado trabajo, elevarse a la opulencia y adueñarse del poder». Los dioses constituyen, como es sabido, el modelo ideal de la existencia epicúrea, que se configura así como una versión *herética* y subversiva de la tradicional «asimilación a lo divino» (*homoiôsis tôi theôi*). Sobre estos puntos véase D. Lemke, *Die Theologie Epikurs. Versuch einer Rekonstruktion,* Beck, Múnich 1973, y *supra*, cap. I.

12. Lucrecio subraya en cualquier caso su originalidad y grandeza por ser el primer expositor latino de esta doctrina griega: «Denique natura haec rerum ratioque repertast / nuper, et hanc primus cum primis ipse repertus / nunc ego sum in patrias qui possim vertere voces» (*ibi*, V, 335-337; véase también I, 136-145). Por lo demás, Lucrecio es consciente también (y lo expresa entusiasmado) de la altura literaria de su poema y de su eficacia persuasiva: «obscura de re tam lucida pango / carmina, musaeo contingens cuncta lepore», etc. (*ibi*, I, 933-34 y ss.).

13. *Ibi*, III, 14-16: «Pues en cuanto tu doctrina, producto de una mente divina, empieza a proclamar la esencia de las cosas, disípanse los terrores del espíritu, las murallas del mundo se abren y veo, a través del inmenso vacío, producirse las cosas». La idea de que la naturaleza grita en alta voz la verdad, mediante sus efectos naturales, y que es

pressis vestigia signis, / non ita certandi cupidus quam propter amorem / quod te imitari aueo»[14]. En esta relación discipular no se expresa sólo la verdad histórico-biográfica y la gratitud del poeta hacia quien le había procurado tamaño bien; se expresa también la conciencia lucreciana de que el descubrimiento de la verdad, con todas sus circunstancias e implicaciones (desde las tinieblas del error), es cosa de individualidades excelsas[15] –Epicuro– por su talento, por su valentía y por la necesaria rebeldía que su obra comporta. Los restantes mortales, en el mejor de los casos, caminan tras sus huellas.

Efectivamente, la situación de la humanidad descrita por el símil marítimo, y de la cual Epicuro la libera con su doctrina, es una situación de *opresión* y *postración* en tierra bajo el peso de la religión (exactamente de la falsa representación de los dioses, es decir, de la superstición). En su primer elogio de Epicuro, Lucrecio nos dibuja una humanidad sometida y pasiva, que acepta resignada y temerosamente su destino en el centro impuro del mundo esférico y finito, bajo el peso y la mirada amenazadora del cielo divino y en la perspectiva de castigos tras la muerte:

> Humana ante oculos foede cum vita iaceret
> in terris, oppressa gravi sub religione
> horribili super aspectu mortalibus instans,
> quae caput a caeli regionibus ostendebat
> [...]

---

el hombre quien permanece sordo a sus voces, es un motivo de Lucrecio que Giordano Bruno repite con frecuencia

14. *Ibi*, III, 3-6: «A ti te sigo, honor de la gente griega, y pongo ahora mis pies en las huellas que estamparon los tuyos, no tanto por deseo de rivalizar contigo, como por amor, pues ansío imitarte».

15. Cf. *ibi*, V, 7-12: «Nam si, ut ipsa petit maiestas cognita rerum / dicendum est, deus ille fuit, deus, inclute Memmi, / qui princeps vitae rationem invenit eam quae / nunc appellatur sapientia, quique per artem / fluctibus e tantis uitam tantisque tenebris / in tam tranquillo et tam clara luce locavit» («Pues si hay que hablar como requiere la majestad al fin conocida de la Naturaleza, un dios fue, un dios, ¡oh ínclito Memnio!, aquel que descubrió el primero esta regla de vida que hoy llamamos filosofía, y con su ciencia libró la vida de tormentas tan grandes y tan grandes tinieblas, colocándola en aguas tan tranquilas y bajo un cielo tan radiante»).

Nunc ratio nulla est restandi, nulla facultas,
aeternas quoniam poenas in morte timendum[16].

Contra esta postración ante los dioses celestes –tanto los dioses olímpicos de la religión tradicional como los nuevos dioses astros– y sus secuelas (los crímenes a que la superstición induce a los hombres[17] y los terrores del alma ante la ultratumba[18]) se rebeló Epicuro. Con su acción dio la *luz* a una humanidad extraviada en las *tinieblas:* «E tenebris tantis tam clarum extollere lumen» («levantar una luz tan clara del fondo de tinieblas tan grandes»), reza el comienzo del elogio de Epicuro con que se abre el libro tercero del *De rerum natura*.

Pero Lucrecio se cuida muy bien de señalar, además, que se trata de la rebelión de un hombre, de un *mortal* contra los *dioses:* «primum Graius homo mortalis tollere contra / est oculos ausus primusque obsistere contra; / quem neque fama deum nec fulmina nec minitanti / murmure compressit caelum»[19]. Evidentemente esta visualización de la rebelión se hace desde la óptica de la teología, religión y cosmología tradicionales; y según ella este intento de afirmación humana y destronamiento de los poderes divinos sería una acción sacrílega y merecedora del mismo destino que la rebelión de los Gigantes. El mismo Lucrecio lo sugiere indirectamente cuando, en otro lugar del poema, expresa la posible creencia tradicional de Memnio, según la cual: «intimidado por la religión, creyeras todavía que [...] es justo que sean castigados, a la manera de los Gigantes, todos los que tengan la osadía sacrílega de querer, con

---

16. *Ibi,* I, 63-66 y 110-111: «Cuando la vida humana yacía a la vista de todos torpemente postrada en tierra, abrumada bajo el peso de la religión, cuya cabeza asomaba en las regiones celestes amenazando con una horrible mueca caer sobre los mortales [...]. Pero ahora, no hay medio alguno, ni posibilidad de resistir, ya que son eternas las penas que hay que temer en la muerte».

17. Véase su caracterización en el sacrificio de Ifigenia por su propio padre Agamenón (I, 80 y ss.) y la conclusión lucreciana: «Tantum religio potuit suadere malorum» (I, 101: «¡A tantos crímenes pudo inducir la religión!»).

18. I, 102ss. Terrores calificados de «somnia, quae vitae rationes vertere possint, fortunasque tuas omnis turbare timore!» (vv. 105-106: «delirios capaces de trastornar la conducta de tu vida y enturbiar tu suerte con la angustia»).

19. I, 67-69: «un griego osó el primero elevar hacia ella sus perecederos ojos y rebelarse contra ella. No le detuvieron ni las fábulas de los dioses, ni los rayos, ni el cielo con su amenazante bramido».

su razón, quebrantar las murallas del mundo y extinguir en el cielo este sol esplendente, degradando seres inmortales con palabras mortales»[20].

Epicuro sería según esto un *gigante* o bien el gigantismo sería aquella cualidad ínsita en algunos mortales heroicos en virtud de la cual éstos desafían a los presuntos dioses obteniendo con su rebelión la dignificación y liberación de la humanidad. Pero Lucrecio hace, además, al filósofo griego plenamente consciente del alcance y carácter de su rebelión y nos lo presenta encontrando en esa conciencia nuevo estímulo y alimento para su rebelión y su tarea de descubrir la verdadera naturaleza del universo: ciertamente, ni las fábulas sobre los dioses, ni los rayos, ni el fragor amenazante del cielo paralizaron a Epicuro –nos dice el poeta– «sed eo magis acrem / inritat animi virtutem, effringere ut arta / naturae primus portarum claustra cupiret»[21].

El esfuerzo cognoscitivo realizado mediante ese desafío resulta en el desvelamiento completo de la naturaleza; Epicuro consigue abrir las puertas cerradas de la naturaleza y logra con ello invertir las tornas: él –y con él la humanidad– se eleva sobre los «dioses», franquea las presuntas murallas del mundo y con su espíritu transita –libre– por el universo infinito, descubierta la ley que gobierna la producción de las cosas y disipada la morada opresora de los dioses:

> Ergo vivida vis animi pervicit, et extra
> processit longe flammantia moenia mundi
> atque omne immensum peragravit mente animoque,
> unde refert nobis victor quid possit oriri,
> quid nequeat, finita potestas denique cuique
> quanam sit ratione atque alte terminus haerens[22].

La conclusión de todo ello es que –*vicissim,* es decir, invirtiéndose la situación inicial– la religión (la falsa noción de los dioses y de su rela-

---

20. V, 114 ss.
21. I, 69-71: «sino que aun más excitaron el ardor de su ánimo y su deseo de ser el primero en forzar los apretados cerrojos que guarnecen las puertas de la naturaleza».
22. I, 72-77: «Su vigoroso espíritu triunfó y avanzó lejos, más allá del llameante recinto del mundo, y recorrió el Todo infinito con su mente y su ánimo. De allí nos trae, botín de la victoria, el conocimiento de lo que puede nacer y de lo que no puede, las leyes, en fin, que a cada cosa delimitan su poder, y sus mojones profundamente hincados». Cfr. asimismo III, 14-30.

ción con los hombres, propia de la religión tradicional y de las nuevas filosofías[23]) queda puesta a los pies de la humanidad y el hombre elevado al cielo: «Quare religio pedibus subiecta vicissim / obteritur, nos aequat victoria caelo»[24]. Importante es no olvidar que la liberación se produce mediante el verdadero conocimiento de la naturaleza *(lumen)*, igual que era el error *(tenebrae)* lo que producía la esclavitud y la degradación moral (Agamenón sacrificando a su hija para conseguir buenos vientos) o el Aqueronte infernal. El conocimiento verdadero de la naturaleza es la *roca* que permite a los hombres elevarse por encima de las contingencias de la vida y asistir al naufragio de hombres y compuestos naturales, igual que los verdaderos dioses permanecen seguros en sus *intermundia*.

II

Recuperado por el humanista Poggio Bracciolini en la segunda década del siglo XV, con ocasión de su asistencia al concilio de Constanza, el poema de Lucrecio comenzó de inmediato su amplia andadura por la cultura europea[25]: Ficino sentirá poderosamente su influencia y el joven Maquiavelo copiará, antes de acceder a su empleo en la cancillería, este poema que iba a influir fuertemente sobre su visión de la historia originaria de la humanidad[26]; tres ediciones –empezando por la

---

23. La liberación va de la mano de la adquisición, a través del acceso a la verdad natural, de la correcta noción de la divinidad y de su relación con la humanidad. «Apparet divum numen sedesque quietae [...]. At contra nusquam apparent Acherusia templa», III, 18 y 25 («Aparece a mi vista el numen de los dioses y sus sedes tranquilas [...]. Al contrario, por ningún lado aparecen las mansiones del Aqueronte [es decir, el infierno]»).
24. I, 78-79: «Con lo que la religión, a su vez sometida, yace a nuestros pies; a nosotros la victoria nos exalta hasta el cielo».
25. Véase O. D. Hadzsits, *Lucretius and his influence*, Nueva York 1935, pp. 160-367 y P. Boyancé, *Lucrece et l'épicurisme*, P.U.F., París 1963, cap. XI («La gloire de Lucrèce»).
26. Sobre Ficino, véase P. O. Kristeller, «Per la biografia di Marsilio Ficino», en *Idem, Studies in Renaissance Thought and Letters,* Edizioni di Storia e Letteratura, Roma 1956, pp. 202ss.; sobre Maquiavelo cfr. M. A. Granada, *Maquiavelo*, Dopesa, Barcelona 1981, cap. 2.

princeps de Brescia de 1479– vieron la luz antes de 1500. Sin embargo, será Giordano Bruno (si bien no podemos olvidar a Montaigne) el primer gran personaje de la cultura intelectual que hará un uso extenso de Lucrecio, no limitado únicamente a las cuestiones históricas y éticas, sino comprendiendo también la problemática cosmológica y articulando los dos ámbitos en un programa filosófico unitario.

La presencia de Lucrecio en Giordano Bruno es evidente: sus diálogos italianos están llenos de citas del poema de Lucrecio; los tres grandes poemas latinos –especialmente el *De immenso et innumerabilibus*– están construidos sobre el modelo lucreciano. Cuando en la *Oratio valedictoria* expone Bruno los cultivadores históricos de la «domus sapientiae», menciona a Lucrecio dentro de la serie de «prisci theologi»[27]; cuando con ocasión del proceso veneciano los jueces le pregunten si cree que la generación de los hombres es «di corruzione come gli altri animali», Bruno responderá: «Credo que questa sia l'opinione di Lucrezio, et io ho letto quest'opinione e sentitone parlar; ma non so d'averla mai refferita per mia opinione, né meno l'ho mai tenuta né creduta, e quanto ne ho raggionato o detto, è stato refferendo l'opinione di Lucrezio ed Epicuro ed altri simili»[28].

Uno de los motivos del poema lucreciano que deja sentir su peso en la obra de Bruno es el de los elogios de Epicuro. En efecto, los autorretratos que el Nolano nos presenta en su obra (el diálogo italiano *La cena de le Ceneri* y el poema latino *De immenso et innumerabilibus*) están modelados sobre los elogios que Lucrecio hace de Epicuro a lo largo del *De rerum natura*. Estos elogios proporcionan a Bruno no sólo motivos literarios –giros estilísticos y fórmulas y metáforas afortunadas–, sino también, y muy especialmente, una forma de autoconocimiento y de autopresentación, sólo que los papeles que en Epicuro y

---

27. *Oratio valedictoria,* BOL I, I, p. 16.
28. Véase V. Spampanato, *Vita di Giordano Bruno con documenti editi ed inediti*, postfacio de N. Ordine, Gela editrice, Roma 1988, p. 732. Más en particular sobre la presencia de Lucrecio en el siglo XVI, F. Papi, *Antropologia e civiltà nel pensiero di Giordano Bruno*, La Nuova Italia, Florencia 1968, caps. III, 1-2. Sobre Lucrecio en Bruno véase ahora A. Perfetti, «Motivi lucreziani in Bruno: la terra come "madre delle cose" e la teoria dei *semina*», en *Letture bruniane I.II del Lessico Intellettuale Europeo 1996.1997*, edición de E. Canone, Istituti Editoriali e Poligrafici Internazionali, Pisa-Roma 2002, pp. 189-209.

Lucrecio aparecen separados y propios de personas diferentes (los papeles de liberador y divulgador) se dan en Bruno unidos, por lo que el pensador italiano es a la vez el rebelde liberador de la humanidad y el vocero divulgador de la buena nueva[29].

«Ministro de un siglo mejor que comienza»; así se calificaba Bruno a sí mismo en un capítulo del *De immenso* destinado a glosar «la luz de Nicolás Copérnico»[30]. Determinado a esa misión por el destino, Bruno realiza su tarea llevando hasta sus últimas consecuencias (cosmológicas, teológico-religiosas, antropológicas) lo implicado en la *aurora* copernicana, pues Copérnico ha sido «dispuesto por los dioses como una aurora que debía preceder la salida de este sol de la antigua y verdadera filosofía, durante tantos siglos sepultada en las tenebrosas cavernas de la ciega, maligna, proterva y envidiosa ignorancia»[31]. Esa calificación como ministro de Dios y del destino –que viene a ser lo mismo y nos muestra en Bruno una concepción de la relación de la divinidad con el universo y el hombre muy distinta de la epicúrea– es importante y evoca (coincidencia en modo alguno casual) un pasaje notable de los diálogos italianos, aquel pasaje de la *Expulsión de la bestia triunfante* en el que citando el famoso «lamento» del *Asclepius* hermético, Bruno interpolaba en el texto de la profecía-apocalipsis hermético (con la obvia intención de designarse a sí mismo en las viejas palabras de Hermes Trismegisto) una referencia a su propia obra de «ministro de la justicia misericordiosa divina»:

> [...] y esto será la vejez y el desorden y la irreligión del mundo. Pero no temas, Asclepio, porque después de que hayan sucedido estas cosas, entonces el señor y padre Dios, gobernador del mundo, el omnipotente proveedor, mediante diluvio de agua o de fuego, de enfermedades o de pestilencias, u otros ministros de su justicia misericordiosa,

---

29. Carece de importancia que Bruno utilice en los diálogos italianos personajes literarios interpuestos para referirse y hablar de sí mismo. Es el caso del Teófilo de *La cena de las cenizas*, que muestra claramente su naturaleza de «alter ego» cuando confiesa: «¿Y ahora qué diré yo del Nolano? ¿Acaso por estar tan cerca de mí mismo, no será conveniente que lo alabe?», *La cena de las cenizas,* traducción de M. A. Granada, Alianza Editorial, Madrid 1987, p. 67. Véase *infra*, cap. III.

30. «Nam me Deus altus /vertentis secli melioris non mediocrem / destinat, haud veluti media de plebe ministrum», *De immenso,* III, 9, p. 381.

31. *La cena de las cenizas,* cit., p. 67.

sin duda alguna pondrá fin a semejante mancha, llamando de nuevo el mundo a su antiguo rostro[32].

Bruno se concibe y presenta a sí mismo –en el marco de una concepción vicisitudinal de la existencia humana que transforma el puntual y ocasional *vicissim* lucreciano (I, 78; cfr. *supra* p. 95) en una visión general de la historia humana como «alternancia vicisitudinal» (*vicissitudine*) de verdad y de error[33]– como liberador de una humanidad postergada y encarcelada. Igual que hacía Epicuro en los retratos de Lucrecio, la liberación de Bruno tiene lugar también mediante el conocimiento filosófico: «El Nolano, para causar efectos completamente contrarios [a la disolución moral del ciclo histórico que llega a su culminación en el siglo XVI], ha liberado el ánimo humano y el conocimiento»[34]. Esta liberación es primariamente la de una falsa imagen del universo (el mundo finito, geocéntrico y jerarquizado en el que el alma está *caída*, lejos de la perfección divina) que crea la conciencia de vivir en una cárcel cósmica del alma: «El Nolano [...] ha liberado el ánimo humano y el conocimiento que estaba encerrado en la estrechísima cárcel del aire turbulento, donde apenas, como por ciertos agujeros, podía mirar las lejanísimas estrellas y le habían sido cortadas las alas a fin de que no volara a abrir el velo de estas nubes y ver lo que verdaderamente se encontraba allá arriba»[35].

32. *Expulsión de la bestia triunfante*, traducción de M. A. Granada, Alianza Editorial, Madrid 1989, p. 266. Sobre la manipulación bruniana de la profecía hermética, véase M. Ciliberto, *La ruota del tempo. Interpretazione di Giordano Bruno*, Editori Riuniti, Roma 1986, pp. 159ss.
33. «El destino ha establecido la alternancia vicisitudinal de las tinieblas y la luz», dice Bruno en *Expulsión*, cit., p. 259. Sobre el concepto de *vicissitudine*, véase *infra*, cap. VII y Apéndice 1.
34. *La cena de las cenizas*, cit., p. 69.
35. *Ibidem*. Esta situación de la que Bruno libera es la descrita como real por Virgilio, cuando describe a las almas «clausae tenebris et carcere caeco» (*Eneida*, VI, 734), y por Platón en el mito del *Fedón* (mito que Bruno conoce muy bien, pues se sirve de él como argumento a favor del copernicanismo en el diálogo tercero de *La cena de las cenizas*, p. 127: «Hay por doquier a lo largo y ancho de la tierra numerosas cavidades, y diversas tanto en formas como en tamaños, en las que han confluido el agua, la niebla y el aire [...]. Viviendo en alguna concavidad de la tierra creemos vivir encima de ésta, y llamamos cielo al aire, como si éste fuera el cielo y los astros se movieran en él. Y éste es el mismo caso: por debilidad y pesadez no somos capaces nosotros de avanzar hasta

Pero si la liberación bruniana es liberación de una falsa imagen del universo, esto significa que la cárcel de la que Bruno libera al alma –la cárcel cósmica del mundo sensible y especialmente de la tierra impura– es una cárcel fingida y falsa –¡el universo y en él la tierra son realmente muy distintos!–, pero que la imaginación y la falsa opinión (el error) transforman en cárcel real, haciendo al hombre vivir encarcelado. Ocurre aquí lo que con el infierno: la falsa opinión vivida intensamente como verdadera produce el efecto real en esta vida de las penas infernales: «Etsi enim nullus sit infernus, opinio et imaginatio inferni sine veritatis fundamento vere et verum facit infernum»[36]. Igual que Epicuro en el poema de Lucrecio, Bruno libera el ánimo humano mostrando la nulidad e inconsistencia del mundo-cárcel en que creía vivir prisionero. De la misma manera, Bruno puede asumir metáforas platónicas mudando su referencia: las «alas» ya no sacan al alma de una caverna-prisión real (la tierra y el mundo sensible) para elevarla a una morada ultracósmica o al menos celeste (por encima del inferior mundo de la generación y corrupción), sino que permiten que el alma descubra mediante el conocimiento[37] la verdadera naturaleza del universo y reconozca el carácter imaginario y ficticio de la prisión:

---

el confín del aire», *Fedón*, 109b-e. Como señala el mismo Platón a continuación, la vía para salir de la cavidad originaria es «volverse alado», esto es, recuperar las alas del alma, cuya pérdida –como relata ampliamente el mito del *Fedro*, 246c ss.– es lo que mantiene al alma anclada en la cárcel del mundo sensible. El motivo bruniano de las *alas* tiene, pues, una clara fuente platónica, por la mediación de Marsilio Ficino.

36. *De vinculis in genere*, BOL III, p. 683. También Lucrecio hacía al infierno el resultado del miedo al infierno imaginado: «Atque ea nimirum quaecumque Acherunte profundo / prodita sunt esse, in vita sunt omnia nobis, / [...] sed magis in vita divom metus urget inanis / mortalis [...]. Hic Acherusia fit stultorum denique vita» («Y ciertamente las cosas, cualesquiera que sean, que dicen haber en el profundo Aqueronte, las hallamos todas en la vida. [...] es más bien en vida cuando los mortales son presa del terror a los dioses [...]. Es aquí, en fin, donde la vida de los necios se vuelve un infierno»), *De rerum natura*, III, 978-1023. Véase asimismo el examen de la constelación de la Liebre en la *Expulsión*, pp. 287ss. Sobre la identificación del infierno con la ignorancia y el vicio véase *infra*, cap. III.

37. «Es justo que sólo la mente del filósofo sea alada», *Fedro* 249c (traducción de E. Lledó en Biblioteca Clásica Gredos).

> Hay quien me empluma y quien me inflama el pecho,
> quien me hace no temer fortuna o muerte,
> quien rompió las cadenas y aquellas puertas
> de donde pocos se ven sueltos y salen fuera.
> [...]
> Por eso las alas al aire seguras abro
> y no temo chocar con cristal o vidrio,
> mas surco los cielos y al infinito me alzo[38].

La cárcel terrena se desvanece al reconocer el ánimo humano el carácter divino y celeste de nuestra madre tierra, «enseñándonos a dejar de pensar que sea un cuerpo sin alma y sin vida, la hez incluso de las sustancias corporales»[39]. En esa misma dignificación de la tierra, que se eleva de estercolero del universo a astro divino, ve Bruno el cumplimiento contemporáneo del versículo apocalíptico «Vi un cielo nuevo y una nueva tierra» (Apocalipsis 20,1): «novam item tellurem, quae in speciem lunae, Veneris atque Iovis de opacitate, obscuritate, elementariorumque corporum sentina consurgat»[40]. Es evidente que el «nuevo cielo» anunciado por el Apocalipsis era según Bruno, el cielo de siempre redescubierto tras el falseamiento secular por la filosofía vulgar:

> Intrepidus spacium immensum sic findere pennis
> exorior neque fama facit me impingere in orbes,
> quos falso statuit verus de principio error,
> ut sub conficto reprimamur carcere vere,
> tamquam adamanteis cludatur moenibu' totum[41].

---

38. Son versos de un soneto antepuesto por Bruno al *Del infinito: el universo y los mundos*, traducción de M. A. Granada, Alianza Editorial, Madrid 1993, p. 98. Este soneto será utilizado más tarde, en versión latina, como apertura del *De immenso*. Véase BOL I, I, pp.201s.

39. *La cena*, cit., p. 71.

40. *De triplice minimo*, II, 5 (BOL I, II, p. 200). Sobre las expectativas escatológicas de la segunda mitad del siglo XVI y la evaluación bruniana véase nuestra introducción a *Expulsión de la bestia triunfante*, III y M. A. Granada, «Cálculos cronológicos, novedades cosmológicas y expectativas escatológicas en la Europa del siglo XVI», recogido en Idem, *El umbral de la modernidad*, cit., pp. 379–478.

41. *De immenso*, I, 1, p. 201: «Intrépido, me alzo con las alas a surcar el espacio infinito, sin que la fama me haga chocar con las esferas que un verdadero error estable-

La deformación del universo entero y de la tierra en una *cárcel ficticia*, que sin embargo oprime como si fuera verdadera al ánimo humano, no es en opinión de Bruno fruto de la casualidad o del curso espontáneo de la historia, sino de la maldad e impostura conscientes de impostores y seductores históricos de la humanidad. El Nolano lo indica claramente cuando en *La cena* se presenta «liberándose de las quimeras introducidas por aquellos que (salidos del fango y cavernas de la Tierra, pero presentándose como Mercurios y Apolos bajados del cielo) con multiforme impostura han llenado el mundo entero de infinitas locuras, bestialidades y vicios como si fueran otras tantas virtudes, divinidades y disciplinas»[42].

El carácter de «ministro de la justicia misericordiosa» divina que, como veíamos antes, se atribuía Bruno, nos muestra así todo su alcance histórico. Frente a los falsos Mercurios o Silenos invertidos, introductores de las tinieblas, Bruno es quien –tras la aurora copernicana– restaura la verdadera faz del universo con la consiguiente devolución al lenguaje de su significado auténtico y con la consiguiente regeneración o liberación moral de la humanidad. Si en lo cosmológico Bruno se concibe antitético a Ptolomeo y Aristóteles[43], en lo moral y religioso su obra se presenta en realidad como contrapuesta a la impostura secular de Cristo[44]. Esta conciencia de Anti-Cristo se expresa en su propia presentación: por su obra de desvelamiento de la naturaleza (igual que Lucrecio veía el papel de Epicuro para la humanidad), «reddor Dux, Lex, Vates, Pater, Author, Iterque»[45].

Que un pagano, Lucrecio, ponga a otro pagano, Epicuro, como la luz que disipa las tinieblas y como la fuente de la liberación moral, es

---

ció a partir de un falso principio, de suerte que fuéramos reprimidos verdaderamente en una cárcel fingida y el todo quedara clausurado como por murallas de diamante».

42. *La cena*, cit., pp. 69ss. La subversión y pérdida de la verdadera faz del universo comporta una subversión moral e incluso lingüística. Desvelar esta impostura moral y lingüística y restaurar ley y lenguaje a la luz de la naturaleza redescubierta es el tema de la *Expulsión*. Véase nuestra introducción a este diálogo.

43. Véase la caracterización de Aristóteles en la *Cábala del caballo Pegaso*, traducción de M. A. Granada, Alianza Editorial, Madrid 1990, pp. 128s.

44. Véase la crítica de Cristo bajo la figura de Orión en *Expulsión*, cit., pp. 191-194.

45. *De immenso*, I, 1, p. 202: «me convierto en Guía, Ley, Vate, Padre, Autor y Camino».

comprensible para un cristiano. Es una muestra más del error humano en las tinieblas e idolatría antes de que con Cristo retornara la luz al mundo[46]. Pero, que en plena tradición cristiana, un autor –Giordano Bruno– pretendiera no sólo volver las espaldas a Cristo, sino presentarlo además como fuente maligna de error y presentarse a sí mismo como aquello que era Epicuro para Lucrecio, es decir, como restaurador de la verdad del universo y como regenerador moral, es un poderoso atrevimiento. Y es lo que pretende hacer Bruno, pues de la misma manera que Lucrecio (en el primer libro de su poema) nos presenta a Epicuro surcando el cielo y franqueando las murallas del mundo para acceder al universo infinito, Bruno se muestra a sí mismo como quien ha dejado

---

46. Sabido es que Cristo afirma que sólo la aceptación de su palabra, y por consiguiente la fe en él, constituye la *roca* firme que nos salva. Cfr. Mateo 7, 24-27: «Así pues, todo el que oiga estas palabras mías y las ponga en práctica, será como el hombre prudente que edificó su casa sobre roca: cayó la lluvia, vinieron los torrentes, soplaron los vientos, y embistieron contra aquella casa; pero ella no cayó, porque estaba cimentada sobre roca. Y todo el que oiga estas palabras mías y no las ponga en práctica, será como el hombre insensato que edificó su casa sobre arena: cayó la lluvia, vinieron los torrentes, soplaron los vientos, irrumpieron contra aquella casa y cayó y fue grande su ruina». Pero para Bruno la *roca* no es otra que la filosofía: «A questo tempo massime denno esser isvegliati gli ben nati spiriti, armati dalla verità ed illustrati dalla divina intelligenza, di prender l'armi contra la fosca ignoranza, *montando su l'alta rocca et eminente torre della contemplazione*» *(Furori,* BOeuC VII, p. 377, cursiva nuestra). Es la Verdad –a la que se accede por la contemplación filosófica– la fuente de tranquilidad vital y la conjura del necio temor a la muerte: colocada en el lugar de la Osa Menor, dice Bruno alegóricamente en la *Expulsión,* la Verdad «estará estable y firme; allá no se verá agitada por olas y tempestades; allí será guía segura de quienes van errantes por este tempestuoso piélago de errores, y desde allí se mostrará como un espejo terso y claro de contemplación», p. 144. Contra sus pretensiones de ser «camino, verdad y vida (Juan 14, 6), la fe cristiana es para Bruno, en última instancia, «necia Fe y ciega Credulidad» productora y alimentadora con su ignorancia de la «falsa sospecha y ciego espanto ante la muerte»; sin embargo ese espanto «no se acerca (excepto en un esfuerzo vano) allí donde el inexpugnable muro de la verdadera contemplación filosófica circunda, donde la tranquilidad de la vida está fortificada y situada en lo alto, donde está abierta la verdad, donde es clara la necesidad de la eternidad de toda sustancia, donde lo único que se debe temer es el ser despojado de la humana perfección y justicia, que consiste en la conformidad con la naturaleza superior y no errante», *Expulsión de la bestia triunfante,* diálogo III, 3, p. 288, constelación de la Liebre. Para la reivindicación tácita de la Filosofía en este último pasaje a través de la cita oculta de Averroes, véase M. A. Granada, *Giordano Bruno. Universo infinito, unión con Dios, perfección del hombre,* Herder, Barcelona 2002, pp. 52-61 y 323-329.

atrás la cárcel imaginaria y surcado con su mente la realidad del universo infinito, homogéneo y abierto («el nuevo cielo»): «Pues bien, he aquí a aquel que ha surcado el aire, penetrado el cielo, recorrido las estrellas, atravesado los márgenes del mundo, disipado las imaginarias murallas de las primeras, octavas, novenas, décimas y otras esferas que hubieran podido añadirse por relación de vanos matemáticos y por la ciega visión de los filósofos vulgares»[47].

Si Lucrecio expresaba el efecto moral regenerador de la doctrina física epicúrea mediante la espléndida metáfora del espectador inmune frente al naufragio ajeno, Bruno señala los mismos efectos subsiguientes al descubrimiento de la naturaleza por él efectuado mediante unas regeneraciones espirituales conscientemente contrapuestas a los milagros que los Evangelios atribuyen a Cristo: «Así, a la vista de todos los sentidos y de la razón, abiertos con la llave de una diligentísima investigación aquellos claustros de la verdad que nosotros podemos abrir, desnudada la velada y encubierta naturaleza, ha dado ojos a los topos, iluminado a los ciegos [...] ha soltado la lengua a los mudos [...] ha restablecido a los cojos»[48].

Bruno expresa, en efecto, las consecuencias morales de su cosmología con unos nítidos acentos religiosos, indicativos de que con la verdad cosmológica se recupera la verdadera noción de la divinidad y del hombre y de su relación recíproca en el seno de la naturaleza, mediadora única; se recupera, en suma, el coloquio con los dioses que se había perdido:

> Ya no está encarcelada nunca más nuestra razón en los cepos de los fantásticos ocho, nueve y diez móviles y motores. Sabemos que no hay más que un cielo, una inmensa región etérea [...]. Así, nos vemos

---

47. *La cena*, cit., p. 70. Sobre el vuelo bruniano por el universo infinito, véase M. A. Granada, *Giordano Bruno*, cit., cap. I.
48. *La cena*, cit., p. 70. Cfr. Mateo 11, 5 y Lucas 7, 22, basados en Isaías 35, 5-6: «Entonces se abrirán los ojos de los ciegos, se abrirán los oídos de los sordos. Entonces saltará el cojo como un ciervo y la lengua de los mudos cantará gozosa»; referencia bíblica señalada por E. Canone en «La *Cena de le Ceneri* e l'edificio de la nolana filosofia», *Paradigmi*, XVIII, 2000, pp. 217-235 (224s.). Véase asimismo *Expulsión,* p. 104, donde los milagros de Orión-Cristo son calificados de «impostura, habilidad, gentileza inútil, prodigio vano, ilusión, bagatela y truhanería», e *infra*, cap. IV, Apostilla.

llevados a descubrir el infinito efecto de la infinita causa, el verdadero y vivo vestigio del infinito vigor, y sabemos que no hay que buscar la divinidad lejos de nosotros, puesto que la tenemos al lado, incluso dentro, más de lo que nosotros estamos dentro de nosotros mismos[49].

O bien, como señala el *De immenso* en polémica apenas velada con el cristianismo:

> Tratamos de alcanzar, por tanto, una contemplación no superficial y vana, sino gravísima y dignísima de un hombre perfecto, cuando buscamos el resplandor, la fusión y comunión con la divinidad y la naturaleza no en un individuo egipcio, sirio, griego o romano, no en alguna comida, bebida y alguna materia más innoble junto con la masa de los atónitos, imaginando y soñando que la hemos encontrado, sino en la augusta morada del omnipotente, en el inmenso espacio etéreo, en la infinita potencia de la naturaleza que a la vez se hace todas las cosas y hace todas las cosas[50].

Igual que Lucrecio recurría al símil de los Gigantes para designar la rebelión del mortal Epicuro contra el opresivo universo de la tradición filosófica y su conexa teología, también Bruno visualiza su rebelión contra la cosmología aristotélico-ptolemaica (y contra la conexa espiritualidad del destierro en la cárcel terrestre) mediante la figura del Gigante que desafía a los dioses olímpicos. En la *Expulsión* –donde la narración y el motivo literario adoptan el punto de vista olímpico–, la rebelión de los gigantes no es presentada como un intento de afirmar la verdad, sino de sepultarla contra sus valedores olímpicos. Tifón es presentado como una figura negativa, tanto en la constelación de Capricornio como en aquel otro pasaje en el que Bruno cita por extenso los versos de Ovidio (*Metamorfosis*, V, 346-354) que dibujan al gigante derrotado por Zeus y oprimido por la mole inmensa de Sicilia que el gran dios le ha arrojado encima como perpetua losa[51].

---

49. *La cena*, cit., p. 71.
50. *De immenso*, I, 1, p. 205. Véase M. A. Granada, *Giordano Bruno*, cit., cap. 7. Es evidente que la concepción bruniana de la relación de la divinidad con el universo es profundamente distinta de la epicúrea y se emparenta con la noción griega de la inmanencia cósmica de la divinidad. «Natura est deus in rebus», dice la famosa fórmula de la *Expulsión*, p. 257.

Sin embargo el cuarto libro del *De immenso* se abre con un solemne exordio en el que el gigante («bajo el vasto peso de Trinacria», «impío, lanzando invectivas con ánimo petulante, insultando impertérrito ante la ira de los dioses») vuelve a desafiar a los olímpicos, con su ardor rejuvenecido ante la aparición de los «hombres de verdad» (Bruno), vencedores de los dioses y de la falsa imagen del mundo, con cuya acción liberadora se identifica, transfiriendo de esta manera a ellos su personal rebelión fracasada:

> ¿Por qué los necios celebran a los dioses del cielo [...]? ¿Por qué no celebran más bien a los hombres de verdad (*homines veros*) que, con la fuerza de su profundo ingenio, han conseguido despreciar las amenazas del cielo abriendo otros mundos más allá de este mundo y más allá de estos palcos pintados que parecían cerrarlo todo [...] allí donde se había imaginado el trono de los dioses y el severo tribunal? Yo sostengo con mi pecho la tierra fecunda de estos vencedores que, gracias a la luz tan grande de su intelecto, no temen a las sombras[52].

Se trata sin embargo de un proceso de liberación del error que —como da por sentado Lucrecio con respecto al mensaje epicúreo— no todos los humanos pueden y quieren asumir. Evocando la alegoría platónica de la caverna, en la mudada referencia que adquiere en el discurso bruniano, el Nolano hace que uno de los contertulios del *De la causa* exponga a su *alter ego* —Filoteo— esta realidad:

> Como prisioneros que, acostumbrados a las tinieblas, salen a la luz, liberados del fondo de alguna oscura gruta, muchos de los acostumbrados a la vulgar filosofía y otros, se asustarán, se quedarán admirados y no pudiendo soportar el nuevo sol de tus claros conceptos, se turbarán [...]. La empresa que has asumido, Filoteo, es difícil, rara y singular, al querer sacarnos y llevarnos del ciego abismo al descubierto, tranquilo y sereno aspecto de las estrellas [¡cómo no recordar aquí el verso con que Dante sale del infierno a «riveder le stelle»!] que con tan hermosa variedad vemos diseminadas por el cerúleo manto del

---

51. *Expulsión*, cit., pp. 256 y 120.
52. *De immenso*, IV, 1, pp. 1-2. Sobre el carácter averroísta de esta apelación a los «hombres de verdad» que se definen por la actividad de «la luz tan grande de su intelecto» véase *supra*, cap. I.

cielo. Aunque a los hombres sólo les socorra la mano benévola de tu piadoso celo [...] se verá que los topos, ofuscados, tan pronto como sientan el aire descubierto buscarán, cavando a tientas la tierra, sus oscuros cubículos nativos[53].

Y de la misma manera que en la *República* (517a) sospechaba Platón –evocando el destino de Sócrates– la muerte del evadido retornante, a manos de sus compañeros de prisión reacios a aceptar su propuesta liberadora, también Bruno tiene un momento en sus diálogos para pensar en su destino similar, que en su caso se vería cumplido dieciséis años más tarde: «Ahora bien, ahora bien, este hombre, ciudadano y siervo del mundo, hijo del padre Sol y de la madre Tierra, porque ama demasiado al mundo, vemos que deberá ser odiado, censurado, perseguido y aniquilado por él»[54]. Pero a pesar de todo, siguiendo el ejemplo de la moral heroica –«surca las nubes firme y muere alegre / si tan ilustre muerte el cielo nos depara», hace decir con Tansillo al rebelde Ícaro[55]– y confortado por su propia filosofía, que niega la muerte –igual que el discurso de Pitágoras en las *Metamorfosis* de Ovidio–, puede apelar a la duración eterna de la vida: «Pero entretanto no estará ocioso ni mal ocupado mientras espera su muerte, su transmigración, su mutación»[56].

---

53. *De la causa*, BOeuC III, pp. 43-45 (la traducción es nuestra). Sobre la posible referencia a Dante y a la *Comedia*, véase ahora *infra*, cap. III.

54. *Expulsión*, cit., pp. 90s.

55. *Los Heroicos Furores*, traducción de M. R. González Prada, Tecnos, Madrid 1987, p. 68.

56. Cf. Ovidio, *Metamorfosis*, XV, 153 ss., versos que Bruno ha asumido íntegramente y cita ocasionalmente: «morte carent animae semperque priore relicta / sede novis domibus vivunt habitantque receptae [...] omnia mutantur, nihil interit» («las almas son inmortales, y siempre, tras abandonar su sede / anterior, son acogidas en nuevas moradas, donde viven y habitan [...] todas las cosas cambian, nada perece», traducción de A. Ramírez de Verger y F. Navarro Antolín, en Ovidio, *Metamorfosis*, Alianza Editorial, Madrid 1995). Sobre toda esta problemática véase *infra*, cap. VII.

III

«PARA EVITAR CENSURA O AYUDAR A OTRO». EL ELOGIO DEL NOLANO EN *LA CENA DE LAS CENIZAS* Y UNA POSIBLE POLÉMICA CON SAN AGUSTÍN Y DANTE

Como es sabido, *La cena de las cenizas* continúa el elogio bruniano de Copérnico, caracterizado por la alternancia de reservas críticas y motivos de excelencia, con otro de Bruno mismo absolutamente positivo en su formulación. La diferencia reside en el salto cualitativo y progreso que media entre la función histórica de «aurora» propia de Copérnico y la de Bruno, que es «l'uscita di questo sole de l'antiqua vera filosofia» o, como dirá posteriormente en el paralelo elogio de sí mismo del *De immenso*, «vertentis secli melioris [...] ministrum», esto es, profeta de la verdad recuperada. Y ciertamente, el elogio del Nolano presenta en compendio los puntos fundamentales de la filosofía bruniana: de su concepción del universo y de la relación del mismo con la divinidad, así como las consecuencias antropológicas que de todo ello se derivan; en suma, el elogio del Nolano anticipa buena parte del programa filosófico que Bruno se propone desarrollar a lo largo de los diálogos italianos. Ahora bien, dado que se trata de un elogio que Giordano Bruno, el autor de *La cena*, hace de sí mismo y que el hecho de que sea puesto en boca del personaje Teófilo, portavoz del propio Bruno, no mitiga la posible inconveniencia del mismo, Bruno se ve obligado a justificar esa transgresión del principio que Bacon denominará más tarde «de nobis ipsis silemus» y que con posterioridad Kant pondrá como *motto* al frente de la segunda edición de su *Crítica de la razón pura*. Bruno justifica su autoelogio señalando que «questo talvolta non solamente conviene, ma è anco necessario», apelando además a la autoridad del «terso e colto Tansillo», el poeta que más tarde, en *De gli eroici furori*, iba a tener un papel tan importante y del cual cita una estrofa del poema *Il Vendemmiatore* en apoyo de su aparente transgresión de lo conveniente. La estrofa en cuestión dice así en sus versos finales:

> l'esser altrui precon de la sua fama
> pur qualche volta par che si convegna,
> quando vien a parlar per un di dui:
> per fuggir biasmo, o per giovar altrui[1].

En su primera edición de *La cena de le Ceneri*, publicada en la editorial Einaudi de Turín, en 1955, Giovanni Aquilecchia remitía ya en nota a la edición Flamini del poema de Tansillo, sin ulteriores precisiones o ampliaciones. Se limitaba con ello a reproducir la nota de Giovanni Gentile en su edición de los *Dialoghi italiani* y no procedió a una ulterior consideración en su revisión de la edición gentiliana de los *Dialoghi* publicada en 1958. El benemérito estudioso tampoco amplió la información en su última anotación de *La cena* con ocasión de la reciente edición crítica publicada en el marco de la edición de Les Belles Lettres, donde se limitó a remitir al lector a la estrofa en cuestión del poema de Tansillo[2].

Todas las ediciones posteriores, con inclusión de la reciente edición al cuidado de M. Ciliberto y con anotación de N. Tirinnanzi (I Meridiani, A. Mondadori, Milán 2000) se limitan a repetir la consabida referencia a *Il Vendemmiatore*, con o sin mención de la edición Flamini. Lo mismo hacen las traducciones a diferentes lenguas a que hemos tenido acceso, con inclusión de la que nosotros mismos hemos llevado a cabo a la lengua española. Y sin embargo en la edición de Flamini aparece, ¡desde 1893!, una nota a esa estrofa en la que se podía encontrar una referencia ulterior de gran interés que dota además al texto bruniano de un es-

---

1. BOeuC II, p. 42; traducción castellana: *La cena de las cenizas*, Alianza, Madrid 1987, p. 67. Cfr. L. Tansillo, *Il Vendemmiatore*, est. XXIX, en *L'Egloga e i poemetti di Luigi Tansillo, secondo la genuina lezione dei codici e delle prime stampe*, introducción y notas de F. Flamini, Nápoles 1893, p. 64. El verso 5 reza en la edición Flamini: «l'esser precone all'uom della sua fama». Sobre la variante bruniana y su posible significado véase *infra*, nota 7.
2. Idéntica es la situación en G. Aquilecchia, «*La cena de le Ceneri*», en *Letteratura italiana. Le opere, II. Dal Cinquecento all'Ottocento*, Einaudi, Turín 1993, pp. 665-703, donde en p. 685 hay una fugaz referencia al pasaje.

pesor conceptual (del que el propio Bruno podía ser consciente o inconsciente; en nuestra opinión era consciente) de gran trascendencia, coherente por lo demás con la dimensión histórica de su obra filosófica, tal como Bruno la presenta en compendio en el elogio del Nolano de *La cena* y tal como se despliega *in extenso* en el arco de los diálogos italianos.

Esa referencia ulterior es a Dante. En efecto, como indica en nota Flamini:

> [...] ecco garbatamente riassunte per bocca dell'allegro vendemmiatore, due intere pagine del *Convivio* di Dante (tratt. I, cap. 2): «Non si concede per li Retorici, alcuno di se medesimo senza necessaria cagione parlare [...] Perocché non è uomo che sia di sé vero e giusto misuratore, tanto la propria carità ne inganna». Tuttavia, «per necessarie cagioni lo parlare di sé è conceduto». Tra queste, due sono più palesi: «l'una è quando senza ragionare di sé, grande infamia e pericolo non si può cessare» (es.º: Boezio nel *De consolatione*); «l'altra è quando per ragionare di sé, grandissima utilità ne segue altrui per via di dottrina» (es.º: s. Agostino nelle *Confessioni*)[3].

Puede creerme el lector si le digo que descubrí *proprio Marte* que el *Convivio* era la fuente de Tansillo, cuando estudiaba en estos últimos años la obra de Dante como ejemplo de la transmisión de la concepción griega de la vida teorética y del intelecto. Hice mención de esta referencia dantesca, conocida o desconocida del propio Bruno, en una comunicación al coloquio parisino organizado por Pierre Magnard con ocasión del pasado centenario bruniano[4]. En aquellos momentos no sabía, por la ausencia de la edición Flamini de las bibliotecas barcelonesas, si en dicha

---

3. Loc. cit., p. 64. Para el texto de Dante véase *Opere minori*, vol. II, tomo II: *Convivio*, edición de C. Vasoli y D. De Robertis, Ricciardi-Mondadori, Milán-Nápoles 1995, tratado I, II, 2 y 8-15, pp. 17-19 con el comentario de Vasoli.

4. Recogida ahora en versión española con el título «El itinerario de los diálogos y la metamorfosis: de una "cena de cenizas" a la "fuente de vida eterna"», en M. A. Granada, *Giordano Bruno. Universo infinito, unión con Dios, perfección del hombre*, Herder, Barcelona 2002, pp. 331-363 (340). Cuando el presente capítulo estaba ya redactado hemos tenido conocimiento del importante estudio de L. Bolzoni, «Note su Bruno e Ariosto», *Rinascimento*, 2ª ser., XL, 2000, pp. 19-43, donde en p. 23 se registra –sin ulterior desarrollo del tema– la conexión dantesca: «l'ottava del Tansillo [...] ripropone un *topos* che anche Dante avava usato nel *Convivio*, derivandolo da Boezio e da Agosti-

edición se había identificado la indudable fuente dantesca de Tansillo (y por tanto, indirectamente, de Bruno). Con posterioridad la consulta de dicha edición me ha permitido confirmar que Flamini no había dejado de señalar, con toda claridad y tal como acabamos de ver, la fuente dantesca, por lo cual mi esperanza inicial de haber hecho un descubrimiento significativo quedaba diluida. Sin embargo, no deja de ser sorprendente que hasta la fecha ningún editor o traductor de *La cena* –si estamos bien informados– haya señalado, aprovechando la ayuda y el servicio de Flamini, esa relación indirecta con Dante y la haya hecho objeto de un análisis conceptual. Es también sorprendente que hasta ahora, en el campo de los estudios brunianos y por lo que nos consta, nadie haya tomado nota del comentario de Flamini y tratado de sacar partido de ese diálogo, indirecto y mediado por Tansillo, de Bruno con Dante.

Y sin embargo me resulta difícil de creer que nuestro amigo Gianni Aquilecchia no fuera consciente de esa referencia última a Dante, tanto por su conocimiento de los clásicos italianos como por la meticulosidad y control de las fuentes y referencias de que hizo gala a lo largo de su prolongada actividad de editor y muy en particular en su magistral edición de *La cena* de 1955. No nos vamos a preguntar, sin embargo, por qué razones no recogió la indicación de Flamini ni por qué no acometió la tarea de desarrollar analíticamente lo que la cita de Tansillo, enriquecida por la ulterior remisión al *Convivio* dantesco, podía significar en la economía de *La cena* y del itinerario intelectual descrito en los diálogos italianos. Lo que voy a tratar de realizar, en recuerdo y homenaje al amigo y maestro, es escribir esa nota al texto y ese comentario que Aquilecchia podría haber escrito y que me gustaría hubiera escrito, porque desde 1893 y 1907 (fecha de las ediciones de Flamini y Gentile respectivamente) la conexión estaba establecida a la espera de que los estudiosos de Bruno supieran «explicarla» y «desarrollarla» en toda su dimensión y alcance (conocidos o no por el propio Bruno). Vayamos, pues, a ello, lamentando que no sea Gianni quien lo haga y también que ya no esté entre nosotros para compensar con su saber y su juicio nuestras carencias.

---

no: si può lodare se stessi quando ci si debe defendere o quando si può giovare ad altri». Lina Bolzoni remite también a M. Guglielminetti, *Memoria e scrittura. L'autobiografia da Dante a Cellini*, Turín 1977, pp. 73ss., que no hemos podido consultar.

I

Hemos de reconocer de entrada que Dante no parece ocupar un lugar relevante en la obra bruniana. Explícitamente sólo es mencionado dos veces y de manera más bien anecdótica y poco relevante. La primera en el *Candelaio*, cuando en la dedicatoria a Morgana habla de las «*Ombre dell'idee* le quali in vero spaventano le bestie, e come fussero diavoli danteschi, fan rimaner gli asini lungi a dietro»[5], donde los comentadores han visto una referencia al canto XXI del *Infierno*; la segunda en el *Spaccio*, allí donde se habla irónicamente de «que' giorni ne' quali se innamorò il Petrarca di Laura, e Dante di Beatrice»[6]. La situación es, pues, muy diferente de la de Petrarca, cuyo *Canzoniere* es citado con frecuencia a lo largo de los diálogos, además de las menciones directas del mismo «tosco poeta», para indicar la presencia de una polémica profunda que sale a la superficie en *De gli eroici furori*. Es posible, por tanto, que Bruno no fuera un lector habitual de la obra de Dante y que nunca hubiera leído el *Convivio*, a pesar de coincidir en muchos puntos –por su común inspiración en la tradición peripatética radical– con las concepciones antropológicas allí expresadas por Dante a propósito de la vida teorética y del intelecto. No obstante, a pesar de todo ello, a pesar de que Bruno quizá no fuera consciente de la referencia y espesor dantescos de la estrofa del *Vendemmiatore* tansilliano por él utilizada para legitimar y dar el sentido de su autoelogio (aunque nosotros pensamos que hay un indicio dejado por el propio Bruno de su conocimiento del texto de Dante), creemos que no es ocioso ni irrelevante leer el texto bruniano y todo su contexto desde el supuesto de lo que está implicado en los versos de Tansillo. Somos de la opinión de que incorporando el pasaje de Dante (y el universo conceptual dantesco) a la argumentación y discusión de Bruno, podremos reconocer mejor componentes decisivos del proyecto filosófico bruniano, de su alcance último y de su antagonista.

Como señaló Flamini, los versos del *Vendemmiatore* citados por Bruno sintetizan eficazmente las dos razones por las que, según el *Convivio*

---

5. BOeuC I, p.13.
6. BOeuC V, p.73; traducción castellana: *Expulsión de la bestia triunfante*, Alianza, Madrid 1989, p. 116.

dantesco, la ilicitud de hablar de uno mismo se transforma en necesidad lícita y loable:

> l'una è quando sanza ragionare di sé grande infamia o pericolo non si può cessare; e allora si concede [...] e questa necessitate mosse Boezio di sé medesimo a parlare, acciò che sotto pretesto di consolazione escusasse la perpetuale infamia del suo essilio, mostrando quello essere ingiusto [...] L'altra è quando, per ragionare di sé, grandissima utilitade ne segue altrui per via di dottrina; e questa ragione mosse Agustino ne le sue *Confessioni* a parlare di sé[7].

Si una y otra razón justifican, según Dante, el tono autobiográfico presente en el *Convivio*, el mismo Dante dio después en la *Comedia* otro ejemplo, esta vez ejerciendo la segunda razón y el ejemplo agustiniano, en un marco además donde el contraste con Bruno es, como tendremos ocasión de comprobar, radical. En el canto XXX del *Purgatorio*, cuando Dante se percata de que Virgilio se ha retirado para siempre y toda la belleza del Paraíso terrenal es incapaz de impedir que el llanto manche sus mejillas, el poeta pone en boca de Beatriz un severo reproche que contiene la primera y única mención de su nombre en todo el poema («Dante, perché Virgilio se ne vada, / non pianger anco, non piangere ancora; / ché piangere ti conven per altra spada»[8]), mención que el propio poeta justifica diciendo «mi volsi al suon del nome mio, / che di necessità qui si registra»[9], concretamente por la necesidad unida a la razón agustiniana del beneficio que puede reportar al género humano. En *la Vita Nuova*, además, Dante excluye el desarrollo de un tema (la partida de este mundo de Beatriz) porque tal cosa comportaría necesariamente la loa de sí mismo:

---

7. Dante, *Convivio*, cit., I, II, 13-14. Quizá sea significativo (y nuevo indicio del conocimiento bruniano del *Convivio* y del uso consciente y polémico del mismo) el hecho de que en su cita de Tansillo, Bruno modifique el verso quinto de la estrofa de *Il vendemmiatore* (véase *supra*, nota 1) insertando un «altrui». ¿Se trata de una contaminación del texto de Tansillo por el del *Convivio* (y por el motivo agustiniano) que Bruno no quiere hacer explícitos?

8. *Purgatorio*, XXX, 55-57. Cfr. el comentario de A. M. Chiavacci Leonardi en la edición de I Meridiani, A. Mondadori, Milán 1994, donde se conecta con el pasaje del *Convivio*.

9. *Purgatorio*, XXX, 62-63.

Non è *convenevole* a me trattare di ciò, per quello che, trattando, *converrebbe essere me laudatore di me medesimo*, la quale cosa è al postutto biasimevole a chi lo fae; e però lascio cotale trattato ad altro chiosatore[10].

Bruno hace que Teófilo se pregunte en *La cena*: «Or che dirrò io del Nolano? Forse, per essermi tanto prossimo, quanto io medesmo a me stesso, non mi *converrà lodarlo?* Certamente, uomo raggionevole non sarà, che mi *riprenda* in ciò, atteso che questo talvolta *non solamente conviene, ma è anco necessario*, come bene espresse quel terso e colto Tansillo»[11]. Y vamos a hacer constar aquí, de una vez por todas, que si Tansillo –como Dante en la *Vita Nuova*– habla en términos de «conveniencia» («sconvegna», en el verso 2 de la estrofa; «convegna» en el verso 6), Dante lo hace en términos de «necesidad» («questa necessitate mosse Boezio [...]», en el *Convivio*; «di necessità» se añade en la *Comedia*) y no en términos de un simple «di se stesso parlar», como Tansillo, sino de una *loa de sí mismo* (como Dante dice en la *Vita Nuova*). En suma, cuando Bruno dice que alabarse a sí mismo «talvolta non solamente conviene, ma è anco necessario», parece sugerirnos que más allá de Tansillo debemos ir a buscar a Dante y a su *Convivio*.

No cabe la menor duda de que, a través de Tansillo, Bruno enlaza en *La cena* con la segunda razón dantesca. No es «per fuggir biasmo» por lo que Bruno, como Boecio en *De consolatione Philosophiae*, habla de sí mismo, sino «per giovar altrui» o, como decía Dante, por la «grandissima utilidade [che] ne segue altrui per via di dottrina», como san Agustín en sus *Confesiones*. En efecto, es «per caggionar effetti al tutto contrarii» a los perniciosos efectos morales y políticos manifiestos en la colonización americana por lo que el Nolano «ha disciolto l'animo umano e la cognizione»[12]. Bruno pretende llevar a cabo una renovación mo-

---

10. *Vita Nuova*, XXVIII, 2, en Dante Alighieri, *La vida nueva*, Siruela, Madrid 1985, p. 84; cursiva nuestra. Debemos esta referencia a la *Vita Nuova* a un anónimo becario que siguió la primera exposición de este ensayo en un seminario que impartimos en junio de 2002 en el Warburg Institute. Le expresamos nuestro más sincero agradecimiento por esta información que nos parece consolidar la tesis que sostenemos en estas páginas.
11. BOeuC II, p. 43, cursiva nuestra; traducción castellana, cit., p. 67.
12. BOeuC II, p. 47; traducción castellana, cit., p. 69.

ral de carácter epocal de la humanidad (una «expulsión de la bestia triunfante»[13]) a partir de la reforma de la cosmología y de sus implicaciones teológico-antropológicas, de la cual formula una síntesis bastante completa en el elogio que lleva a cabo de sí mismo.

En este elogio Bruno contrapone tácitamente a la cosmología tradicional aristotélico o platónico-cristiana, e incluso a la reciente inserción del copernicanismo, por parte del inglés Thomas Digges, en el marco del platonismo cristiano, su propia cosmología copernicana de un universo infinito y homogéneo, sin esferas, en una relación de derivación que se insinúa necesaria (a la espera de una explícita demostración en *De la causa,* y *Del infinito*) con respecto a su causa divina, la cual es mostrada explícitamente como uniformemente presente a lo largo del universo infinito, por lo cual «abbiamo dottrina di non cercar la divinità rimossa da noi: se l'abbiamo appresso, anzi di dentro più che noi medesmi siamo dentro a noi»[14].

El elogio, por otra parte, contrapone el Nolano de una manera apenas encubierta al mismo Cristo, como profetas de periodos históricos antagónicos (luz y tinieblas, sabiduría y error, respectivamente). Así Bruno «ha [...] penetrato il cielo» (p. 47) de la misma manera que de Cristo dice la epístola a los Hebreos que tenemos «pontificem magnum, qui penetravit caelos» (4, 14). Pero la penetración (intelectual, cognoscitiva) del cielo por Bruno le ha llevado a descubrir que éste es muy distinto de la representación cristiana y que la ubicación de Cristo en gloria a la diestra del Padre, sobre el cielo, no tiene consistencia, respondiendo más bien a la «quimera» de un «impostor» que, revestido de una falsa divinidad, ha seducido a la humanidad e introducido una completa subversión de valores, «smorzando quel lume» del intelecto heroico (la filosofía) y «approvando e confirmando le tenebre [...] de sofisti e asini», esto es, haciendo triunfar la «filosofía vulgar» (la negación de la filosofía) de Aristóteles[15]. La contraposición del Nolano a Cristo continúa

---

13. Cfr. *Spaccio,* BOeuC V, p. 31; traducción castellana, cit., p. 98.
14. BOeuC II, p.51; traducción castellana, cit., p. 71. Sobre la polémica con Digges y con el platonismo cristiano véase M. A. Granada, «Thomas Digges, Giordano Bruno e il copernicanesimo in Inghilterra», en *Giordano Bruno 1583-1585. The English Experience/L'esperienza inglese. Atti del Convegno (Londra, 3-4 giugno 1994),* edición de M. Ciliberto y N. Mann, Olschki, Florencia 1997, pp. 125-155.
15. BOeuC II, p. 47; traducción castellana, cit., pp. 69s. Somos de la opinión de que este pasaje de *La cena* se refiere a Cristo, más que a reformadores como Lutero o

cuando se le atribuyen milagros (en el sentido de regeneraciones espirituales que siguen al descubrimiento filosófico de la verdad) paralelos a los que la Escritura atribuye a Cristo (y que el *Spaccio* calificará despectivamente como «gentilezze», «galantarie», «bagattelle»): «[...] co' la chiave di solertissima inquisizione aperti que' chiostri de la verità che da noi aprir si posseano, nudata la ricoperta e velata natura: ha donato gli occhi a le talpe, illuminati i ciechi [...] sciolta la lingua a muti [...] risaldati i zoppi»[16].

Resulta entonces que, si Bruno, como san Agustín en la fuente dantesca de Tansillo-Bruno, puede hablar de sí mismo (e incluso elogiarse; *magnanimitas* del filósofo frente a la *humilitas* cristiana), lo hace en un sentido opuesto al de san Agustín, subvirtiendo completamente el mensaje del santo cristiano, de la misma manera que da a los hombres una doctrina y una verdad opuestas a las de Cristo (a las que están incluso llamadas históricamente a sustituir en el curso vicisitudinal de «la rueda del tiempo»)[17]. En efecto, el beneficio doctrinal que, según Dan-

---

Calvino, con los cuales por supuesto Bruno polemiza también, más allá de la contraposición fundamental con Cristo. En apoyo de nuestra opinión podríamos remitir al pasaje del *Spaccio* en el que la obra de Orión (esto es, de Cristo) consiste, entre otras cosas, en persuadir a los hombres de que «la filosofia, ogni contemplazione [...] non sono altro che pazzie; che ogni atto eroico non è altro che vegliaccaria: e che la ignoranza è la più bella scienza del mondo, perché s'acquista senza fatica», BOeuC V, p. 463; traducción castellana, cit., pp. 282s.

16. BOeuC II, p. 49; traducción castellana, cit., p. 70. Cfr. *Spaccio*, BOeuC V, p. 463, donde a propósito de Orión se ironiza sobre sus milagros sobrenaturales, «come questo di saltar sopra l'acqui [...] di far fare capriole a' zoppi, far veder le talpe senza occhiali, et altre belle galantarie innumerabili». En *Spaccio*, p. 467, Cristo pierde «tutta la virtù di far de bagattelle, imposture»; traducción castellana, cit., p.285. Para la referencia tácita a la Escritura y a los milagros de Cristo en el pasaje de *La cena* véase Mateo 11, 5 y Lucas 7, 22, basados en Isaías 35, 5-6: «Entonces se abrirán los ojos de los ciegos, se abrirán los oídos de los sordos. Entonces saltará el cojo como un ciervo y la lengua de los mudos cantará gozosa»; referencia bíblica señalada por E. Canone en «La *Cena de le Ceneri* e l'edificio de la nolana filosofia», *Paradigmi*, XVIII, 2000, pp.217-235 (224s.).

17. El sentido antiagustiniano e incluso anticristiano de la «liberación» bruniana se pone también de manifiesto en el hecho de que, en la traducción latina del presente elogio llevada a cabo en el «Excubitor» del *Camoeracensis Acrotismus*, publicado en 1588, Bruno añade el siguiente pasaje que refuta inequívocamente la escatología cristiana: «Iam ex illo infinitae mortalitatis, fatalis irae, plumbei judicii, incertissimae salutis, partialis amoris, Erinnyum aeternarum, adamantinorumque ostiorum atque catenarum nusquam existentium horrore *solutus*» (BOL I, I, p. 67; cursiva nuestra). Podría

te, habían aportado a la humanidad las *Confesiones* de san Agustín residía en la indicación de un itinerario espiritual desde el error y las tinieblas a la verdad, identificada con Cristo, por cuya mediación cabe esperar el acceso al «sábado eterno» y a la contemplación sin fin de Dios en sí mismo[18]. El despliegue de los diálogos italianos contrapondrá a esta esperanza del Paraíso cristiano la beatitud filosófica de la unión intelectual con Dios en el espejo de la naturaleza infinita y lo hará en unos momentos (1584-85) en que la sociedad europea consideraba casi inminente la *parousía* escatológica de Cristo[19]. Es más: san Agustín, que afirmaba desear conocer únicamente «a Dios y al alma [...]. Nada más»[20], encuentra en el alma humana –creación directa e inmediata de Dios, al margen de la naturaleza– la presencia de Dios: «Porque tú estás dentro de mí, más dentro que mi misma intimidad y más por encima de mí que lo más elevado de mí»[21]. En su autoelogio de *La cena*, Bruno hace uso por primera vez de una fórmula aparentemente similar, pero de hecho completamente contraria y muy probablemente con plena conciencia de su contraposición a la concepción agustiniana: «Et abbiamo dottrina di non cercar la divinità rimossa da noi: se l'abbiamo appresso, anzi di dentro più che noi medesmi siamo dentro a noi»[22]. Con esta fórmula Bruno expresa la presencia de Dios en el hombre en tanto que ser natural y en los mismos términos que en cualquier otro ser natural,

---

ser que el pasaje estuviera presente en la mente de Bruno en el momento de redactar e imprimir *La cena* en 1584 y que su omisión se explicara por razones de prudencia; podría ser que se le hubiera ocurrido más tarde, pero incluso en este último caso su inserción muestra que Bruno lo consideraba un desarrollo o explicitación del texto de 1584, perfectamente consistente y coherente con él.

18. Véase san Agustín, *Confesiones*, XIII, 35-38 (traducción castellana de P. Rodríguez Santidrián, Alianza, Madrid 1990, pp. 425s.).

19. Véase nuestra introducción a *Furori*, BOeuC VII, # 2, pp. XVIII-XXXIX.

20. *Soliloquia*, I, 2, 7.

21. *Confesiones*, III, 6, 11: «Tu autem eras interior intimo meo et superior summo meo». Cfr. *ibi*, X, 6, 9: «Pregunté, finalmente, a esta gran máquina del mundo acerca de mi dios, y me respondió: "No soy Dios, soy una hechura suya"» («Interrogavi mundi molem de Deo meo, et respondit mihi: "Non ego sum, sed ipse me fecit"»). Cfr. R. Bodei, *Ordo amoris. Conflictos terrenos y felicidad celeste*, Cuatro, Valladolid 1998, pp.126-128.

22. BOeuC II, p. 51; traducción castellana, cit., p. 71. Cfr. *Lampas triginta statuarum*, BOL III, p. 41: «Magis intrinsecum est rerum substantiae, et intimius in omnibus ac singulis, quam omnia ac singula esse possunt in se ipsis».

dada la homogénea presencia de Dios en la infinita y homogénea naturaleza. Dicho de otro modo, la fórmula bruniana expresa la *doctrina* con la que Bruno beneficia a la humanidad y por la cual puede hablar de sí mismo y alabarse: la doctrina antigua, que con él vuelve de nuevo a la luz, de la universal presencia de Dios en la naturaleza y de la posibilidad de una unión con Dios en la naturaleza, tal y como se había expresado por ejemplo en el estoicismo y como se repetirá en *De gli eroici furori* citando tácitamente a Séneca:

> [...] venir al più intimo di sé, considerando che Dio è vicino, con sé e dentro di sé, più ch'egli medesimo esser non si possa; come quello ch'è anima de le anime, vita de le vite, essenza delle essenze[23].

Que el elogio del Nolano anuncia una especie de evangelio filosófico de contenido marcadamente anticristiano y llamado a explicitarse a lo largo de los diálogos italianos, es algo de sobras conocido. La explicitación a través de Tansillo-Dante de la referencia agustiniana y más concretamente de las *Confesiones* viene a confirmarlo con el añadido de un toque de ironía. Si las *Confesiones* confirman la conveniencia e incluso la «necesidad» de hablar de uno mismo por el presunto beneficio que de su doctrina se sigue para muchos, Bruno encuentra en ello una legitimación de la publicación de su propia experiencia espiritual (descrita en los diálogos) y de su autoelogio en *La cena*, a pesar de que (o precisamente porque) transmite una doctrina antitética o contrapuesta a la cristiana de san Agustín, la verdad descubierta por la filosofía y la recuperación de la misma Filosofía frente a su ocaso en el aristotelismo-cristianismo-pedantismo. De esta forma, la explicitación de la referencia última agustiniana a través del pasaje del *Convivio* dantesco, oculto tras la cita de Tansillo, revela esta dimensión última y decisiva de la propuesta filosófica planteada por Bruno en su obra italiana.

---

23. BOeuC VII, p. 317; traducción castellana: *Los Heroicos Furores*, Tecnos, Madrid 1987, p. 149. Cfr. Séneca, *Ad Lucilium*, XLI, 1: «Prope est a te deus, tecum est, intus est» (cfr. nuestra anotación *ad loc.*). La fórmula «vida de la vida» aplicada a Dios es agustiniana; cfr. *Confesiones*, X, 6, 10: «Y Dios es todavía mucho más: es la vida de tu vida» («Deus autem tuus etiam tibi vitae vita est»). Para la sustitución del esquema cristiano-agustiniano por el de la *prisca sapientia* véase M. A. Granada, *Giordano Bruno*, cit., pp. 316s.

Pero hay en *La cena* (y a partir de ella en otros lugares de los diálogos) otro indicio de esta réplica a san Agustín y al valor que el santo atribuye a Cristo. Se halla en la epístola proemial y en la explicación aparentemente dejada de lado del título del diálogo. Allí Bruno hace preguntar al dedicatario Michel de Castelnau: «Che vuol dir cena de le ceneri? fu vi posto forse questo pasto innante? potrassi forse dir qua *cinerem tanquam panem manducabam*?»[24] Esta explicación es, aparentemente, excluida, en favor de la interpretación histórica y banal de un banquete con ocasión del miércoles de ceniza. Sin embargo, si tomamos en consideración la propuesta interpretativa abandonada, veremos que remite al salmo penitencial 101, a través de la cita de su versículo 10, y que dicho salmo constituye una cifra y compendio de toda la historia de la redención hasta concluir en el acceso final a Dios de los santos en el Paraíso tras la mutación escatológica de los cielos. Pero es que san Agustín había efectuado una exposición del contenido de este salmo, incorporando a su exposición el papel excepcional como mediador y redentor de Cristo, representado figuradamente en el *pauper* protagonista del salmo y en figuras ulteriores como el «pelícano ensangrentado» (vers. 7) y el «pájaro solitario en el tejado» (vers. 8). Quizá la cita del salmo en la obertura de *La cena* y de los diálogos está ahí para indicar que se va a dar a la humanidad el beneficio de un acceso a la divinidad desde una situación de miseria y con un planteamiento (filosófico) antitético y contrapuesto al cristianismo. Las referencias ulteriores al salmo, por otra parte, lo confirman, así como el antagonismo con la lectura de san Agustín y con el itinerario cristiano que él propone. En efecto, en el *Spaccio*, en el importantísimo lugar de la constelación del Capricornio (donde se trata de la verdadera metamorfosis en la naturaleza y de la errónea interpretación cristiana) Bruno se refiere sarcásticamente a la ilusoria metamorfosis cristiana apelando a las mencionadas figuras del salmo 101:

> Quante volte chiamano [...] il novamente conosciuto [dio] da gli altri lor successori [por los cristianos sucesores de los judíos] «Pellicano insanguinato», «Passare solitario», «Agnello ucciso»?[25]

---

24. BOeuC II, p. 9; traducción castellana, cit., p. 52.
25. BOeuC V, p. 433; traducción castellana, cit., p. 267. Hemos desarrollado con una cierta extensión esta temática en nuestro reciente *Giordano Bruno*, cit., pp. 336 ss.

El *Spaccio* se refiere a continuación a «tutti quei che son per credergli [Cristo] deificati» (p. 433). Pues bien, en dos importantísimos lugares de los diálogos Bruno recurre a la imagen del «pájaro solitario» para hacer de ella un uso muy diferente y aplicarla a una metamorfosis superior o *deificatio* de carácter muy distinto, una metamorfosis filosófica y a través de la penetración intelectual de la estructura física y metafísica de la naturaleza infinita y de su relación con la divinidad. El primero de ellos es en el soneto «Mio pàssar solitario» que viene a continuación del manifiesto filosófico con que concluye la epístola proemial a *De l'infinito*[26]; el segundo es una repetición, con escasas variantes, de ese soneto en el diálogo cuarto de la primera parte de *De gli eroici furori*, como desarrollo del tema de la metamorfosis de Acteón, recien presentada[27]. En ambos casos el pájaro ya no es, como en la *enarratio* agustiniana, Cristo resucitado y ofreciendo en su lugar en la gloria, a la diestra del Padre, su sacrificio redentor por los fieles, sino el intelecto del sujeto humano heroico que se eleva activamente, mediante el conocimiento, a la divinidad para concluir en una metamorfosis o *indiamento* por la filosofía, donde Cristo no juega ningún papel; es más: sólo puede tener lugar si la filosofía ha renacido mediante la liberación de la ilusión cristiana.

La explicitación de la referencia dantesca permite, pues, el pleno despliegue de esta dimensión de los diálogos como una obra unitaria que ofrece un *itinerarium mentis in Deum* filosófico y conscientemente contrapuesto al itinerario agustiniano-cristiano. Nos parece que podemos hallar en los diálogos ulterior confirmación de lo que venimos planteando.

Aunque no hemos de pensar que sea san Agustín el único en llamar al pelícano «insanguinato» (en el salmo no aparece), la coincidencia de Bruno con el santo en el adjetivo fortalece la hipótesis de su conocimiento de la *enarratio* agustiniana y de su consciente polémica con el itinerario agustiniano.

26. BOeuC IV, p. 51; traducción castellana: *Del infinito: el universo y los mundos*, Alianza, Madrid 1993, p. 96.

27. BOeuC VII, p. 161; véase nuestro comentario *ad loc.* (traducción castellana, cit., p. 75).

II

El primer diálogo *De la causa* fue redactado, como es sabido, con posterioridad a los restantes y como defensa de *La cena* frente a los ataques del público londinense que siguieron a la publicación de la misma. No hemos de pensar que esos ataques se debían únicamente al maltrato y menosprecio que en *La cena* se había hecho de la plebe londinense y de la cultura inglesa. Podemos pensar perfectamente que la violenta reacción contraria se produjo frente al planteamiento global de *La cena* y que, probablemente, se percibió con más o menos nitidez el proyecto bruniano. En cualquier caso, con el primer diálogo *De la causa* Bruno defiende *La cena* y el proyecto filosófico que en ella se plantea; por tanto, se defiende también la conveniencia e incluso necesidad del elogio que el Nolano ha hecho de sí mismo. Por eso es muy significativo que Bruno denomine repetidamente su defensa de *La cena* y de sí mismo como una defensa de la Filosofía y de su lesa majestad: «[...] ributtiamo l'ingiurie che son fatte non tanto a noi quanto a la filosofia spreggiata»; «io mai feci di simili vendette per sordido amor proprio [...] ma per amor della mia tanto amata madre filosofia, e per zelo della lesa maestà di quella»; «colui che ha trovata la verità, che è un tesoro ascoso, acceso da la beltà di quel volto divino, non meno doviene geloso perché la non sia defraudata, negletta e contaminata»[28].

No es extraño, por tanto, sino perfectamente consecuente, que este diálogo apologético comience con ese famoso exordio –evocativo, como tantas veces se ha señalado, de la alegoría platónica de la caverna– en el que Bruno reivindica su autoelogio por la vía de confirmar su papel histórico de «liberador» frente a la «filosofía vulgar». Lo verdaderamente interesante de esta reafirmación y que comporta un elemento nuevo es su insistencia, frente al planteamiento aparentemente universalista del elogio de *La cena*[29], en la dualidad de la respuesta humana a la liberación bruniana: ésta, como liberación *filosófica*, será acogida por aque-

---

28. BOeuC III, pp. 57, 63, 65.
29. Pero cfr. BOeuC II, p. 51: «Con ciò un solo [...] al fine avrà vinto e triomfarà contra l'ignoranza generale»; traducción castellana, cit., p. 72.

lla minoría en quien es activa la luz del intelecto, mientras que será rechazada por la mayoría, los acostumbrados a la «filosofía vulgar», esto es, la conjunción de aristotelismo y cristianismo determinante del período histórico de tinieblas y sepultadora de la filosofía en sentido auténtico:

> ELITROPIO –Qual rei nelle tenebre avezzi, che liberati dal fondo di qualche oscura torre escono alla luce, molti de gli essercitati nella volgar filosofia, et altri, paventaranno, admiraranno e (non possendo soffrire il nuovo sole de tuoi chiari concetti) si turbaranno.
> FILOTEO –Il difetto non è di luce, ma di lumi: quanto in sé sarà più bello e più eccellente il sole, tanto sarà a gli occhi de le notturne strige odioso e discaro di vantaggio[30].

Así pues, Bruno no sólo reivindica su beneficio liberador presentado en *La cena*, sino que explicita que el mismo, en tanto que liberación filosófica, apela y libera a los individuos dotados de naturaleza filosófica o, como dirá en *De gli eroici furori*, «a quelli ch'hanno l'ali» del intelecto y de la voluntad, «i ben nati spiriti [...] illustrati dalla divina intelligenza», a quienes propiamente se entona el «sursum corda»[31]. Confirma lo que venimos diciendo el hecho de que en el capítulo I, 2 del *De immenso*, que reproduce en lengua latina el exordio del *De la causa*, Bruno se refiera a estos pocos sujetos en los siguientes términos: «Perpaucique homines veri sunt, quique deorum / alta inter multos habiti sunt indole digni»[32]. Es evidente que se trata de los «uomini contemplativi» en contraposición al «volgo», los cuales son esos «savi e generosi spiriti [...] che sono veramente uomini», los cuales descubren por sí mismos la ley a través de la razón propia (por el ejercicio de la filosofía) frente al «universo volgo» que accede a ella a través de la religión por su incapacidad y falta de hábito intelectual[33].

---

30. *Causa*, BOeuC III, p. 43, traducción castellana, cit. *supra*, p. 105.
31. Véase BOeuC VII, p. 377, con nuestro comentario (traducción castellana, cit., p. 176). Cfr. M. A. Granada, «La perfección del hombre y la filosofía», en *Idem*, *Giordano Bruno*, cit.
32. *De immenso*, I, 2, p. 207.
33. *Cena*, BOeuC II, p. 193; traducción castellana, cit., p. 134. Para una explicitación de la jerarquía antropológica presente en estas páginas, con la consiguiente jerarquización de filosofía y religión y su carácter averroísta, véase cuanto hemos dicho en

Así pues, frente a la apelación universal del beneficio doctrinal agustiniano-cristiano (que comporta el eclipse de la filosofía como empresa autónoma), Bruno reivindica en *De la causa* su propio beneficio doctrinal, que como rigurosamente filosófico no puede dejar de ser minoritario, pues la mayoría vulgar («paventata, admirata», esto es, en la actitud *atónita* –con «attonita ora» sale el prisionero a la luz en *De immenso* I, 2– que designa la incapacidad de comprensión del vulgo, a la que Bruno se refiere por partida doble en el primer capítulo del *De immenso*: «Attonitis mirum [...] post terga relinquo», el «attonitorum seculo» al que contrapone la contemplación filosófica asociada a la «perfección del hombre»[34]) deberá recibir ese beneficio de la filosofía por la vía de la traducción en forma religiosa o de «Ley», esto es, por la reforma religiosa que se presentará en el *Spaccio*.

La liberación con la que la filosofía restaurada por Bruno beneficia a los filósofos potenciales cuyo intelecto está capturado por la «filosofía vulgar» es liberación de una «cárcel» («l'artissimo carcere de l'aria turbulento», según *Cena*, p. 47), cárcel que no es otra cosa que el mismo universo falso o ficticio que esa filosofía vulgar instila en la mente de los hombres, pero cuya falsedad no impide que produzca un efecto de opresión. Por eso el *De immenso* habla –en las páginas iniciales que, como vemos, son paralelas a los lugares de los diálogos que estamos analizando– de los orbes sólidos «quos falso statuit verus de principio error, / ut sub conficto reprimamur carcere vere»[35]. El exordio del *De la causa* parte también del símil de la cárcel («rei [...] liberati dal fondo di qualche oscura torre»), pero pasa enseguida a designar la situación como «infierno» mediante el uso de la expresión «cieco abisso». La transición a la metáfora del «infierno», a la visualización del mundo de la filosofía vulgar y del aristotelismo-cristianismo como «infierno», venía

---

«Giordano Bruno, la Biblia y la religión: las aguas sobre el firmamento y la unión con Dios», recogido en *Giordano Bruno*, cit., pp. 273ss. No olvidemos que el término «avezzi» del pasaje antes citado del *De la causa* (p. 43) se refiere a los «acostumbrados» al «veneno», en sentido averroísta, de la «filosofía vulgar». Sobre este concepto de «costumbre» véase Granada, *Giordano Bruno*, cit., pp. 274ss.

34. *De immenso*, I, 1, pp. 202 y 205. Véase nuestro ya citado «La perfección del hombre y la filosofía». Sobre el sentido filosófico preciso y técnico de «attoniti» véase *ibi*, pp. 302-309.

35. *De immenso*, I, 1, p. 201.

sugerida a Bruno por el mismo poema de Tansillo, en la interpretación «a certo miglior proposito» de lo que el poeta conterráneo decía «quasi per certo gioco»[36]. En efecto, a las estrofas XVIII-XIX de *Il Vendemmiatore* citadas por Bruno en *La cena* sigue una estrofa XX –citada por Bruno en el *Spaccio* junto con versos de las tres estrofas precedentes– en la cual se dice:

> [...] credendo alzarvi gite al fondo,
> et a i piacer togliendovi, a le pene
> vi condannate: e con inganno eterno
> bramando il ciel vi state ne l'inferno[37].

Que el «abisso» sea el «infierno», permite recuperar a Dante y san Agustín como interlocutores de Bruno tras la cita de *La cena*: «[...] dal cieco abisso vuoi cacciarne, et amenarne al discoperto, tranquillo e sereno aspetto de le stelle, che con sì bella varietade veggiamo disseminate per il ceruleo manto del cielo», reza *De la causa* (pp. 43-45). Que haya una alusión consciente por parte de Bruno a los versos finales del *Infierno* dantesco y a la contemplación del firmamento estelar por el poeta en los primeros versos del *Purgatorio*, no nos atrevemos a asegurarlo. De hecho, correspondencias léxicas precisas no parece haber. Sin embargo, desde el texto bruniano, la mente va espontáneamente a los versos de Dante:

> Lo duca e io per quel cammino ascoso
> intrammo a ritornar nel chiaro mondo;
> [...]
> salimmo sù, el primo e io secondo,
> tanto ch'i' vidi de le cose belle
> che porta'l ciel, per un pertugio tondo.
> E quindi uscimmo a riveder le stelle[38].

Evidentemente, tras esta posible alusión al viaje dantesco, nueva formulación del itinerario cristiano a la divinidad, se expresa de hecho

---

36. *Cena*, BOeuC II, p. 51; traducción castellana, cit., p. 71.
37. BOeuC V, p. 339; traducción castellana, cit., p. 226.
38. *Inferno*, XXXIV, 133-139.

un planteamiento filosófico completamente diferente y antitético, puesto que la representación cosmológica y soteriológica presente en Dante y san Agustín forma parte del «infierno» del que Bruno quiere liberar a los individuos heroicos y también a la humanidad, aunque en este último caso por una vía diversa, en la que la filosofía está presente indirectamente y de forma mediada por la religión y la política.

De la misma manera que la falsa representación del universo, la ignorancia de su realidad efectiva, genera la cárcel opresora de la que la (verdadera) filosofía libera a través de Bruno, de la misma manera también el conocimiento de la verdadera realidad del universo y de su relación con la causa divina a través de la filosofía procura esa metamorfosis en la divinidad que constituye el Paraíso, tal como Bruno pondrá de manifiesto a lo largo de *De gli eroici furori* con una sistemática y subversiva reducción inmanentista del Paraíso, identificado con la unión filosófica con la divinidad por medio del conocimiento intelectual de la verdad, esto es, de la verdadera estructura física y metafísica de la producción necesaria divina[39].

Dos versos del *Vendemmiatore* («A che cercate sì lungi diviso / se in voi stessi trovate il paradiso?» estrofa XVII), citados en el *Spaccio*,[40] permitían reconocer esa idea fuerte bruniana, en la que (especialmente si la conectamos con la báquica celebración de la *vicissitudine* universal y sempiterna en la conclusión de los *Eroici furori*, esto es, en el baile final de los nueve ciegos que han recuperado la visión o, dicho de otro modo, han accedido a la verdad y a la metamorfosis en la divinidad)[41] suena un anticipo, a través de la subversiva lectura bruniana de

---

39. Véase la introducción a *De gli eroici furori* (BOeuC VII), # 6 y nuestro ya citado «El itinerario de los diálogos y la metamorfosis: de una "cena de cenizas" a la "fuente de vida eterna"», en *Giordano Bruno*, cit., pp. 347ss. Recordemos la formulación de la idea del paraíso o beatitud intelectual en el manifiesto filosófico con que concluirá la epístola proemial a *De l'infinito*: «Questa è quella filosofia che apre gli sensi, contenta il spirto, magnifica l'intelletto, e riduce l'uomo alla vera beatitudine, che può aver come uomo», BOeuC IV, p. 41; traducción castellana, cit., p. 89.

40. BOeuC V, p. 337; traducción castellana, cit., p. 226. «A che loco cercar da voi diviso», dice la edición Flamini.

41. BOeuC VII, pp. 481ss.; traducción castellana, cit., pp. 220ss. Véase nuestro comentario en *Giordano Bruno*, cit., pp. 357-363.

la «nueva tierra» del Apocalipsis,[42] de lo que Nietzsche denominará «sentido de la tierra» y «fidelidad a la tierra»[43].

Pero, si la concepción bruniana de la *Vicissitudine* (universal y sempiterna[44], repetimos; por tanto excluyente de toda escatología) pone el estado beatífico en el punto superior de la rueda de la existencia, lo mismo ocurrirá lógicamente con el Infierno[45]. También éste será in-

---

42. Apocalipsis 21,1: «Vi un nuevo cielo y una nueva tierra, porque el primer cielo y la primera tierra habían desaparecido, y el mar no existía ya». Para la lectura bruniana de la «nueva tierra», véase *De minimo*, II, 4 (BOL I, III, p. 200): «[...] unde iuxta sacrorum vatum praesagia [esto es, la profecía del Apocalipsis; cfr. también *De immenso*, III, 10, p. 392: «Ergo tibi nec sit caelum neque mobile primum, / nam subiecta duo haec periere, ut voce prophetae / praedictum vera est, nostra hac aetate futurum»] [...] novam item tellurem, quae in speciem lunae, Veneris atque Iovis de opacitate, obscuritate, elementariorumque corporum sentina consurgat»; y compárese con la reivindicación de la «madre tierra» en el elogio del Nolano (*Cena*, BOeuC II, p. 49; traducción castellana, cit., p. 71). Véase asimismo A. Ingegno, *Cosmologia e filosofia nel pensiero di Giordano Bruno*, La Nuova Italia, Florencia 1978, pp. 32s.

43. Cfr. *Also sprach Zarathustra*, Vorrede, 3: «Der Übermensch ist der Sinn der Erde. Euer Wille sage: der Übermensch sei der Sinn der Erde! Ich beschwöre euch, meine Brüder, bleibt der Erde treu und glaubt Denen nicht, welche euch von überirdischen Hoffnungen reden! Giftmeister sind es, ob sie es wissen oder nicht», en *Kritische Studienausgabe*, edición de G. Colli y M. Montinari, DTV– De Gruyter, Múnich-Berlín 1999, vol. 4, pp. 14-15 (traducción castellana de A. Sánchez Pascual, *Así habló Zaratustra*, Alianza Editorial, Madrid 1972, p. 34: «El superhombre es el sentido de la tierra. Diga vuestra voluntad: ¡*sea* el superhombre el sentido de la tierra! ¡Yo os conjuro, hermanos míos, permaneced fieles a la tierra y no creáis a quienes os hablan de esperanzas sobreterrenas! Son envenenadores, lo sepan o no»).

44. Cfr. *Furori*, BOeuC VII, p. 45; traducción castellana, cit., p. 22.

45. Es muy significativo que el pasaje del comienzo del manifiesto filosófico con que concluye la epístola proemial al *De l'infinito* y en el cual se hace mención de la *vicissitudine* universal («Ecco la raggion della mutazion vicissitudinale del tutto; per cui cosa non è di male da cui non s'esca, cosa non è di buono a cui non s'incorra: mentre per l'infinito campo, per la perpetua mutazione, tutta la sustanza persevera medesima et una», BOeuC IV, p. 39; traducción castellana, cit., p. 88) merezca al lector cristiano conocido como *postillatore napoletano* este lúcido comentario: «Valeat igitur Christus cum suo Evangelio et cum omnibus ante eum prophetis tanquam res superflua, vana, mendax et mera impostura: et Nolanus vivat, recipiatur, adoretur qui salutis ac verae felicitatis viam nobis aperiat: sanet timores ac metus omnes, componat affectus summe corruptos, donet iustitiam veram ac lucem qua Deus vere agnoscatur, accolatur, faciat demum semideos. O impostorem!»; cfr. nuestra introducción a BOeuC IV, p. XXIII y # 3 (nuestra introducción a la traducción castellana, cit., pp. 20-26).

manente a la existencia mundana, coincidiendo con el momento inferior de la rueda de la metamorfosis[46]. Y, del mismo modo que el Paraíso coincide con el acceso a y con la metamorfosis en la verdad en la tierra, el Infierno coincidirá también con la existencia en el error y en la falsedad, con la ignorancia y el alejamiento de Dios, con la metamorfosis bestial en la tierra, esto es y de acuerdo con la concepción «clásica» del eudemonismo racional por la cual, virtud y vicio siguen necesariamente a sabiduría (filosofía auténtica) e ignorancia, el infierno coincidirá con la existencia en el vicio. Así *Del infinito* dice de los ignorantes y viciosos que están «morti ne la vita»: «[...] nel spirto [hanno] l'inferno che le deprime»[47]. Es consecuente con ello que Bruno vea en el estado contemporáneo de la sociedad europea, marcado por los efectos morales o prácticos perniciosos del error aristotélico-cristiano (a través de la disolución de todos los lazos civiles producida por el fanatismo y sectarismo cristianos, así como por la colonización americana, frente a la cual «il Nolano, per caggionar effetti al tutto contrarii, ha disciolto l'animo umano e la cognizione che era rinchiusa ne l'artissimo carcere»[48]), el Infierno mismo y que pueda haberse referido, con toda consecuencia, en la conclusión de *La cena*, al *Spaccio* como *Purgatorio de l'inferno*[49]. Que el «cieco abisso» del que el Nolano quiere sacar a los hombres para llevarlos a la contemplación de las estrellas es el Infierno y que la contemplación de las estrellas es el reconocimiento filosófico del «nuevo cielo» profetizado en el Apocalipsis (aunque mal interpretado por la tradición cristiana)[50] y de su relación con la causa divina, lo confirma el capítulo I, 2 del *De immenso*, que traduce al latín el exordio del *De la causa*. En la obra latina la contemplación de las estrellas se expresa como el conocimiento de la naturaleza infinita del universo y de los mundos que expresa la potencia infinita de Dios:

[...] in amoenum
abducere aspectum circum sublime micantum,

---

46. Para esta metáfora véase *Furori,* BOeuC VII, pp. 45-47, 147-151, 481-491 (traducción castellana, cit., pp. 21-23, 69-71, 220-224). Cfr. asimismo M. A. Granada, *Giordano Bruno*, cit., p. 361s.
47. *Del infinito*, BOeuC IV, p. 7; traducción castellana, cit., p. 74.
48. *Cena,* BOeuC II, p. 47. Es el comienzo precisamente del elogio del Nolano.
49. *Ibi*, pp. 281-283; traducción castellana, cit., p. 171.

> queis cultu vario exornat natura Olympum
> non ullo adstrictum fine, immenseque capacem,
> quo non sit numerus divinam concelebrantum
> virtutem[51].

Del mismo modo, la ausencia de la verdad se expresa en los efectos morales y sociales radicalmente negativos asociados al sectarismo cristiano y que evocan la Europa contemporánea en su espectáculo de total disolución de los lazos civiles. Creemos que no andamos errados si vemos en las siguientes líneas del comentario en prosa una glosa del «ciego abismo» o infierno del que la filosofía a través de Bruno quiere liberar:

> Sapientia atque justitia tum primum terras deserere incoepit, ubi ex opinionibus, sectae quaestum facere coeperunt. Inde quippe ortum est ut tanquam ad propriam atque liberorum vitam pro partis opinionibus ad adversariorum usque ultimam internecionem propugnarent. Ejusmodi auspiciis tum religio atque philosophia interempta jacet, tum respublicae, regna, atque imperia, cum sapientibus, principibus, atque populis turbantur, perduntur, exterminantur[52].

La filosofía pretende liberar a través de Bruno y poner fin a este naufragio total de la civilización. Es precisamente desde el conocimiento recuperado de la verdad –significado en el *Spaccio* por las metáforas de la ambrosía y del néctar, del mediodía– como se realiza la reforma moral:

---

50. Véase *supra* nota 42. Cfr. *De minimo*, II, 4: «[...]caelum novum (quod et idem ante dictorum caelorum secula antiquum) unum immensum spacium aethereum aspiciatur [...]» (BOL I, III, p. 200).
51. *De immenso*, I, 1, p. 206. Cfr. *ibi*, p. 205.
52. *Ibi*, p. 208: «la sabiduría y la justicia comenzaron a abandonar la tierra cuando las sectas empezaron a hacer a las opiniones objeto de lucro. De ahí vino que, como si se tratara de la propia vida y de la de los hijos, combatieran por la opinión de la propia parte hasta la aniquilación extrema de los adversarios. Con auspicios de esta clase, no sólo la religión y la filosofía yacen aniquiladas, sino que, además, las repúblicas, los reinos y los imperios junto con los sabios, los príncipes y los pueblos, se ven perturbados, perdidos, exterminados», traducción nuestra. Para la polémica contra el sectarismo y acerca de la nueva política véase nuestro *Giordano Bruno*, pp. 146-167, donde planteamos la afinidad intelectual de Bruno con Spinoza en el frente teológico-político.

[...] dopo pranso, cioè dopo aver gustato ambrosia di virtuoso zelo, et esser imbibito del nettare del divino amore; circa il mezogiorno o nel punto di quello, ciò è quando meno ne oltraggia nemico errore, e più ne favorisce l'amica veritade, in termine di più lucido intervallo. All'ora si dà spaccio a la bestia trionfante, cioè a gli vizii che predominano, e sogliono conculcar la parte divina; si ripurga l'animo da errori, e viene a farsi ornato de virtudi: e per amor della bellezza che si vede nella bontà e giustizia naturale, e per desio de la voluttà conseguenti da frutti di quella, e per odio e téma de la contraria difformitade e dispiacere[53].

Ahora bien, esta reforma moral fruto de la filosofía tiene lugar directa e inmediatamente en las personalidades filosóficas que se han elevado, siguiendo a Bruno, al conocimiento de la verdad. En el caso del «universo volgo», privado del hábito del intelecto y acostumbrado a un nivel de conocimiento puramente sensible, la «expulsión de la bestia triunfante» o el «purgatorio de l'inferno» tiene lugar inevitablemente por la vía (pasiva) que le es propia, la modificación de la conducta a través de la reforma religiosa promovida por el poder político convertido a la filosofía. La filosofía por sí sola no puede llevar a cabo esa empresa, pero sí el poder legítimo que haya hecho suya y decidido actualizar socialmente la verdad descubierta por la filosofía. Es lo que significan las figuras de Hércules y de Perseo en el *Spaccio*, así como la «Milizia» que sustituye a Orión, la «Vigilanza, la Custodia, l'Amor de la republica» que ocupan el lugar del Perro, o el poder político que asume la «Tiara» (la autoridad religiosa) en la Corona Austral.

Resumiendo para acercarnos a la conclusión: a través de la cita de Tansillo en *La cena* Bruno se remite –de forma plenamente consciente, como hemos argumentado– a Dante y san Agustín, para legitimar una autobiografía intelectual que aporta una extraordinaria utilidad al género humano. Pero la aparente coincidencia esconde una total subversión del planteamiento cristiano de los avaladores de su autoelogio: se reivindica la filosofía como instancia salvadora frente a la religión de Cristo, responsable en gran medida de la ocultación histórica de la verdad y de la consiguiente disolución moral.

Apelando a través de Tansillo, conscientemente, a Dante y a san Agustín, Bruno lleva a cabo a través del elogio de sí mismo la apoteosis de la

---

53. *Spaccio*, BOeuC V, p. 31; traducción castellana, cit. *supra*, p. 32.

filosofía frente al reconocimiento de Cristo y de su iglesia que nos ofrecen los dos maestros medievales. Podemos decir incluso que Bruno ha decidido seguir hasta el final con plena coherencia el camino del que Dante había decidido alejarse como camino que lleva inevitablemente, según él, al naufragio: el «volo» de Ulises a partir de la convicción de que el hombre no ha sido hecho «a viver come bruti / ma per seguir virtute e canoscenza». Para Dante ese vuelo (comparable al de Bruno surcando el espacio infinito) es un «folle volo» que termina en el «pianto» del naufragio inevitable del castigo divino a la soberbia de un intelecto filosófico autónomo[54]. De este modo, es la vía cristiana de la «humildad» y del reconocimiento de la dimensión divina, redentora y mediadora de Cristo lo que permite a Dante el acceso al purgatorio, el ascenso al Paraíso y en última instancia la visión de Dios unitrino. Bruno, por el contrario, afirma a Ulises, esto es, el intelecto y la empresa filosófica como capaces de llevar al hombre a la salvación, y decide relatar su propia biografía intelectual como ejemplo de la perfecta realización de esa empresa, mostrándose como salvado, perfecto y bienaventurado por la filosofía y negándose a «captivare intellectum in obsequium Christi» (2 Corintios 10, 5). Muy significativamente, en la constelación del Perro del *Spaccio*, donde se lleva a cabo una desmitificación del sacrificio redentor de Cristo y donde la metamorfosis operada por la mediación de Cristo en sus sacerdotes-seguidores es calificada de metamorfosis «in cervio domestico», esto es, en animales de corral, casi en emasculados, por oposición a la metamorfosis filosófica de Acteón, por la cual éste «dovien raro et eroico [...] vive vita de dèi, pascesi d'ambrosia et inebriasi di nettare»[55]; en la constelación del Perro –decimos–, en lugar de la humilde sumisión a Cristo del sacerdote y fiel, suben al cielo «la Predicazione della verità» y la «Cura della

---

54. *Inferno*, XXVI. Para la interpretación del episodio de Ulises véase B. Nardi, «La tragedia di Ulisse», en Nardi, *Dante e la cultura medievale*, Laterza, Roma-Bari 1985, pp. 125-134; M. Corti, «La favola di Ulisse: invenzione dantesca?», en Corti, *Percorsi dell'Invenzione*, Einaudi, Turín 1993, pp. 112-145; R. Imbach, «Ulysse, figure de philosophe», en Imbach, *Dante, la philosophie et les laïcs. Initiations à la philosophie médiévale 1*, Cerf-Éditions Universitaires de Fribourg, París-Friburgo 1996, pp. 215-245.

55. *Furori*, BOeuC VII, p. 159; véase también p. 393 (traducción castellana, cit., pp. 75 y 183). Cfr. A. Ingegno, *Regia pazzia. Bruno lettore di Calvino*, Quattro Venti, Urbino 1987, pp. 70-72.

republica»⁵⁶, mientras que en la constelación de Orión-Cristo asciende «la Industria, l'Esercizio bellico et Arte militare, per cui si mantegna la patria pace et autoritade [...] si annulleno gli culti, religioni, sacrificii e leggi inumane [...] per che ad effettuar questo tal volta per la moltitudine de vili ignoranti e scelerati, la quale prevale a nobili sapienti e veramente buoni che son pochi, non basta la mia sapienza senza la punta de la mia lancia [habla Minerva], per quanto cotali ribaldarie son radicate, germogliate e moltiplicate nel mondo»⁵⁷, todo ello en el campo de la «Magnanimità»⁵⁸, es decir, de aquella virtud filosófica que, contrapuesta a la humildad y autodepreciación, era símbolo de la autonomía y dignidad de la filosofía, al menos desde la recuperación del intelectualismo desde los siglos XII-XIII:

> [...] dalla qual contemplazione [esto es, filosofía] aremo la via vera alla vera moralità, saremo magnanimi, [...] dovenerremo veri contemplatori dell'istoria de la natura, la quale è scritta in noi medesimi, e regolati esecutori delle divine leggi che nel centro del nostro core son inscolpite⁵⁹.

Magnanimidad frente a humildad⁶⁰, filosofía frente a religión de Cristo, Paraíso como beatitud filosófica e Infierno como ignorancia y

56. *Spaccio*, BOeuC V, p. 481; traducción castellana, cit., p. 292. Sobre la dimensión política de la crítica del sacrificio de Cristo y de la necesaria asunción por el Estado del papel de sacrificante, véase G. Sacerdoti, *Sacrificio, ragion di stato e conoscenza del «Gran Dio de la natura» in Bruno, Shakespeare, Maimonide e Bodin*, en M. A. Granada ed., *Cosmología, teología y religión en la obra y en el proceso de Giordano Bruno*, Actas del Congreso celebrado en Barcelona 2-4 de diciembre de 1999, Publicacions de la Universitat de Barcelona, Barcelona 2001, pp. 47-65. Para un mayor desarrollo véase el estudio más reciente: G. Sacerdoti, *Sacrificio e sovranità. Teologia e politica nell'Europa di Shakespeare e Bruno*, Einaudi, Turín 2002.
57. *Spaccio*, BOeuC V, pp. 467-469; traducción castellana, cit., pp. 285s.
58. *Ibi*, p. 47; traducción castellana, cit., p. 104.
59. *De l'infinito*, BOeuC IV, p. 39; traducción castellana, cit., p. 88. Sobre el conflicto entre magnanimidad y humildad en la filosofía y teología medievales a partir de la recuperación de Aristóteles y Averroes véase R. A. Gauthier, *Magnanimité. L'idéal de la grandeur dans la philosophie païenne et dans la théologie chrétienne*, Vrin, París 1951, especialmente pp. 466ss. Por lo que se refiere a la derivación averroísta de la noción bruniana de «magnanimidad» véase M. A. Granada, «La perfección del hombre y la Filosofía», en *Idem, Giordano Bruno*, cit., p. 324.
60. Recordemos que, en oposición al orgullo y «magnanimitas» de Ulises, que naufragan «com'altrui [Dios] piacque» (*Inferno* XXVI, 141), Dante accede al purgato-

disolución de la civilización, *vicissitudine* universal y sempiterna frente a escatología⁶¹, ¿podemos ver todo esto implicado e implícito junto con la alternativa al programa de Dante y san Agustín allí donde a través de Tansillo, Bruno parece legitimar su autoelogio en los mismos autores cuyo planteamiento subvierte? ¿Conocía Bruno la referencia última de su cita de Tansillo? Hemos aducido evidencia a favor, pero incluso en el caso de que así no fuera, ¿estamos legitimados para introducir todas esas implicaciones en su cita inocente y ornamental de Tansillo? Pero ¿era tan sólo una cita inocente y meramente ornamental? Muchas preguntas que hacen más dolorosa la ausencia de Gianni Aquilecchia y echan de menos una nota suya a este lugar del texto bruniano.

---

rio ceñido, «sì come altrui piacque», del junco, esto es, de la planta de la humildad («l'humile pianta [la quale] cotal si rinacque / subitamente là onde l'avelse», *Purgatorio*, I, 133-136), con que Dante sustituye la rama de oro que en la *Eneida* (VI, 125ss.) está destinada al héroe llamado a ascender al cielo tras el descenso al infierno. Como es sabido, Bruno presenta al héroe del intelecto evocando los versos de Virgilio: «Alla contemplazion de la verità, altri si promuoveno per via di dottrina e cognizione razionale per forza dell'intelletto agente che s'intrude ne l'animo, excitandovi il lume interiore: e questi son rari; onde dice il poeta: "Pauci quos ardens evexit ad aethera virtus" [*Eneida*, VI, 130]», *Cabala*, BOeuC VI, p. 73; traducción castellana: *Cábala del caballo Pegaso*, Alianza, Madrid 1990, pp. 108s. Cfr. la descripción del *furore eroico* en *Furori*, BOeuC VII, pp. 119ss.: en él «si considera e vede l'eccellenza della propria umanitade» (p. 121; traducción castellana, cit., p.57).

61. Véase la afirmación de la escatología frente a los ciclos en *De civitate Dei*, XII, 13, B.A.C., Madrid 1988, pp. 780-782, donde la muerte redentora de Cristo, que ocurre una sola vez (*semel*), se presenta como garantía del Paraíso sin fin de los santos frente a la expectativa de los «ciclos». No en vano algunos autores (por ejemplo Luis Vives en su comentario a esta obra de san Agustín) han reconocido una polémica tácita del santo con Orígenes, el autor a quien Bruno apela en *De gli eroici furori* como teólogo que reconoce «la vicissitudine universale e sempiterna» (BOeuC VII, p. 45; traducción castellana, cit., p. 22).

IV

«SE HAGAN TODOS UNA ÚNICA SANGUIJUELA». NOTA A UN PASAJE SUPRIMIDO DE LA VERSIÓN DEFINITIVA DE *LA CENA DE LAS CENIZAS*

Entre los pasajes de la primera redacción (y de los primeros ejemplares impresos) de *La cena de le Ceneri* (*La cena de las cenizas*) que fueron omitidos en la redacción definitiva y en los últimos ejemplares impresos, se halla la conclusión del diálogo segundo con su referencia irónica e incluso sarcástica a la ceremonia de la bebida colectiva de la copa de vino[1]. El sensacional descubrimiento llevado a cabo por Giovanni Aquilecchia de los diferentes estadios del texto impreso y su establecimiento del texto definitivo, del que Giordano Bruno extrae el pasaje indicado, ha traído consigo, en las recientes ediciones del diálogo bruniano, el relegamiento del pasaje al lugar marginal de los Apéndices, donde figura sin ningún tipo de comentario o análisis[2]. Tampoco se puede decir, si no andamos equivocados, que el pasaje haya suscitado en estos últimos años la atención de los estudiosos de Bruno, pudiéndose afirmar que la relegación en el *corpus* textual ha incidido sobre él como una especie de *damnatio memoriae* o como si se diera por sentado que al excluirlo de la versión definitiva de *La cena* Bruno renunciara al mismo y a las afirmaciones que en el mismo lleva a cabo[3]. En la presente nota nos proponemos llamar la atención sobre la impor-

---

1. El pasaje se halla en la edición Gentile de los *Dialoghi italiani*, BDI, pp. 82-84 (traducción castellana: *La cena de las cenizas*, p. 104, nota).

2. Véase BOeuC II, pp. 325-327. Este es el caso asimismo de la más reciente edición *Dialoghi filosofici italiani*, edición de M. Ciliberto, Arnoldo Mondadori, Milán 2000, donde la anotación de N. Tirinnanzi resta muda sobre el pasaje.

3. Se detiene en el pasaje brevemente S. Ricci en su reciente estudio *Giordano Bruno nell'Europa del Cinquecento*, Salerno, Roma 2000, p. 255, donde sin embargo se limita a repetir lo ya indicado precedentemente por Aquilecchia (cfr. *infra*, nota 7).

tancia decisiva del pasaje, sosteniendo la tesis de que su exclusión se debió a razones de prudencia, posiblemente por indicación de terceras personas, para evitar en lo posible la reacción negativa del público inglés, y en modo alguno a una reconsideración teórica por parte de Bruno. Antes bien, la importancia decisiva del pasaje reside en que Bruno expresa, en relación con el cristianismo, tesis radicales que están en directa continuidad léxica y conceptual con otros pasajes fundamentales y nunca expurgados de los diálogos.

He aquí el pasaje, tal como reza en la edición Gentile-Aquilecchia (indicamos en cursiva el momento fundamental):

> Qua, per grazia di Dio, non viddi il ceremonio di quell'urciuolo o becchieri, che suole passar per la tavola a mano a mano, da alto a basso, da sinistra a destra, ed altri lati, senza altro ordine che di conoscenza e cortesia da montagne; il quale, dopo che quel, che mena il ballo, se l'ha tolto di bocca, e lasciatovi quella impannatura di pinguedine, che può ben servir per colla, appresso beve questo e vi lascia una mica di pane, beve quell'altro e v'affigge all'orlo un friseto di carne, beve costui e vi scrolla un pelo de la barba; e cossí, con bel disordine, gustandosi da tutti la bevanda, nessuno è tanto malcreato, che non vi lasse qualche cortesia de le reliquie, che tiene circa il mustaccio. Or, se a qualcuno, o perché non abbia stomaco, o perché faccia del grande, non piacesse di bere, basta che solamente se l'accoste tanto a la bocca, che v'imprima un poco di vestigio de le sue labbra ancora. *Questo si fa a fine, che sicome tutti son convenuti a farsi un carnivoro lupo col mangiar d'un medesmo corpo d'agnello, di capretto, di montone o di un Grunnio Corocotta; cossí, applicando tutti la bocca a un medesimo bocale, venghino a farsi una sanguisuga medesima, in segno d'una urbanità, una fratellanza, un morbo, un cuore, un stomaco, una gola e una bocca. E ciò si pone in effetto con certe gentilezze e bagattelle,* che è la piú bella comedia del mondo a vederlo, e la piú cruda e fastidiosa tragedia a trovarvisi un galantuomo in mezzo, quando stima esser ubligato a far, come fan gli altri, temendo esser tenuto incivile e discortese; perché qua consiste tutto il termine della civilità e cortesia. Ma, perché questa osservanza è rimasta nelle piú basse tavole, e in queste altre non si trova oltre, se non con certa raggione piú veniale, per tanto, senza guardare ad altro, lasciamoli cenare.

El comentario que hasta el presente se ha efectuado se limita a dos cosas: 1) indicar una inspiración en pasajes erasmianos del *Elogio de la locura* y de los *Coloquios*, en los que el humanista holandés ironiza, menospreciándola, sobre la costumbre inglesa[4]; 2) añadir que Bruno se burla de la práctica reformada de la comunión eucarística en las dos especies. Aquí, desarrollando una referencia imprecisa de Frances A. Yates[5], E. A. Gosselin ha indicado que, más allá de la burla de la comunión protestante, Bruno era más partidario de la comunión católica[6]. Más pertinentemente, Aquilecchia señaló que la crítica de Bruno se dirigía a la práctica eucarística protestante tal como era ejercida (*sub utraque*) por la *low church* («nelle più base tavole»), esto es, en las corrientes puritanas, excluyendo la «high church», esto es, la iglesia anglicana, cuyo ordenamiento litúrgico había conservado (con la decidida oposición de las corrientes radicales) la forma católica de la comunión[7]. El comentario de Aquilecchia (y la glosa del mismo por Ricci) es precioso: indica que hay una polémica bruniana, de carácter teológico-litúrgico, con el puritanismo y una convergencia con el anglicanismo, que coincide plenamente con el sentido general de la iniciativa bruniana en los diálogos italianos: presentar un planteamiento filosófico, que en el plano o nivel religioso coincide y se alía con la política antipuritana desarrollada en aquellos mismos momentos por Isabel I, a través del nuevo arzobispo de Canterbury John Whitgift, con el fin de imponer la reforma anglicana y la efectiva sumisión política del clero puritano a la Primacía y Soberanía, también en el plano religioso, de la reina[8]. Nuestra tesis, sin

---

4. Gentile en BDI, p. 83.

5. «But the real meaning is undoubtedly a satire on Protestant rites», en F. A. Yates, «The religious policy of Giordano Bruno», *Journal of the Warburg and Courtauld Institutes*, III (1939-40), pp. 181-207: 187 (véase la traducción castellana en F. A. Yates, *Ensayos reunidos, I. Lulio y Bruno*, F.C.E., México 1990, p. 283).

6. E. A. Gosselin, «Fra Giordano Bruno's Catholic Passion», en VV.AA., *Supplementum Festivum. Studies in Honor of P. O. Kristeller*, Nueva York 1987, pp. 537-561: «This passage mocks the Communion *sub utraque* [...]. It seems unarguable that Bruno's sensitivities concerning eucharistical liturgy tended toward Roman Catholic rather than Protestant», p. 556.

7. G. Aquilecchia, *Le opere italiane di Giordano Bruno. Critica testuale e oltre*, Bibliopolis, Nápoles 1991, p. 42. Véase también S. Ricci, op. cit., p. 255.

8. Sobre este punto véase cuanto hemos dicho en la Introducción a *Furori*, BOeuC VII, # 2, especialmente pp. XXXVI-XXXIX y los trabajos muy importantes de

embargo, es que, más allá de la polémica contra la comunión reformada y puritana *sub utraque*, Bruno da expresión a un ataque directo contra el núcleo central del cristianismo, más allá de las diferentes confesiones: contra la función mediadora de Cristo, contra la unión con la divinidad a través de Cristo en la Eucaristía y contra la doctrina cristiana del cuerpo místico. Esto es lo que vamos a tratar de mostrar, como ya hemos indicado, poniendo de manifiesto la estrecha articulación del pasaje con otros momentos importantes de la crítica bruniana al núcleo central de la religión cristiana.

Erasmo recuerda ciertamente en varios pasajes de su obra la costumbre de beber en ronda de una misma copa. Además de los lugares señalados por Gentile, en uno de los cuales se indica que la costumbre tenía una especial vigencia en Inglaterra como señal de *civilitas*[9], podemos mencionar también el coloquio *Convivium prophanum*[10] y especialmente el titulado *De votis temere susceptis*. Todos estos pasajes erasmianos tienen un sentido profano o laico, sin que se pueda reconocer en ellos la mínima alusión a una ceremonia sagrada, pero en el coloquio *De votis temere susceptis* se toca el umbral de lo sagrado, pues la ceremonia de la bebida común de una misma copa sirve para la sanción como inviolable de un voto religioso por parte de todos los participantes: la peregrinación a Roma y a Compostela[11]. El comentario del interlocutor Cornelio registra la dimensión religiosa añadida a la ceremonia: «Nova religio».

G. Sacerdoti, «Caccia al cervo e "potestas ecclesiastica" in *Pene d'amor perdute*», *Intersezioni*, XVII (1997), pp. 229-249 y «Sacrificio, ragion di Stato e conoscenza del "Gran Dio de la natura" in Bruno, Shakespeare, Maimonide e Bodin», en M. A. Granada ed., *Cosmología, teología y religión en la obra y en el proceso de Giordano Bruno*, Actas del Congreso, Barcelona 2-4 de diciembre de 1999, Publicacions de la Universitat de Barcelona, Barcelona 2001, pp. 47-65. Véase asimismo G. Sacerdoti, *Sacrificio e sovranità. Teologia e politica nell'Europa di Shakespeare e Bruno*, Einaudi, Turín 2002, cap. II.

9. BDI, p. 83.

10. Véase Erasmo, *Colloquia*, edición de L.-E. Halkin, F. Bierlaire, R. Hoven, en *Opera omnia Desiderii Erasmi Roterodami, recognita et adnotatione critica instructa notisque illustrata*, vol. I, 3, North Holland, Ámsterdam 1972, p. 209.

11. *Ibi*, p. 149: «Ac mox ingens obambulat patera, quam ubi suo quisque ordine ebibisset, votum factum est inviolabile». Véase la traducción castellana: *Los votos imprudentes*, en Erasmo, *Coloquios*, traducción de P. Rodríguez Santidrián, Austral, Madrid 2001, p. 54.

Una situación similar, con un préstamo erasmiano directo y con una dimensión todavía mayor, se repetirá en el *Spaccio de la bestia trionfante*. Como puso de manifiesto por primera vez Alfonso Ingegno[12], en esta obra, concretamente en la constelación del Perro, Bruno se inspira –sin registrar por otra parte la procedencia– en un largo pasaje del *Elogio de la locura*, en el que el humanista criticaba la práctica aristocrática de la caza y todo el ceremonial pseudorreligioso que la acompañaba:

> Ad hunc ordinem pertinent et isti, qui prae venatu ferarum omnia contemnunt atque incredibilem animi voluptatem percipere se praedicant, quoties foedum illum cornuum cantum audierint, quoties canum eiulatus. Opinor, etiam, cum excrementa canum odorantur, illis cinnamomum videri. Deinde quae suavitas quoties fera lanianda est? Tauros et verveces humili plebi laniare est, feram nisi a generoso secari nefas. Is nudo capite, inflexis genibus, gladio ad id destinato (neque enim quovis idem facere fas est) certis gestibus certa membra certo ordine religiose secat. Miratur interim perinde ut in re nova sacraque circunstans tacita turba, quamvis spectaculum hoc plus milies viderit. Porro cui contigerit e bellua nonnihil gustari, is vero existimat sibi non parum nobilitatis accedere. Itaque cum isti assidua ferarum insectatione atque esu nihil aliud assequantur nisi ut ipsi propemodum in feras degenerent, tamen interea regiam vitam agere se putant[13].

---

12. Véase A. Ingegno, *Regia pazzia. Bruno lettore di Calvino*, Quattro Venti, Urbino 1987, pp. 44s.

13. *Moriae Encomium id est Stultitiae laus*, ed. C. H. Miller, en *Opera omnia Desiderii Erasmi Roterodami*, cit., vol. IV, 3, North Holland, Ámsterdam-Oxford 1979, pp. 118s. La versión castellana reza: «A la misma categoría pertenecen los que dejan todo por la caza mayor, diciendo que encuentran un placer indecible cuando oyen el desagradable retumbar del cuerno y el ladrido de los lebreles. Diría que los mismos excrementos de los perros les huelen a cinamomo. ¿Puede haber, por otra parte, placer alguno en descuartizar una pieza? Descuartizar toros y rebecos fue siempre de plebeyos, pero a una fiera sólo puede descuartizarla un noble. Descubierta la cabeza, de rodillas, con la espada adecuada –no estaría permitido un cuchillo vulgar– con gesto medido, el noble comienza a cortar religiosamente según un orden establecido. La gente le contempla embobada, agolpándose en silencio en torno a él, como si no hubiera visto nunca espectáculo semejante, aunque lo haya visto más de mil veces. Finalmente, si alguien logra gustar un trozo de la pieza, le parece que ha alcanzado no poco de nobleza.

Erasmo habla, obviamente, de la caza y más concretamente del tratamiento de las piezas cobradas en ella, pero hace hincapié en las connotaciones religiosas asociadas a ese tratamiento y que se manifiestan en el riguroso respeto al ritual establecido. Todo ello permite hablar de religión y de cosa sacra: «religiose secat», «in re nova sacraque tacita circunstans turba». Y es precisamente esta atribución de nobleza y dignidad religiosa al hecho de la partición y distribución de una pieza cazada lo que origina la negatividad del mismo, su conversión en un «silenus praeposterus» o «sileno invertido» (en un ejemplo de la estulticia o locura negativa descrita en la primera parte de la obra erasmiana). Como consecuencia, la metamorfosis ascendente que los participantes (concretamente, la «turba» que recibe una parte de la pieza cazada y la ingiere) creen experimentar («non parum nobilitatis accedere», «regiam vitam agere se putant»), es en realidad una metamorfosis descendente y negativa: de esa asidua ingestión de fieras no resulta otra cosa que casi una degeneración en fieras («propemodum in feras degenerent»).

El texto bruniano (en la constelación del Perro del *Spaccio*) se sirve de la connotación religiosa transparente en el pasaje erasmiano para aplicarlo (como ya señaló Ingegno) como descripción del sacrificio de Cristo ofrecido en la misa católica:

> Mi maravigliavo io quando vedevo questi sacerdoti di Diana dopo aver ucciso un daino, una capriola, un cervio, un porco cinghiale, o qualch'altro di questa specie, inginocchiarsi in terra, snudarsi il capo, alzar verso gli astri le palme: e poi con la scimitarra propria troncargli la testa, appresso cavargli il cuore, prima che toccar gli altri membri; e cossì successivamente con un culto divino adoprando il picciolo coltello, procedere di mano in mano a gli altri ceremoni: onde appaia con quanta religione e pie circonstanze sa far la bestia lui solo, che non admette compagno a questo affare; ma lascia gli altri con certa riverenza e finta maraviglia star in circa a remirare. E mentre lui è tra gli altri l'uni-

---

Resulta, pues, que con tanto abatir y comer estas piezas de caza, no consiguen más que su propia degeneración, hasta convertirse ellos mismos en animales salvajes, ¡aunque crean que en todo momento se están dando una vida de reyes!», Erasmo de Rotterdam, *Elogio de la locura*, traducción de P. Rodríguez Santidrián, Alianza, Madrid 1984, p. 81.

co manigoldo, si stima essere a punto quel sommo sacerdote a cui solo era lecito di portare il Semammeforasso, e ponere il piè entro il Santasantoro[14].

En su aplicación del texto erasmiano al sacrificio católico de la misa, Bruno ha desplazado la mirada, es cierto, de la «turba» que asiste al «sacrificio» al oficiante del mismo, al sacerdote católico y en primer lugar al Papa. Pero se conserva intacta la valoración negativa de la ceremonia (presuntamente religiosa) como un «sileno invertido», como una metamorfosis no ascendente (al «santo de los santos»), sino descendente, una bestialización real en «ciervo doméstico» independientemente de lo creído. Pero lo que está claro es que, independientemente del beneficio político que el poder estatal soberano puede sacar de ese ceremonial y de esa creencia una vez haya asumido la prerrogativa religiosa en la sociedad, arrebatándola al obispo de Roma[15], tanto el ceremonial como la creencia están vacíos de contenido real, no son sino «bei ceremoni, rendere quelle calde grazie, e porgere al cielo quelle belle e sacrosante bagattelle»[16]. Todo ello hace que la crítica bruniana no afecte únicamente al sacrificio católico de la misa y a la eucaristía católica, como era el caso de Calvino, sino al sacrificio mismo de Cristo, a su papel de sacerdote y mediador entre la humanidad toda y la divinidad, a la noción misma de sacrificio como vía de reconciliación de la humanidad con Dios[17]. De ahí que en el mismo *Spaccio*, en las constelaciones del Erídano y de la Liebre, la eucaristía se haya visto ya reducida al rango de mera fantasía y credulidad sin contenido real[18].

14. *Spaccio*, BOeuC V, pp. 477-479 (traducción castellana, *Expulsión de la bestia triunfante*, pp. 290s.). Para el uso por Bruno de la crítica de Calvino al sacrificio católico de la misa como caída en el sacrificio animal del Antiguo Testamento, véase A. Ingegno, loc. cit., pp. 48-75.
15. Véanse los estudios de G. Sacerdoti mencionados *supra*, nota 8.
16. *Spaccio*, BOeuC V, p. 481 (*Expulsión*, p. 292). Tomemos nota del empleo del término (negativo) «bagattelle».
17. Esto es lo que hemos argumentado, a partir del descubrimiento de Ingegno, en nuestro trabajo «De Erasmo a Bruno: caza, sacrificio y metamorfosis en la divinidad», ahora recogido en M. A. Granada, *El umbral de la modernidad. Estudios sobre filosofía, religión y ciencia entre Petrarca y Descartes*, Herder, Barcelona 2000, pp. 261-287.
18. *Spaccio*, BOeuC V, pp. 469-473 (*Expulsión*, pp. 286-289).

El pasaje suprimido de *La cena* es prácticamente paralelo al que acabamos de examinar del *Spaccio*. En él la perspectiva es, como en el pasaje erasmiano de la caza, la del participante en la ceremonia sacrificial o eucarística, no la del sacerdote, como ocurría en cambio en el pasaje del *Spaccio*. En lo demás el decurso es paralelo: referencia a un misterio central del cristianismo, en este caso la celebración eucarística; presentación del mismo y de la metamorfosis que debe operar en el participante cristiano desde la perspectiva de éste último; declaración de tal metamorfosis como ilusoria dado que la verdadera metamorfosis o transformación procede en dirección inversa, no en el sentido pretendido de la *deificatio*, sino en el de la bestialización; descrédito de la ceremonia religiosa mediante una caracterización en términos negativos de aquella otra por la que es designada metafóricamente: la ceremonia de la bebida colectiva de la copa y en menor medida, en una rápida frase, la comida colectiva (el pan eucarístico).

Que Bruno habla de la eucaristía y emite un juicio negativo sobre ella, es evidente. Pero no se trata sólo de una evaluación negativa de la comunión *sub utraque specie* y por tanto de la celebración eucarística reformada, como pretende Gosselin y más o menos tácitamente una buena parte de los estudiosos. La referencia al cuerpo de Cristo está presente para indicarnos que es el conjunto del misterio eucarístico lo que se toma en consideración y lo que es valorado negativamente, más allá de la tonalidad protestante de la bebida colectiva del cáliz. Efectivamente, no cabe duda de que la frase «tutti son convenuti a farsi un lupo col mangiar d'un medesmo corpo d'agnello, di capretto, di montone o di un Grunnio Corocotta», designa la comida del pan eucarístico, pues a la luz de la ulterior referencia al cáliz pocas dudas cabe albergar de que el «corpo d'agnello» es el cuerpo de Cristo como «cordero de Dios que quita el pecado del mundo» (Juan 1, 29). Aunque sea ocioso, se nos permitirá que llamemos la atención al pasaje del *Spaccio*, en la constelación de Capricornio, en el que Bruno se refiere también despectivamente a Cristo con las diversas denominaciones escriturísticas:

> [...] et il [dio] nuovamente conosciuto da gli altri lor successori [esto es, de los cristianos, sucesores de los judíos], «Pellicano insanguinato», «Passare solitario», «Agnello ucciso»? e cossì lo chiamano, cossì lo pingono, cossì l'intendeno: dove lo veggio in statua e pittura con

un libro [...] in mano, che non può altro che lui ad aprirlo e leggerlo[19].

Por otra parte, que en la serie «agnello, capretto, montone, Grunnio Corocotta [es decir, cerdo]» debemos dirigir nuestra atención al «cordero», funcionando el resto de la serie como un expediente protector, lo muestra el pasaje paralelo del comienzo del *De immenso* en el que Bruno invita al lector a buscar la «unión con la divinidad» fuera de las vías vulgares y universales (por lo demás ilusorias y ficticias, mero sueño) de las especies eucarísticas y de un individuo de diversa nacionalidad, pero en concreto sirio, esto es, judío o sencillamente Cristo: «[...] *divinitatis*, naturaeque splendorem, fusionem et *communicationem non in* Aegyptio, *Siro*, Graeco, vel Romano *individuo, non in cibo, potu*, et ignobiliore quadam materia cum attonitorum seculo *perquirimus, et inventum confingimus et somniamus*»[20].

Asimismo, que la bebida ingerida de la copa no es un vino cualquiera, sino el vino-sangre (de Cristo), lo muestra la transparente denominación de los participantes en la ceremonia como «sanguisuga» o sanguijuela, el gusano que se alimenta de sangre. Es una lástima que esta palabra no haya sido recogida en el *Lessico di Giordano Bruno*[21], pues se trata de un término que, aunque aparece pocas veces en la obra de Bruno, lo hace prácticamente siempre como un término técnico, cargadísimo semánticamente, en tanto que designación despectiva de los cristianos y del carácter realmente descendente de la metamorfosis presuntamente ascendente operada por la comunión eucarística,

---

19. *Ibi*, p. 433 (*Expulsión*, p. 267). Para las últimas líneas cfr. Apocalipsis 5, 2-3. Sobre la función del pasaje en el programa bruniano de los diálogos véase nuestro trabajo «El itinerario de los diálogos y la metamorfosis: de una "cena de cenizas" a la "fuente de vida eterna"», recogido en M. A. Granada, *Giordano Bruno. Universo infinito, unión con Dios, perfección del hombre*, Herder, Barcelona 2002, pp. 331-363: 337s.

20. «*Buscamos* el esplendor, la fusión y *la comunión con la divinidad* y la naturaleza *no en un individuo* egipcio, *sirio*, griego o romano; *no en una comida, bebida* y alguna materia más innoble, junto con la masa de los atónitos *y fingimos y soñamos que lo hemos encontrado*», *De immenso*, I, 1, p. 205; cursiva y traducción nuestras. Para un análisis de este pasaje véase nuestro estudio «La perfección del hombre y la Filosofía», recogido en M. A. Granada, *Giordano Bruno*, cit., pp. 297-329.

21. *Lessico di Giordano Bruno*, edición de M. Ciliberto, Edizioni dell'Ateneo & Bizarri, Roma 1979.

que pasa a ser así un *silenus praeposterus*. Así, no es casual, sino totalmente intencionado y cargado de una intención destructiva que, en la epístola proemial de *La cena*, se diga que el banquete que en el diálogo se ofrece no es «de le sanguisughe, per una bagattella»[22], expresión que, además, caracteriza negativamente la eucaristía (o dicho de otro modo: desvela su carácter de sileno invertido) al mostrarla como una «bagatela», expresión también técnica de Bruno, usada para designar despectivamente los milagros de Cristo como acciones en realidad sin importancia. Por si fuera poco, en el *Spaccio*, cuando en el examen de las actividades indignas del Ocio negocioso llega el turno a los téologos, Bruno se despacha en los siguientes términos:

> Lascio [...] i contemplatori de la vita e de la morte, veri postiglioni del paradiso, novi condottier di vita eterna novamente corretta e ristampata con molte utilissime addizioni, buoni nuncii di meglior pane, di meglior carne e vino, che non possa esser il greco di Somma, malvagìa di Candia et asprinio di Nola. Lascio le belle speculazioni circa il fato e l'elezione, circa l'ubiquità d'un corpo, circa *l'eccellenza di giusticia che si ritrova ne le sanguisughe*[23].

El contexto no deja duda alguna de que Bruno está hablando de la problemática teológica de la salvación, del acceso a Dios. Si es clara la referencia crítica a la Reforma como pedantismo, como ociosidad negociosa; si está clara la referencia despectiva a la discusión reformada en torno a la predestinación, no menos claro debe de estar que la mención despectiva se extiende a las discusiones y a la creencia sobre la «ubicuidad de *un* cuerpo», (esto es, el de Cristo[24]) y que las sanguijuelas o «sanguisughe» no son los simples gusanos, sino aquellos hombres que se convierten en esos gusanos cuando buscan y creen ascender al cielo y a la unión con Dios bebiendo el vino-sangre de Cristo, esto es, la situación descrita en el pasaje suprimido de *La cena*, pero recuperado sistemáticamente –por lo que estamos viendo– en el conjunto de los diálogos y en toda la obra de Bruno como un momento teórico fundamental. Dados estos

---

22. *Cena*, BOeuC II, p. 7 (traducción castellana, *Cena*, p. 52).
23. *Spaccio*, BOeuC V, pp. 361-363; cursiva nuestra (*Expulsión*, p. 234).
24. Posteriormente reiterada en el examen de la constelación del Erídano; véase *Spaccio*, BOeuC V, pp. 469-471 (*Expulsión*, pp. 286s.).

usos de la voz «sanguisughe», pensamos que se debe leer en sentido fuerte, como una nueva referencia despectiva a la eucaristía (evaluada como sileno *praeposterus* o *invertido*) ese pasaje de la epístola proemial del *Spaccio* en el que Bruno dice de sí mismo: «Qua Giordano parla per volgare, nomina liberamente, dona il proprio nome a chi la natura dona il proprio essere [...] *chiama il pane, pane; il vino, vino* [...]. Ha gli miracoli per miracoli [...] le imposture per imposture [...]. Stima gli filosofi per filosofi, gli pedanti per pedanti [...], *le sanguisughe per sanguisughe*»[25].

A la luz de todo esto, nos parece fuera de discusión que el pasaje suprimido de *La cena* expresa un juicio radicalmente negativo de la eucaristía y por tanto del cristianismo, un distanciamiento filosófico frente al cristianismo, visto (a partir de este desvelamiento del misterio eucarístico) como un sileno invertido, esto es, como una completa subversión de valores que hace de todo punto necesaria la intervención de la filosofía a través de Bruno para subvertir lo subvertido llamando al pan, pan, al vino, vino, a las sanguijuelas, sanguijuelas y no lo que se pretende que son. Esto último es mera «credulidad», puesto que podemos aplicar a la comunión cristiana, tal como es descrita en el pasaje suprimido de *La cena*, la expresión del *Sigillus sigillorum*, publicado unos pocos meses antes, en 1583, acerca de «*sordidissimis confidere phantasiis*, ad quas magis et certas [...] *de Cerere et Baccho credulitates*, quam ad benefacta, Dii retributores respiciant»[26]. Esta dimensión fantástica, puramente imaginaria y onírica (reiterada en el *Spaccio* en la constelación del Erídano, como ya hemos indicado), basada en última instancia en la ignorancia de la naturaleza y de la efectiva acción de Dios, se reiterará en la obertura misma del *De immenso*, donde la Filosofía es presentada como la verdadera perfección del hombre y unión con Dios frente a la ilusión de la religión de Cristo y la eucaristía:

> Non levem igitur ac futilem, atqui gravissimam perfectoque homine dignissimam contemplationis partem persequimur, ubi *divinitatis*, naturaeque splendorem, fusionem et *communicationem non in* Aegyptio, *Siro*, Graeco, vel Romano *individuo, non in cibo, potu*, et

---

25. *Spaccio*, BOeuC V, p. 11; cursiva nuestra (*Expulsión*, p. 90). Aparte de estos lugares, sólo en *Spaccio*, p. 373 (constelación del Águila) usa Bruno el término «sanguisuga», pero en este caso –si no andamos errados– sin carga semántica apreciable.

26. *Sigillus*, BOL, II, II, pp. 181s.; cursiva nuestra.

ignobiliore quadam materia cum attonitorum seculo *perquirimus, et inventum confingimus et somniamus,* sed in augusta omnipotentis regia, in immenso aetheris spacio, in infinita naturae [...] potentia[27].

Hemos indicado que al comienzo de la epístola proemial de *La cena* (p. 7) se asociaba el banquete de las «sanguisughe» a una «bagattella», esto es, a algo en el fondo y en realidad carente de importancia y de valor, a un juego de magia que engaña y seduce a los participantes. No es casual, sino fruto del consciente y significativo empleo bruniano de los términos, que en el pasaje suprimido de *La cena* sobre la ceremonia eucarística se emplee también esta palabra para referirse a ella como una obra de transmutación mágica irreal, transfiriendo siempre al plano religioso aludido la ceremonia profana de la bebida colectiva: «E ciò si pone in effetto con certe *gentilezze e bagattelle,* che è la più bella comedia del mondo a vederlo [...]»[28]. Pero de nuevo hemos de constatar aquí el rigor terminológico de Bruno, puesto que «gentilezze» y «bagattelle» son los términos despectivos con que el Nolano se refiere habitualmente a los presuntos milagros de Cristo. Así, en la constelación de Orión del *Spaccio* (ya desde el *postillatore napoletano* sabemos que «de Orione; sed, o Christe, mutato nomine de te fabula narratur»[29]) se dice: Orión-Cristo «potrà far molte altre belle gentilezze»[30], y se habla de sus «altre belle galantarie innumerabili»[31]; sin embargo, en el curso de la reforma Júpiter ordena «che perda tutta la virtù di far de bagattelle, imposture, destrezze, gentilezze, et altre maraviglie che non servono di nulla»[32]. Coherentemente con ello, en la constelación del Perro se describe el sa-

27. Cfr. *supra* nota 20. El término *attoniti,* lamentablemente también omitido en el *Lessico di Giordano Bruno,* designa el decisivo factor de ignorancia de la verdad cosmológico-ontológico-teológica presente en el cristianismo. Sobre este uso técnico del término «attoniti» por Bruno, véase M. A. Granada, *Giordano Bruno,* cit., ad indicem, especialmente pp. 302-309 y D. Tessicini, «"Attoniti [...] quia sic Stagyrita docebat". Bruno in polemica con Digges», *Bruniana & Campanelliana,* V (1999), pp. 521-526.
28. *Cena,* BDI, p. 84; cursiva nuestra (traducción castellana, *Cena,* p. 104).
29. Véase BDI, p. 803, nota (*Expulsión,* p. 281, nota).
30. *Spaccio,* BOeuC V, p. 461 (*Expulsión,* pp. 281s.).
31. *Ibi,* p. 463 (*Expulsión,* p.283).
32. *Ibi,* p. 467 (*Expulsión,* p. 285). Ya en la epístola preliminar se dice: «Spanta gli numi il divo e miracoloso Orione, con l'Impostura, Destrezza, Gentilezza disutile, vano Prodigio, Prestigio, Bagattella e Mariolia», *ibi,* p. 47 (*Expulsión,* p. 104).

crificio de Cristo, tal como es aplicado por el sacerdote, en los siguientes términos: «onde non senza raggione vegna a far que' bei ceremoni, rendere calde grazie, e porgere al cielo quelle belle e sacrosante bagattelle»[33]. Es evidente que la aplicación a la ceremonia de la copa, esto es, a la eucaristía, de esta terminología, resulta en una depreciación radical de la misma, más allá de toda polémica confesional.

Porque en realidad ¿qué hay? Como en el pasaje del Perro, inspirado en Erasmo, hay dos planos: el de lo pretendido y buscado, la aspiración a que se tiende, por un lado, y la realidad efectiva, por otro. En el primer plano, el de los participantes de la cena eucarística, están esos *attoniti* que, ignorantes de la realidad de la naturaleza y de la acción divina, asisten admirados –«con certa riverenza e finta maraviglia star in circa a remirare» se dice en la constelación del Perro[34] a propósito del sacrificio de la misa, versión católica del misterio cristiano diseccionado por Bruno– al desarrollo o puesta «in effetto» de la obra mágica de la «bagattella» que permitirá (eso creen y se les da a creer) su elevación a la divinidad, su unión con ella en la formación de una comunidad integrada por todos los participantes: «[...] questo si fa a fine, che [...] col mangiar d'un medesmo corpo d'agnello [...]; cossí, applicando tutti la bocca ad un medesimo bocale, venghino a farsi [...] una urbanità, una fratellanza»[35]. Bruno insiste en la unidad de la víctima ingerida (Cristo) y en la unidad buscada de todos los fieles, unidad sin duda de todos con todos y con la víctima, por tanto, de todos con Dios. Pocas dudas caben, nos parece, de que Bruno, con esta reiterada mención de la aspiración a la unidad de todos con Dios en una sola cosa, está aludiendo a la doctrina del cuerpo místico de Cristo, tal como la había formulado san Pablo: «ita multi unum corpus sumus in Christo, singuli autem al-

---

33. Para el uso político, por parte del poder soberano iluminado por la filosofía, de la función sacrificial arrebatada al Pontífice, véase G. Sacerdoti, *Sacrificio, ragion di Stato e conoscenza del «Gran Dio della natura» in Bruno, Shakespeare, Maimonide e Bodin*, cit. (una exposición más detallada en *Idem, Sacrificio e sovranità*, cit., cap. VI). Para la exposición de la presencia ya en Maimónides y la *Guía de los perplejos* de la concepción del sacrificio como una «astucia» inventada por Dios para el amaestramiento del género humano infantil, que recuerda fuertemente la «bagattella» bruniana, véase *ibi*, pp. 56ss. y en particular p. 65 (*Idem, Sacrificio e sovranità*, caps. XV y XVI).
34. *Spaccio*, BOeuC V, p. 477 (*Expulsión*, p. 291).
35. *Cena*, BDI, p. 83 (traducción castellana, *Cena*, p. 104).

ter alterius membra» (Romanos 12, 5); «Christus caput est Ecclesiae; ipse salvator eius» (Efesios 5, 23); «et ipse est caput corporis Ecclesiae, qui est principium, primogenitus ex mortuis» (Colosenses 1, 18); «Calix benedictionis, cui benedicimus, nonne communicatio sanguinis Christi est? Et panis quem frangimus, nonne participatio corporis domini est? Quoniam unus panis, unum corpus multi sumus, omnes qui de uno pane participamus» (1 Corintios 10, 16-17)[36].

Pero, frente a la pretendida y buscada elevación, ¿qué hay en realidad? Bruno lo indica con toda claridad: por la ingestión del «medesmo corpo d'agnello» «tutti son convenuti a farsi un carnivoro lupo»; por la bebida de la sangre vienen «a farsi una sanguisuga medesima». Hay, efectivamente, una metamorfosis, pero que procede en sentido inverso al pretendido, una metamorfosis descendente o bestialización. Gosselin alude a ello, de forma imprecisa e inexacta, sin alcanzar su verdadero alcance por falta de una determinación del contexto general de la discusión, cuando dice: «for Bruno, what began as a sacral meal ends as a travesty of the sacrament, whereby religious brotherhood transforms into illness and alimentary functions»[37]. ¿Cómo cabe entender esa bestialización real tras la aparente divinización, esa caída por debajo de la humanidad en la rueda de la metamorfosis[38]? Pensamos que describe una situación o un proceso similar al descrito en *De gli eroici furori* a propósito del destino del sacrificante en el presunto «sacrificio di lode» o sacrificio de alabanza. Si para Calvino este sacrificio era el único que el hombre podía ofrecer legítimamente a la divinidad, pues se limitaba a dar gracias al Altísimo por el beneficio misericordioso de la redención operada de una vez por todas por Cristo, para Bruno –que reconoce sentido únicamente a esa acción entre los seres humanos[39]– «la providenza vuole che in luogo d'andar gli uni e gli altri [celebrantes y celebrados] al cielo, sen vanno giontamente alle tenebre de l'Orco: onde fia vana e la gloria di quel che celebra, e di quel ch'è celebrato; perché

---

36. Véase también 1 Corintios 12, 12-27; Efesios 1, 22-23 y 2, 11-18.
37. Loc. cit., p. 556. Más certero es A. Ingegno, quien dice: «l'eucarestia sembra ripresentarsi come errata forma di metamorfosi», *Regia pazzia*, cit., p. 74.
38. Para la imagen de la «ruota delle metamorfosi», véase *Furori*, BOeuC VII, p. 151 (traducción castellana, *Furores*, p. 71), y nuestro ensayo ya citado «El itinerario de los diálogos y la metamorfosis...».
39. Véase *Furori*, BOeuC VII, pp. 307-311 (*Furores*, pp. 144-146).

l'uno ha intessuta una statua di paglia, o insculpito un tronco di legno, o messo in getto un pezzo di calcina; e l'altro idolo d'infamia e vituperio non sa che non gli bisogna aspettar gli denti de l'evo e la falce di Saturno per esser messo in giù: stante che dal suo encomico medesimo vien sepolto vivo all'ora propria che vien lodato, salutato, nominato, presentato»[40].

Todas estas consideraciones son efectuadas por Bruno desde la filosofía, esa actividad intelectual que procura al hombre la «perfección», la «beatitud» y la unión con Dios que puede alcanzar naturalmente en esta vida a través de la contemplación y penetración de la estructura cosmo-ontológica de la «unigenita natura» infinita[41]. La alternativa filosófica a la expectativa vana de unión cristiana con la divinidad será formulada –además de en la ya señalada obertura del *De immenso*– en ese pasaje del *De minimo* en el que la verdadera identificación y reconocimiento del «nuevo cielo» y de la «nueva tierra» aporta al hombre «un *pan* de mejores razones» (obvia alusión eucarística) en el que saciar abundantemente –*De gli eroici furori* lo había ya puesto de manifiesto[42]– el «hambre del ánimo»:

> At nos (qui non in solo audito verbo [alusión a Romanos 10, 17: «ergo fides ex auditu, auditus autem per verbum Christi»] explendi animi famem consuevimus pabulare, sed et ultro sensuum meliorum atque *firmiorum rationum panem exposcimus*) habemus ubi Dei infinitipotentis omniparentisque naturae virtutem possibilitatemque

---

40. *Ibi*, pp. 307-309 (*Furores*, pp. 144s.). Sobre la crítica de las posiciones calvinistas en estas páginas véase A. Ingegno, *Regia pazzia*, cit., pp. 92ss.

41. Cfr. lo que proclama el manifiesto filosófico que concluye la epístola proemial al *De l'infinito*: «Questa è quella filosofia che apre gli sensi, contenta il spirto, magnifica l'intelletto, e riduce l'uomo alla vera beatitudine che può aver come uomo», BOeuC IV, p. 41 (traducción castellana, *Infinito*, p. 89).

42. Véase especialmente el diálogo II, 3, pp. 417-419: «[...] in questo dumque che l'intelletto concepe la luce, il bene, il bello, per quanto s'estende l'orizzonte della sua capacità, e l'anima che beve del nettare divino e de la fonte di vita eterna, per quanto comporta il vase proprio; si vede che la luce è oltre la circunferenza del suo orizzonte dove può andar sempre più e più penetrando; et il nettare e fonte d'acqua viva è infinitamente fecondo, onde possa sempre oltre et oltre inebriarsi»; p. 423: «hanno la sazietà come in moto et apprensione, non come in quiete et comprensione, non son satolli senza appetito, né sono appetenti senza essere in certa manera satolli. *Esuries satiata, satietas esuriens*» (*Furores*, pp. 193s. y 196 respectivamente).

proprio actu non expoliatam [es decir, reducida a la finitud] contemplemur, admiremur et *absque levium illorum somniorum suffragiis* efferamus[43].

En última instancia, Bruno opone a la metamorfosis realmente descendente de la eucaristía cristiana (con independencia de las variantes confesionales) la metamorfosis ascendente de la Filosofía, la cual pasa a ser un sileno auténtico frente al sileno *praeposterus* o invertido del pedantismo o filosofía vulgar (donde ha entrado en buena parte el cristianismo, como se muestra en la calificación como pedantes de los teólogos reformados), según se pone de manifiesto en la apariencia ostentosa de los pedantes oxonienses Nundinio y Torcuato frente a la apariencia descuidada y pobre del Nolano, donde se esconde sin embargo el oro de la filosofía. Pero continuar con el desarrollo de este punto, a partir también de un pasaje de *La cena* significaría redactar otra nota. Pongamos, pues, aquí punto final a la presente y reservemos este nuevo tema, que se nos ha engarzado con el hasta aquí desarrollado, para una nueva ocasión[44].

APOSTILLA

En su reciente e importantísimo estudio *Sacrificio e sovranità. Teologia e politica nell'Europa di Bruno e Shakespeare*, Gilberto Sacerdoti ha mostrado (remitiéndose a los estudios de Bruno Nardi sobre el pensamiento de Pietro Pomponazzi) que el término «bagattella» era de uso

---

43. «Pero nosotros (que acostumbramos a no saciar el hambre del ánimo que debe ser satisfecha, en la sola audición de la palabra, sino que *reclamamos un pan de mejores sentidos* y *de razones más firmes*) tenemos donde contemplar la eficacia de Dios infinitamente potente y la posibilidad de la omniparente naturaleza, no despojadas del propio acto, y a donde elevarnos *sin los apoyos de esos sueños inconsistentes*», *De minimo* II 4, BOL I III, pp. 199s.; cursiva y traducción nuestras. Los sueños ligeros, vanos o inconsistentes a que se hace referencia remiten, sin duda, a aquellos «sueños de los atónitos» de que se habla en *De immenso* I, 1 (cit. *supra*), en los que se cree ilusoriamente que se ha encontrado la divinidad y que, como hemos visto, están asociados al banquete eucarístico.

44. Hemos tratado de desarrollar este tema en el capítulo I.

prácticamente técnico en la tradición peripatética italiana de cuño averroísta para referirse a las necesarias ficciones urdidas por el legislador con el fin de inducir al vulgo a la virtud moral y política. En efecto, según Pomponazzi, «ut communitas bene faciat, dicunt [legislatores]: –Ibis in infernum– sicut etiam facit nutrix puero, dandoli ad intendere la Zuliana et multas alias bagatellas. [...] Leges ergo fiunt et ponuntur ut homines ad pacem reducantur»[45].

La continuidad terminológica reviste una gran importancia, puesto que –además de mostrar una vez más la inserción de Bruno en la tradición filosófica que se remite, con plena lucidez, a la *Falsafa* islámica y a la nítida separación de filosofía, teología «pastoral» y religión– introduce la crítica de Cristo y del cristianismo, tal como se manifiesta en la calificación de los milagros como «bagattelle», en una concepción filosófica plenamente consciente y articulada, más allá de un mero exabrupto irreverente.

Ulteriormente interesante es el hecho de que encontramos el término, en su versión francesa de «bastelerie», en Calvino y en su *Institution de la religion chrestienne* para referirse en este caso, como «engaños» y «artilugios mágicos» (prestidigitación; sentido presente en el italiano *bagattella*, que indica también un «gioco di prestigio»)[46], a las ceremonias católicas, en especial a la transustanciación presuntamente realizada por el sacerdote en la misa. El hecho tiene gran importancia desde el momento en que, como estableció A. Ingegno en su estudio *Regia pazzia. Bruno lettore di Calvino*, Bruno se apropió para sus pro-

---

45. G. Sacerdoti, *op. cit.*, cap. XIX («"Bagatelle" e "figmenta": Pomponazzi e Averroè»), p. 296 nota. Para la cita de Pomponazzi, procedente de las lecciones inéditas sobre el primer libro del *De caelo*, véase B. Nardi, *Studi su Pietro Pomponazzi*, Le Monnier, Florencia 1965, p. 138. Testimonia también el carácter técnico del término el hecho de que a comienzos del siglo XVII el libertino erudito francés Guy Patin se sirve del mismo en los *Consejos* a su hijo: «Si dans l'exercice externe de la Religion quelque chose vous desplait, n'en dites mot, cachez vostre maltalent et n'en parlez point. Croyez-en ce que vous devez et laissez là le reste sans causer aucun scandale. *Intus ut libet, foris ut mos est*, pratiquez ce bon mot des Italiens. *Serviendum tempori*. Le vulgaire et le peuple s'entretiennent de telles bagatelles. Fuyez cette compagnie et cet entretien», en A. Adam, *Les libertins au XVII siècle*, Buchet/Chastel, París 1986, p. 157.

46. Véase S. Battaglia, *Grande dizionario della lingua italiana*, UTET, Turín 1961ss., *sub voce*, donde se registran como significados antiguos «gioco di prestigio» e «astuzia, frode, inganno».

pios fines, en la *Expulsión de la bestia triunfante*, la crítica de Calvino en la *Institution*, a la misa, la eucaristía y el sacerdocio católicos[47]. Vale la pena, pues, detenerse en un examen de la crítica de Calvino a la «bastelerie» católica, tanto más cuanto que se desarrolla precisamente, en gran medida, en los capítulos de la *Institution* dedicados a la misa, la eucaristía y los sacramentos católicos en general.

Según el *Dictionnaire de la langue française du seizième siècle*, «basteler» significa «faire des tours d'adresse» («hacer juegos de manos») y «bastelerie», además de un juego de manos o la acción de un prestidigitador, significa «action vaine, sotte, ridicule», lo cual va de acuerdo con el hecho de que, a fin de cuentas, el prestidigitador no hace sino engañar a los sentidos con una apariencia carente de valor[48]. El *Dictionnaire* añade que «Calvino y otros escritores protestantes franceses emplean a menudo la palabra ["bastelerie"] a propósito de las ceremonias católicas». Y en el marco de los estudios brunianos M. P. Ellero ya ha señalado la afinidad entre Calvino y Bruno cuando, a propósito de la crítica de Cristo-Orión en el *Spaccio*, cita la *Institution* (IV, 19, 29) y comenta: «Calvin en effet définit les prêtres comme "bastelleurs et farceurs" tout comme le Christ sera caractérisé dans ce contexte comme celui qui a "virtù di far de bagattelle, imposture, destrezze, gentilezze et altre maraviglie"»[49].

En efecto, el capítulo XVII del libro cuarto de la *Institution* –titulado «De la Sacrée Cène de Iesus Christ, et que c'est qu'elle nous apporte», en el que Calvino expone la recta doctrina de la cena eucarística y de su celebración, a la vez que critica la doctrina católica de la transubstanciación– se ocupa en uno de sus últimos apartados de la liturgia y celebración externa del sacramento. Allí Calvino contrapone la celebración sencilla en la Iglesia primitiva, acorde con la costumbre entonces imperante en el pueblo de distribuir el pan y el vino y que la Reforma trataba de restaurar, a la pomposidad de la celebración católica, del todo ajena a la costumbre ordinaria del pueblo y cuya finalidad no es

---

47. Véase A. Ingegno, *Regia pazzia...*, cit., *passim* y asimismo M. A. Granada, «De Erasmo a Bruno...», cit. y G. Sacerdoti, *Sacrificio e sovranità...*, cit.
48. Véase E. Huguet, *Dictionnaire de la langue française du seizième siècle*, Didier, París 1966, *sub voce*. Agradecemos a Jordi Bayod haber atraído nuestra atención a esta obra y problemática.
49. Véase BOeuC V, p. 580, nota 16.

otra que suscitar la admiración del pueblo así engañado y conseguir su sumisión y obediencia a la autoridad eclesiástica. Así el reformador habla de:

> [...] ces folles et vaines bastelleries, qui ne servent à autre chose, sinon qu'elles deçoivent le sens du peuple qui s'en esmerveille et espovante. Ils appellent cela: le peuple estre maintenu en religion et crainte de Dieu, quand, tout estourdy et abesty de superstition, il est mené par tout, ou plutost traîné où ils veulent[50].

Más adelante, en el capítulo XVIII («De la Messe papale, qui est un sacrilège par lequel la Cène de Iesus Christ non seulement a esté profanée, mais du tout abolie»), capítulo que –como ha mostrado Ingegno– ha procurado a Bruno el arsenal crítico que unido a Erasmo le ha permitido demoler el sacrificio de la misa y el sacerdocio católico, Calvino emite un juicio global, a modo de conclusión, sobre los sacramentos católicos y afirma: «Nous voyons combien les Sacraments, ainsi qu'on en use auiourdhuy, sont dégénérez de leur nayve pureté. Il y a par tout trop plus qu'il ne faudroit de pompes, de cérémonies, de basteleries»[51].

Finalmente, en el capítulo XIX («Des cinq autres cérémonies, qu'on a faussement appellé sacremens»), en el que se critica los sacramentos católicos rechazados por la Reforma como tales, Calvino dice de la extremaunción: «Ceste onction est d'une mesme raison, que nous avons

---

50. J. Calvino, *Institution de la religion chrestienne*, edición crítica de J.-D. Benoit, Vrin, París 1961, libro IV, XVII, 43, p. 439. La edición latina de 1559 habla de «in istis frigidis et histrionicis nugis», donde se señala el componente teatral y engañoso de la ceremonia católica; véase J. Calvino, *Institutio religionis christianae*, en *Opera quae supersunt omnia*, vol. II (*Corpus Reformatorum*, vol. XXX), C. A. Schwetschke e hijo, Braunschweig 1864, col. 1045. Notemos cómo Calvino reconoce –en la corrupción católica del cristianismo– una real *bestialización* («*abesty* de superstition», cursiva nuestra) tras la aparente y falsa elevación religiosa, cuya finalidad no es otra que producir la obediencia del pueblo al sacerdote y pontífice romano. Bruno extiende la crítica, nos parece, al conjunto del cristianismo, pero consciente de la funcionalidad política de la religión y de su ceremonial, aboga por la asunción de la función sacerdotal por parte del poder político con vistas a la realización de su plena soberanía.

51. *Institution*, cit., IV, XVIII, 20, p. 467. La versión latina habla de «plus satis ubique pomparum, caeremoniarum, gesticulationum», loc. cit., col. 1065.

cy dessus démonstré l'imposition des mains [la confirmación]: c'est assavoir une bastellerie et singerie»[52]. Y a propósito del orden sacerdotal —en las páginas explotadas de forma masiva por Bruno para la crítica del sacerdocio y del papado en la constelación del Perro de la *Expulsión*[53]– Calvino lo denuncia como una burda y grotesca imitación simiesca de Cristo y al mismo tiempo como una *bagattella*:

> Tellement ils [los sacerdotes católicos] sont adonnez à ne rien laisser qu'ils ne contrefacent perversement, ie ne dy pas comme bastelleurs et farceurs, qui ont quelque art et manière en leurs maintiens, mais comme singes, qui sont frétillans à contrefaire toute chose sans propos et sans discrétion[54].

---

52. *Ibi*, IV, XIX, 18, p. 485; «histrionica hypocrisis» en la versión latina, col. 1079. Notemos la aplicación al sacramento católico (junto con el engaño y la prestidigitación de la *bastellerie*) de la *singerie*, esto es, del remedo o imitación grotesca (cual el *singe* o mona que, como reza el refrán, «vestida de seda, mona se queda») de una realidad superior. Del mismo modo Bruno aplicaba, como es sabido, a Orión-Cristo en la *Expulsión* el adagio erasmiano «Simia in purpura»: «Jamás, pues, podrá un bribón ser capaz de honor por el hecho de servir de simio y befa de ciegos mortales con la mediación de genios enemigos», *Expulsión*, cit., p. 284; BOeuC V, p. 466. No es de excluir, como señala M. P. Ellero en nota a la edición italiana, que Bruno haya tenido también presente la *Institution* de Calvino, pero ampliando la crítica al mismo Cristo.

53. *Expulsión*, cit., p. 291: «Estos Acteones [los sacerdotes católicos, falsos Acteones] [...] acaban siendo convertidos por su Diana [la Iglesia y el Papa] en ciervo doméstico mediante el rito mágico de soplar en su rostro» (BOeuC V, p. 479). Cfr. A. Ingegno, *Regia pazzia*, cit., pp. 69-73 y Calvino, *Institution*, IV, XIX, 29: «Nostre Seigneur, envoyant ses Apostres à la prédication de l'Evangile, souffla sur eux (Iean 20, 22). Par lequel signe il représenta la vertu du S. Esprit, laquelle il mettait en eux», p. 497.

54. *Ibidem;* «non dico more histrionum (qui nec sine arte gesticulantur, nec sine significatione), sed instar simiarum», en la versión latina, col. 1087. Para Calvino la *bagatela* católica es una profanación demoníaca; para Bruno el conjunto de la religión cristiana son «sacrosantas bagatelas» (*Expulsión*, p. 292; BOeuC V, p. 481): bagatelas, sin duda, pero «sacrosantas», es decir, tales que deben ser administradas correctamente por el poder político que ha arrebatado o deberá arrebatar al poder sacerdotal su prerrogativa religiosa y sacrificial y asumirla para sí a fin de establecer su plena soberanía, con la cual (en la nueva alianza con la Filosofía) organizar la convivencia social en un régimen de paz y progreso, pero también de *«libertas philosophandi»*.

Importante nos parece el hecho de que a Orión-Cristo (en quien –como ha señalado Sacerdoti remitiéndose a Michele Ciliberto[55]– están presentes los rasgos del cristianismo luterano o reformado) se le aplica un elemento crítico –la seducción de la humanidad mediante «bagatelas»– dirigido por el reformado Calvino al ceremonialismo católico. Ello es un indicio de que –como sucede con Erasmo– la crítica cristiana a manifestaciones degeneradas del cristianismo llevada a cabo por Calvino es radicalizada y sobrepasada por Bruno en una crítica de Cristo y del cristianismo mismo desde una posición filosófica. Bruno, por tanto, ha dejado atrás la polémica confesional en el seno del cristianismo para pasar a una polémica desde la filosofía contra el cristianismo mismo y la figura de su fundador. Es lo que se aprecia también –nos parece– en la constelación del Perro, en la *Expulsión*, donde la crítica de Calvino en la *Institution* contra el sacrificio de la misa y contra el sacerdocio católicos (y contra el Papa) no parece excluir al mismo Cristo y a la noción de sacrificio expiatorio. Nos encontramos así ante la paradoja y en cierto modo la inconsecuencia de que un filósofo –plenamente consciente de la función «legal» para el vulgo de la religión– lleva a cabo un ataque total contra la misma. Ello se explica, ciertamente, por el hecho de que para Bruno el cristianismo, en sus diferentes manifestaciones históricas, es una «finta religione»[56], una mala religión que no cumple con su función ante el vulgo y, además, amenaza la libertad filosófica y la plena soberanía del Estado[57].

Pero, en cualquier caso, lo cierto es que el cristianismo es la única religión existente y que no hay otro sacerdote que el Centauro-Cristo[58]. Por ello Bruno (Júpiter) vuelve sobre sus pasos: «Sea lo que sea lo que yo mismo haya dicho en contra de Quirón, en este mismo mo-

---

55. Véase G. Sacerdoti, *Sacrificio e sovranità*, cit., pp. 147ss.; M. Ciliberto, *La ruota del tempo. Interpretazione di Giordano Bruno*, Editori Riuniti, Roma 1986, pp. 158s., 166 ss.

56. *Spaccio*, BOeuC V, p. 199; *Expulsión*, p. 170: «Los nuestros de la falsa religión a todas estas glorias las llaman vanas y dicen que solamente hay que gloriarse de no sé qué tragedia cabalística».

57. De ahí el desarrollo de una denuncia y de una propuesta al poder político similar a la de Hobbes en el *Leviatán* y a la de Spinoza en el *Tratado teológico-político*. Véase nuestro *Giordano Bruno...*, cit., pp. 146-167, 194-196 y por supuesto el reciente y muy importante estudio de G. Sacerdoti, *Sacrificio e sovranità*, *passim*.

58. Véase *Expulsión*, cit., p. 299; BOeuC V, p. 499.

mento me retracto y digo que por ser el centauro Quirón un hombre justísimo [...] no me parece indigno del cielo»[59]. Se acepta, pues, que Cristo «aquí [en el cielo] permanezca y persevere eternamente», que la religión de Cristo se conserve –purificada, eso sí, de «bestialidad», «ignorancia», «fábula inútil y perniciosa», «superstición» e «impiedad»– en su función de «ley» moral destinada al vulgo, precisamente porque «no es posible [a la sociedad] subsistir sin ley y sin religión»[60]. El filósofo Bruno (filósofo averroísta en este punto, pero, más allá de esa filiación, reivindicando y restaurando la posición de la filosofía desde Platón y Aristóteles) restaura el correcto orden y la presencia social de la religión cristiana en su función «legal», pero por puro pragmatismo, sin ninguna vinculación profunda con ella en tanto que «verdad». Es una conservación pragmática y funcional, que no excluye que «el destino disponga otra cosa»[61], es decir, que aparezca una nueva religión en la rueda vicisitudinal del tiempo, del mismo modo que el cristianismo sucedió históricamente a la religión antigua. Sólo la Verdad es constante y permanente (cual la Osa Menor que no se sumerge en el Océano)[62], si bien por la *vicissitudine* eterna de las cosas a su conocimiento (por la Filosofía) sucede su suplantación o velamiento por la Ignorancia o Pseudofilosofía, esto es, por la filosofía *vulgar* o pedantismo[63].

59. *Ibidem*. Sobre el juicio positivo de Bruno sobre Cristo (además de sobre Lutero) en los escritos de 1588 y sobre su sentido «político» y «religioso» («legal»), véase cuanto hemos señalado en *Giordano Bruno...*, cit., pp. 160ss.
60. *Expulsión*, cit., p. 170; BOeuC V, p. 199.
61. *Ibi*, p. 299; BOeuC V, p. 499.
62. *Ibi*, pp. 143ss. y 163ss.; BOeuC V, pp. 133ss. y 181 s.
63. Cfr. *Del infinito*, p. 162: tras el conocimiento del movimiento de la Tierra «se abrirá la puerta de la inteligencia de los verdaderos principios de las cosas naturales y podremos discurrir a grandes pasos por el camino de la verdad, la cual ha estado oculta hasta el presente, escondida bajo el velo de tantas imaginaciones sórdidas y bestiales, por injuria del tiempo y alternancia vicisitudinal de las cosas, después de que al día de los antiguos sabios sucediera la caliginosa noche de temerarios sofistas» (BOeuC IV, p. 183).

V

ERASMO Y BRUNO:
DE LA *PHILOSOPHIA CHRISTI* A LA FILOSOFÍA

En un trabajo reciente uno de los estudiosos más acreditados de la obra de Giordano Bruno ha afirmado que, en el diálogo italiano de 1585 titulado *Cabala del cavallo pegaseo*, Bruno llega al punto de «ridiculizar» a Erasmo, el autor que «Bruno presenta generalmente como su verdadero maestro»[1]. Conviene precisar, sin embargo, que el nombre de Erasmo en esa obra nunca se hace explícito, si bien —y éste será uno de los temas centrales de la presente comunicación— la concepción erasmiana del cristianismo resulta subvertida y sometida a una dura ironía y sarcasmo; pero, sobre todo, conviene precisar que Bruno nunca presenta a Erasmo «como su verdadero maestro», en cualquiera de los sentidos que esa fórmula pueda poseer. Ni lo presenta explícitamente como tal, lo cual por otra parte no sería muy extraño dado el habitual modo de hablar bruniano y su usual referencia alusiva y tácita a los autores que incorpora, ni la exégesis de la obra bruniana parece deber reconocer tal función estructural al humanista holandés con respecto al pensamiento bruniano. Eso no significa, evidentemente, que Erasmo no sea un autor importante, incluso muy importante, en la formación y en la estructura del pensamiento bruniano. Esta importancia ha sido puesta de manifiesto, además de por el propio Michele Ciliberto, por Alfonso Ingegno[2], los cuales han señalado la presencia en la obra de Bruno de una constante y decisi-

---

1. Cf. M. Ciliberto, *Umbra profunda. Studi su Giordano Bruno*, Edizioni di Storia e Letteratura, Roma 1999, p. 284. Véase también M. Ciliberto, *Giordano Bruno*, Laterza, Roma-Bari 1990, p. 11: «Erasmo fu, in tutti i sensi, il vero maestro di Bruno».

2. Véase A. Ingegno, *La sommersa nave della religione. Studio sulla polemica anticristiana del Bruno*, Bibliopolis, Nápoles 1984; *Idem, Regia pazzia. Bruno lettore di Calvino*, Quattro Venti, Urbino 1987; M. Ciliberto, *La ruota del tempo. Interpretazio-*

va confrontación con el humanista, la mayor parte de las veces sin embargo en la forma de un diálogo tácito y por la vía de la asunción de motivos y temas del humanista que Bruno desarrolla libremente, ya sea en una línea similar a la erasmiana, cuando se trata por ejemplo de combatir la doctrina luterana, ya sea radicalizando la crítica erasmiana y volviéndola contra el cristianismo mismo. En el presente capítulo nos proponemos mostrar algunos ejemplos de dicha confrontación, en lo que a la concepción y valoración del cristianismo se refiere, para concluir con un examen de la cuestión de la relación del cristianismo con la filosofía; este examen nos permitirá comprobar el rechazo decidido por parte de Bruno de la noción erasmiana (enraizada por lo demás en la tradición patrística) de *Philosophia Christi* como lógico correlato de su decidida y polémica reivindicación de la *Filosofía* en el sentido fuerte que el término posee en la tradición racionalista griega, desde el platonismo al epicureísmo, desde el peripatetismo al estoicismo, y en su continuación en la *Falsafa* islámica y en el aristotelismo latino radical, cuya herencia Bruno asume, más allá de su completa ruptura en el frente cosmológico.

Ya antes del nacimiento de Bruno, en 1548, la obra de Erasmo estaba sometida en Italia a una abierta condena y hostilidad en el campo teológico. Valorado como incubador de la Reforma protestante, su obra de teólogo humanista (esto es, sus ediciones de la obra de los Padres de la Iglesia y su *Novum Instrumentum* con su secuencia de *paráfrasis* de los distintos libros neotestamentarios) fue objeto de una crítica sistemática en sus fundamentos estrictamente filológicos con la finalidad de poner de manifiesto su falta de valor y por tanto que la teología católica podía prescindir de la misma sin menoscabo alguno[3]. De esta manera se pusieron las bases

---

ne di Giordano Bruno, Editori Riuniti, Roma 1986. Véase asimismo M. A. Granada, «De Erasmo a Bruno: caza, sacrificio y metamorfosis en la divinidad», recogido en Idem, *El umbral de la modernidad. Estudios sobre filosofía, religión y ciencia entre Petrarca y Descartes*, Herder, Barcelona 2000, pp. 261-287.

3. Sobre todo ello véase S. Seidel Menchi, *Erasmo in Italia 1520-1580*, Bollati Boringhieri, Turín 1987, pp. 223-239. Útiles (salvo en sus breves referencias a Bruno) son todavía los viejos estudios de D. Cantimori, «Erasmo y la vida moral y religiosa italiana en el siglo XVI» y «Erasmo e Italia», recogidos en *Humanismo y religiones en el Renacimiento*, traducción castellana, Península, Barcelona 1984, pp. 47-66 y 67-94.

para la prohibición integral de la obra de Erasmo en el *Índice* de Paulo IV publicado en 1559: «Auctores, quorum libri et scripta omnia prohibentur. [...] Desiderius Erasmus Roterodamus cum universis commentariis, annotationibus, scholiis, dialogis, epistolis, censuris, versionibus, libris et scriptis suis, etiam si nil penitus contra religionem vel de religione contineant». El posterior *Índice* de Pío IV (1564) insistirá en la necesaria expurgación de los textos comentados por Erasmo[4]. De acuerdo con ello el capítulo general dominicano prohibió en 1569 la lectura de las obras de Erasmo y en 1570 el convento dominicano de San Domenico Maggiore de Nápoles, el convento en el que Bruno había ingresado en 1565 y en el que tras recibir las sucesivas órdenes y grados residirá hasta 1576, dispuso la *expurgatio* de los escolios erasmianos en las ediciones de los Padres presentes en la biblioteca del convento[5]. Pues bien, en esta atmósfera enrarecida e intolerante, de beligerante polémica confesional marcada por el *odium theologicum*, en la cual el irenismo erasmiano con su concepción de la religión y del cristianismo como *concordia* había sido violentamente eliminado, Bruno –novicio y fraile dominico en el convento napolitano, sacerdote y teólogo católico– es lector de Erasmo, no únicamente del Erasmo literato y retor, sino también y sobre todo del Erasmo maestro de vida espiritual, crítico de la degeneración histórica del cristianismo y de su estado contemporáneo. Varios e importantes episodios que jalonan al principio y al final la experiencia conventual de Bruno nos lo sitúan en la estela del erasmismo. El primero de ellos, ocurrido en el primer año de noviciado (1565-66) y vinculable con el erasmismo en un sentido ciertamente lato, consiste en la apertura de un expediente disciplinario por haber quitado de su celda varias imágenes de santos y haberlas sustituído por la imagen única de un crucifijo, así como por haber increpado a un compañero que leía la *Istoria delle sette alegrezze della Madonna*, exhortándole en cambio a leer la *Vita de santi padri*[6]. El segundo episodio, mucho más significativo y preciso, se sitúa en 1576 y es la causa de su huída del convento e incluso de su exilio. Se trata de la incoación de un proceso inquisi-

---

4. Véase *Index des livres interdits*, vol. VIII, *Index de Rome 1557, 1559, 1564*, edición de J. M. De Bujanda, Éditions de l'Université de Sherbrooke-Librerie Droz, Sherbrooke-Ginebra 1990, pp. 428-433.

5. Véase G. Bruno. *Gli anni napoletani e la «peregrinatio europea». Immagini, testi, documenti*, edición de E. Canone, Università degli Studi, Cassino 1992, pp. 70-74.

6. Sobre este episodio véase E. Canone, op. cit., pp. 67-69.

torial en Nápoles por la presunta afirmación de tesis arrianas. Como declaró más tarde Bruno ante el tribunal inquisitorial veneciano, en el curso de la discusión conventual que habría dado origen a esa afirmación y ante la declaración de un compañero de que los herejes «erano ignoranti e che non avevano termini scolastici, diss'io [Bruno] che si bene non procedevano nelle loro dechiarazioni scolasticamente, che dechiaravano però la loro intenzione commodamente e come facevano li padri antichi della Santa Chiesa». La declaración bruniana nos resulta significativa e importante porque parece contraponer, en efecto, a la teología escolástica (tan denostada por Erasmo por su carácter disputatorio, por su imposible y vana pretensión de cientificidad, omitiendo la finalidad pedagógica y moral; una crítica, por otro lado, afín en parte a la que los filósofos islámicos, y en concreto Averroes, hacían al *kalam* de los *mutakallimun* o *loquentes* islámicos) otra teología más auténtica, la practicada por los Padres, que Erasmo, siguiendo a Lorenzo Valla, caracterizaba como una teología retórica de intención moral, destinada a promover la *pietas* y la correcta praxis del pueblo (y de nuevo aquí podemos indicar una cierta afinidad, *salva diversitate*, con la reivindicación por Averroes y los *falasifa* de la religión como *lex* destinada a promover mediante un discurso poético e imaginativo la buena conducta del vulgo). La vaguedad e imprecisión de la declaración bruniana no nos permiten, es verdad, atribuir mucho espesor a la misma, pero no nos hemos resistido a establecer esas conexiones a tenor de las posiciones posteriores del Bruno filósofo en su obra.

Finalmente, para completar el cuadro del interés por Erasmo ya en el periodo conventual, está el hecho de que, según reconoció también Bruno al tribunal inquisitorial veneciano en 1592, cuando ya había huido de Nápoles y se encontraba en Roma, le llegó la noticia de que «erano stati trovati certi libri delle opere di san Grisostomo et di san Hieronimo con li scholii di Erasmo scancellati, delle quali mi servivo occultamente; et li gettai nel necessario quando mi parti da Napoli, acciò non si trovassero, perché erano libri suspesi per rispetto de detti scholii; se bene erano scancellati»[7]. Desde aquí podemos comprender que, si la característica

---

7. Véase G. Bruno, *Documents. I, Le procès*, introducción y texto de L. Firpo, traducción y notas de A.-Ph. Segonds, Les Belles Lettres, París 2000, doc. 15, p. 127. Cfr. Canone, op. cit., pp. 70ss.

general del exilio religioso italiano (como puso de manifiesto Cantimori en su magistral obra *Eretici italiani del Cinquecento*) fue desarrollar en dirección varia la semilla erasmiana dentro del marco del cristianismo[8], en el caso de Bruno, en cambio, cuya profesión exclusiva –como reivindicará una y otra vez– es la de filósofo, motivos y temas erasmianos serán llevados con plena conciencia (y más allá de su fuente erasmiana) en la dirección de una polémica apenas velada con el cristianismo y con sus principios fundamentales para la afirmación de la Filosofía y de su dignidad, que Bruno creía habían sido objeto de una «transvaloración» (en el sentido de la *Umwertung* nietzscheana) histórica negativa por parte de la subversión cristiana. Vamos a examinar, del modo más sintético que seamos capaces, algunos ejemplos de este desarrollo bruniano de temas erasmianos en dirección anticristiana.

El caso más transparente de lo que decimos nos lo ofrece el motivo de los «Silenos de Alcibíades». Como es sabido, Erasmo había transformado este motivo procedente del *Banquete* platónico, primero en el *Elogio de la locura* y luego en el adagio de ese título tal como aparecía en la edición de 1515 de los *Adagia*, en un tema filosófico y de crítica religiosa de primera magnitud. El *sileno* expresa la contradicción en el plano del valor entre la apariencia y la verdadera realidad de todas las cosas y si en Platón designaba, a través del sileno Sócrates, la excelencia y divinidad de la Filosofía más allá de la apariencia que el vulgo percibe de la inutilidad y carencia de valor de la misma, en Erasmo designa también el caso contrario: el *silenus praeposterus* o «invertido» que seduce al vulgo con su apariencia bella y valiosa cuando en realidad su valor auténtico y esencial es nulo o más bien negativo. Silenos «auténticos», dice Erasmo, son, además de Sócrates, Antístenes, Diógenes y Epicteto, pero también Cristo, el Bautista, los apóstoles y los santos de la primitiva Iglesia; silenos «invertidos», en cambio, la «sabiduría deste siglo» o «sabiduría mundanal» representada por Aristóteles, la teología escolástica tal como se expresa en «las sutilezas de Escoto»[9] y los mis-

---

8. D. Cantimori, *Eretici italiani del Cinquecento e altri scritti*, edición de A. Prosperi, Einaudi, Turín 1992.

9. Son expresiones del adagio *Sileni Alcibiadis* en la traducción castellana de B. Pérez de Chinchón, publicada en Valencia en 1529, reeditada ahora en el volumen Erasmo de Rotterdam, *Escritos de crítica religiosa y política*, edición a cargo de M. A. Granada, Círculo de Lectores, Barcelona 1996, pp. 107-148 (pp. 116s.).

mos mandatarios de la Iglesia empezando por el mismo Papa. En suma, el tema del sileno sirve también a Erasmo para expresar la decadencia y corrupción históricas de la Iglesia y sociedad cristianas por el alejamiento del modelo de Cristo y del Evangelio:

> ¿No te parece que fue Cristo un maravilloso sileno déstos [...]? A este sileno no sé yo por qué no trabajan con todas sus fuerzas remedar todos aquellos que se glorian con el nombre de cristianos [...]. Al día de hoy hay escondidos algunos silenos, pero pocos, por nuestros pecados. La mayor parte de los hombres representan y remedan unos silenos contrarios y al revés destos sobredichos [...]. Y hallarás que ningunos son menos obispos que los que entre obispos tienen el primer lugar. Y pluguiese a Dios que lo que diré fuese mentira: que ningunos están más apartados de la religión que aquellos que en el nombre, en el hábito, en las ceremonias, se tienen y muestran por religiosos[10].

A partir de Erasmo el motivo de los Silenos se difunde por toda la literatura europea del Renacimiento. A pesar de todo, no cabe duda de que en su proprio uso del motivo, Bruno parte directamente del texto erasmiano, pero aporta una modificación decisiva. Baste un solo ejemplo de la presencia en Bruno del motivo:

> De esta forma, pues, dejaremos –dice Bruno en la epístola explicativa de la *Expulsión de la bestia triunfante*– que la multitud se ría, bromee, se burle y se recree con la superficie de estos mímicos, cómicos e histriónicos Silenos, bajo los cuales está escondido, cubierto y seguro el tesoro de la bondad y de la verdad, igual que por el contrario hay más que muchos que bajo el ceño severo, el semblante sumiso, prolija barba y toga magistral y grave, encierran expresamente, con daño universal, la ignorancia no menos vil que arrogante y la maldad no menos perniciosa que ostentosa[11].

La modificación decisiva consiste en que, para Bruno, Cristo y el cristianismo ya no son Silenos auténticos, realidades esencialmente po-

---

10. *Ibi*, pp. 114-118.
11. G. Bruno, *Expulsión de la bestia triunfante*, traducción de M. A. Granada, Alianza, Madrid 1989, p. 89. Sobre la relación Erasmo-Bruno en este punto véase M. Ciliberto, *La ruota del tempo*, cit., 194ss. y M. A. Granada, «De Erasmo a Bruno: caza, sacrificio y metamorfosis en la divinidad», cit.

sitivas y valiosas, sino silenos invertidos, que con su revestimiento aparente de divinidad han seducido a la humanidad, produciendo una completa subversión de valores y dando origen –tras el error cosmológico-teológico de Aristóteles– al periodo histórico de tinieblas y de vicio (la «bestia triunfante») que llega a su culminación en el momento contemporáneo, en el que la civilización está a punto de perecer a manos del fanatismo, la intolerancia y la subversión civil. Si queremos un ejemplo de esta degradación de Cristo a Sileno invertido, nos podrá bastar con mirar de nuevo a la *Expulsión de la bestia triunfante*, donde en la constelación de Orión (trasunto de Cristo, pues, como anotó un lector contemporáneo, «De Orione; sed, o Christe, mutato nomine de te fabula narratur») Bruno recurre a otro motivo erasmiano (el del adagio *Simia in purpura*, donde el simio revestido de paños reales es, obviamente, un sileno invertido cuya apariencia engaña a los «poco atentos o ignorantes») para ilustrar la arrogación de la divinidad por Cristo:

> Pero que algún otro falsamente llegue hasta el punto de ser estimado dios por todos los mortales, no por eso se le añadirá dignidad alguna a él, porque tan sólo viene hecho por el destino instrumento y signo por el que se vea que la indignidad y locura de todos aquellos que lo estiman es tanto mayor cuanto más vil, innoble y abyecto es él mismo [...] –ya que él obtiene ese lugar o solio [la divinidad] enmascarado y no reconocido en su verdadero ser–, sino que más bien serán otros los que quedarán vilipendiados y vituperados en él. Jamás, pues, podrá un bribón ser capaz de honor por el hecho de servir de simio y befa de ciegos mortales con la mediación de genios enemigos[12].

Mencionaremos un par de motivos más en los que la crítica erasmiana de un sileno invertido es aplicada por Bruno de nuevo al cristianismo en dos de sus componentes centrales. El primero es la famosa crítica de la caza en el *Elogio de la locura* como ejemplo de sileno invertido o verdadera y negativa estulticia[13]; en la *Expulsión*, en la constela-

---

12. *Expulsión*, p. 284. Sobre la referencia tácita, con desarrollo anticristiano, al adagio *Simia in purpura*, véase nuestra anotación *ad loc.* y A. Ingegno, *La sommersa nave della religione*, cit., pp. 99ss.

13. Erasmo, *Elogio de la locura*, traducción de P. Rodríguez Santidrián, Alianza, Madrid 1984, [39], p. 81.

ción del Perro, Bruno imita ostensiblemente el pasaje erasmiano como metáfora de la renovación del sacrificio de Cristo en la misa católica, concluyendo en los siguientes términos:

> [...] con lo que se evidencia con cuánta religión y piadosas circunstancias sabe sacrificar la bestia ese solo que no admite compañía en este asunto, sino que deja a los demás que con cierta reverencia y fingida admiración estén a su alrededor mirándolo. Y mientras él es de todos los demás el único verdugo [realidad efectiva oculta tras la apariencia], cree ser ni más ni menos aquel sumo sacerdote que tenía en exclusiva el derecho de llevar el Semmammeforas y poner el pie dentro del Santo de los Santos[14].

El segundo motivo, donde la conexión entre Erasmo y Bruno es ciertamente más laxa, es el de la bebida colectiva de una copa o cratera que en el coloquio *Los votos imprudentes* pasa de mano en mano para sancionar el voto de una peregrinación colectiva[15]. La ceremonia profana, con una añadida tonalidad religiosa de carácter negativo, es transferida por Bruno a lo sagrado en un pasaje de *La cena de las cenizas*, que fue finalmente omitido de los últimos ejemplares impresos, pero que se conserva en una buena parte de los ejemplares llegados hasta nosotros. El pasaje en cuestión presenta la eucaristía y la comunión con la divinidad que en ella se ofrece, de modo similar al pasaje anterior relativo a la caza, como un sileno invertido:

> Todo eso se hace con el fin de que, de la misma manera que todos se congregan para hacerse un lobo carnicero comiendo de un mismo cuerpo de cordero [...] aplicando todos la boca a un mismo recipiente, se hagan todos una única sanguijuela, como expresión de una urbanidad, de una hermandad [...]. Y todo eso se escenifica con ciertas gentilezas y bagatelas que verlo es la más hermosa comedia del mundo[16].

---

14. *Expulsión*, cit., p. 291. Sobre el pasaje véase A. Ingegno, *Regia pazzia*, cit., pp. 44ss. y M. A. Granada, «De Erasmo a Bruno...», cit.

15. *Los votos imprudentes*, en Erasmo de Rotterdam, *Coloquios*, edición y traducción de P. Rodríguez Santidrián, Austral, Madrid 2001, pp. 53s.

16. G. Bruno, *La cena de las cenizas*, traducción de M. A. Granada, Alianza, Madrid 1987, p. 104, nota; traducción ligeramente modificada. Para una interpretación más completa del pasaje véase M. A. Granada, «"Venghino a farsi una sanguisuga".

La radicalización del texto crítico erasmiano en dirección anticristiana es clara, y hubiera dejado profundamente afectado el ánimo del humanista holandés. Pero hay algo más, que está estrechamente relacionado con lo que llevamos visto y nos sitúa ya en lo que es propiamente el título de este capítulo.

En la presentación del tema del sileno en el adagio homónimo Cristo, como sileno auténtico, aparece en oposición a una sabiduría «mundanal» o «deste siglo», personificada en Aristóteles, cuyo valor verdadero es de «locura» auténtica o negativa a la luz de la verdadera sabiduría «celestial» de Cristo: «¿Qué Aristóteles no será tenido por loco ignorante y burlador comparado a éstos [los apóstoles], que habían bebido de la fuente celestial aquella sabiduría que muestra ser locura toda esta sabiduría mundanal? [...]. La sabiduría deste siglo, como tengo dicho, tan contraria es, tan apartada está de aquel reino [de los cielos], como la luz de la tiniebla»[17]. Evidentemente, aquí Aristóteles figura como emblema de la Filosofía, a partir de su autoridad como Filósofo («il maestro di color che sanno» en palabras de Dante) indiscutida para la tradición medieval y todavía vigente en buena medida en el Renacimiento. Por tanto, es la Filosofía, concebida como empresa de conocimiento y elevación humana al principio divino por medios naturales, lo que es evaluado tácitamente como sileno invertido y locura negativa por oposición a la fuente divina del saber, Cristo y su celestial doctrina de la que bebieron los apóstoles y a través de ellos los simples cristianos auténticos: «Y no pocas veces hallarás más de verdadera y natural sabiduría en cualquier hombrecillo por ahí, por idiota simple y medio bobo (enseñado, empero, no de las sutilezas del Escoto, pero de aquel celestial espíritu), que no en muchos teólogos, aunque más hinchados anden con su Aristóteles»[18]. Evidentemente, se trata de la contraposición efectuada ya en el *Elogio de la locura* de la Estulticia o locura humana a la locura divina, que es la verdadera sabiduría. Pero lo que me interesa señalar es esta valoración y menosprecio de la Filosofía humana o mundana como

---

Nota a un pasaje suprimido de la versión definitiva de *La cena de le Ceneri*», *Bruniana & Campanelliana*, VIII, 2002, pp. 265-276 (recogido en el presente volumen en forma ampliada como cap. IV).

17. *Silenos de Alcibíades*, cit., p. 116.
18. *Ibi*, p. 117.

estulticia o locura ineficaz e impotente. Erasmo no plantea, pues, una alternativa filosófica humana a otra filosofía, históricamente dominante durante un largo periodo de tiempo, pero errónea. Recordemos la caracterización, fundamentalmente negativa, de la filosofía en el *Elogio de la locura*: la filosofía es una «impía curiosidad [que indaga] los secretos de la naturaleza, las distancias de los astros, sus movimientos y efectos, en suma, las causas últimas de las cosas»[19]. No es sino locura lo que:

> [...] les lanza [a los filósofos] a crear infinitos mundos y a medir el sol, la luna y las estrellas y el universo como con el dedo y con una guita. Sin dudarlo un momento se pronuncian sobre las causas del rayo, del viento, de los eclipses y demás fenómenos inexplicables, como si tuviesen acceso a los secretos de la naturaleza [...]. La naturaleza, en tanto, se ríe a carcajadas de ellos y de sus conjeturas. Lo cierto es que no saben nada con certeza, y buena prueba de ello es la interminable contienda entre ellos sobre cualquier tema. No saben nada, aunque proclamen que lo saben todo: se desconocen a sí mismos y no ven siquiera la fosa abierta a sus pies[20].

Es el tema tradicional cristiano de la «vana curiositas» que Erasmo presenta también en el adagio 569: *Quae supra nos, nihil ad nos*[21]. Sólo añadiremos al último texto citado dos cosas: 1) que en él trasluce la vieja adopción cristiana, para su polémica con la Filosofía, de motivos de la crítica escéptica de la posibilidad humana de conocimiento, algo que hemos de tener presente para comprender la crítica bruniana; 2) en el *Elogio*, Erasmo reconoce el tema de la *atopia* del filósofo (como acabamos de ver en la alusión a la anécdota de Tales y la muchacha tracia), pero no lo hace para mostrar que vive en un plano superior (y más verdadero) al de la humanidad vulgar, sino sencillamente para mostrar la «inutilidad de estos filósofos para las cosas de la vida [...]. En cualquier caso resultaría tolerable que estos filósofos fueran como asnos tocando

---

19. *Elogio de la locura*, cit., [32], p. 72.
20. *Ibi*, [52], p. 102.
21. Véase *Opera omnia Desiderii Erasmi Roterodami, recognita et adnotatione critica instructa notisque illustrata*, vol. II, 2, Elsevier, Ámsterdam 1998, p. 96: «Dictum Socraticum deterrens a curiosa vestigatione rerum coelestium et arcanorum naturae [...]. Torqueri potest et in illos, qui de negociis principum aut theologiae mysteriis temere loquuntur».

la lira en los asuntos públicos, si no fueran también incompetentes en los demás problemas de la vida»[22]. Al fracaso de la Filosofía se contrapone la verdadera enseñanza de Cristo, la única que aporta y puede aportar a los hombres, dada su procedencia divina, la salvación, el acceso a Dios. Y Erasmo, como es sabido, no vacila en calificar a esta enseñanza de «filosofía»: «[Cristo] escogió esta filosofía muy diversa, muy apartada de las reglas de los filósofos y de la sabiduría del mundo, pero tal, que basta sola ella dar lo que los otros por torcidos caminos trabajan alcanzar, conviene a saber, la bienaventuranza»[23].

Se trata de la *Philosophia Christi* como designación sin más del cristianismo y de su excelencia sapiencial y moral, junto con su valor salvífico. Con esta fórmula Erasmo expresaba su oposición a la teología escolástica como mezcla inconsistente de religión y filosofía que producía un resultado meramente especulativo y disputatorio ajeno a la piedad; expresaba también, contrariamente a todo ello, su concepción de la verdadera teología como educación moral de todos los cristianos por la vía de una retórica eficaz y sobre la base de la Escritura, en particular el Nuevo Testamento. Así, la *Paraclesis ad Christianae philosophiae studium*, que acompañaba a la edición del Nuevo Testamento de 1516 y en la cual la fórmula *Philosophia Christi* es objeto de constante mención, decía:

> Aquella pura y legítima philosophia de Jesu Christo de ninguna parte se saca ni aprende mejor que de los libros que los evangelistas

---

22. *Ibi*, [24-25], pp. 59-62.
23. *Silenos de Alcibíades*, cit., p. 115. Se trata probablemente de la primera mención del concepto «Philosophia Christi» en la obra de Erasmo. Véase C. Augustijn, *Erasmo de Rotterdam. Vida y doctrina*, Crítica, Barcelona 1990, pp. 85s.; lo afirma positivamente M. Mann Phillips en su obra *The «Adages» of Erasmus. A Study with Translations*, Cambridge University Press, Cambridge 1964, p. 104. El concepto, por otra parte, se concentra en la producción erasmiana de 1515 a 1519, desde los *Silenos* hasta la epístola a Paul Volz, antepuesta a la segunda edición del *Enquiridion* (1518), y a la *Ratio seu methodus* (1519). Para un estudio de estos dos últimos textos véase G. Chantraine, *«Mystère» et «Philosophie du Christ» selon Érasme. Étude de la lettre à P. Volz et de la «Ratio verae theologiae» (1518),* Bibliothèque de la Faculté de Philosophie et Lettres de Namur, Namur-Gembloux 1971. Sobre la «Philosophia Christi» véase también P. Gasbarri, «Il significato storico della *philosophia christiana* di Erasmo di Rotterdam», *Rivista di Filosofia Neoscolastica*, XXXVI (1944), pp. 75-114.

escrivieron, y de las letras apostólicas, porque el que en éstas santamente se exercitare [philosophetur, en el original] [...], éste tal os prometo que hallará que ninguna cosa ay que pertenezca para la felicidad del hombre ni para el uso de las cosas desta vida que en estas santas letras no esté puesta, exprimida y perfetamente enseñada[24];

Esta manera de filosofía más consiste en afectos del ánimo que en argumentaciones, y más se muestra en bien vivir que en bien argüyr [...] más consiste en transformación de ánimo que no en razones naturales. Muy pocos ay que alcançan a ser letrados, pero todos pueden ser christianos, y todos pueden ser píos y santos; y aun quiérome atrever a más, y digo que todos también pueden ser teólogos[25].

Su destinatario es todo el género humano, pues «las disciplinas de los philósophos, dexado aparte que la felicidad que prometen es falsa y engañosa, a muchos apartan de sí por la mucha dificultad de sus preceptos. Pero esta filosofía de Jesu Christo a todos igualmente se comunica [...] y assí como no falta a los que son enfermos y pequeños, assí también es a los perfectos y grandes admirable»[26]. Erasmo —como afirma en la *Methodus* publicada también en 1516 con el Nuevo Testamento— deja las disciplinas especulativas e intelectuales a esos «pauci, quos aequus amavit Iuppiter, ut verbis utar Vergilianis, nos plebeium instituimus theologum»[27].

Ahora bien, la expresión *Philosophia Christi* no era acuñación erasmiana. Erasmo la tomaba de la Patrística, pues si un autor como Justino (siglo II) reivindicaba ya la dimensión *filosófica* del cristianismo e incluso su carácter de «única filosofía segura y útil», Clemente de Alejandría

---

24. Citamos por la traducción castellana publicada en 1555 y recogida en Erasmo, *El Enquiridion o Manual del caballero cristiano*, edición de D. Alonso, prólogo de M. Bataillon y *La Paráclesis o exhortación al estudio de las letras divinas*, edición y prólogo de D. Alonso (traducciones castellanas del siglo XVI), reimpresión, CSIC, Madrid 1971, pp. 463s.

25. *Ibi*, pp. 461s.

26. *Ibi*, p. 454.

27. Erasmo, *Methodus*, en *Idem, Ausgewählte Schriften*, vol. VIII, *In Novum Testamentum Praefationes. Ratio*, edición de G. B. Winckler, Wissenschaftliche Buchgesellschaft, Darmstadt 1967, p. 54. Cfr. en la *Ratio seu Methodus compendio perveniendi ad veram Theologiam*, que sustituía y ampliaba la *Methodus* en la segunda edición del *Novum Instrumentum* de 1519: «Nos plebeium et properantem instituimus theologiae tironem», *ibi*, pp. 164s.

(siglos II-III), Basilio de Cesarea y Juan Crisóstomo (siglo IV) usan ya la fórmula *Philosophia Christi*. Clemente incluso se refiere a Cristo como «maestro de filosofía divina» y «filósofo primerísimo»[28]. Al designar al cristianismo como «filosofía» y como «filosofía verdadera» los apologetas y padres de la Iglesia daban a entender que en él se cumplía perfectamente el programa filosófico que la cultura pagana había correctamente planteado, pero que era de imposible cumplimiento y realización en los planos teorético y práctico por los filósofos mismos (evidentemente por la miseria de la humana condición tras la caída). Sólo el cristianismo podía llevarlo a cabo y efectivamente lo llevaba por su carácter y origen celeste y divino. De esta manera, la filosofía racional y humana quedaba superada (incluso en el sentido hegeliano) históricamente por la encarnación del Verbo en Cristo y la consiguiente comunicación al género humano por el Salvador de su Filosofía. Erasmo comparte plenamente esta convicción y la formula explícitamente en su obra. Al pasaje ya citado de los *Silenos de Alcibíades* podemos añadir otros similares, por ejemplo de la *Paráclesis* casi contemporánea:

> Sólo Jesu Christo es el doctor y maestro venido del cielo, y sólo él es el que pudo enseñar la verdad, pues que sólo él es eternal sabiduría; y siendo solo hazedor de la salud humana, sólo él enseñó cosas saludables, y sólo él por obras cumplió todo quanto por palabras enseñó, y sólo él es el que puede dar todo quanto quiso prometer [...]. No es posible sino que es una nueva y maravillosa manera de philosophía ésta, que para comunicalla con los hombres, aquel que era Dios se hizo hombre, y el que era inmortal se hizo mortal, y el que estava allá junto con su eterno Padre descendió al mundo y anduvo entre nosotros[29].

Por supuesto, la enseñanza de Cristo y, a través de él, de los apóstoles y de la Iglesia, merece a los ojos de la sabiduría del mundo la valoración de locura. La conclusión del *Elogio de la locura* así lo reconoce y

---

28. Sobre estos puntos véase especialmente A.-M. Malingrey, *«Philosophia». Étude d'un groupe de mots dans la littérature grecque des Présocratiques au IVe. siècle après J.-C.*, Klincksieck, París 1961; J. Domanski, *La philosophie, théorie ou manière de vivre? Les controverses de l'Antiquité à la Renaissance*, Cerf-Éditions Universitaires de Fribourg, París-Friburgo 1996. Muy importante para la concepción antigua de la filosofía: P. Hadot, *¿Qué es la filosofía antigua?*, traducción española, F.C.E., México 1998.

29. *Paráclesis*, cit., pp. 452s.

lo acepta –apelando explícitamente a la dialéctica de locura y sabiduría planteada por san Pablo en el primer capítulo de 1 Corintios–, sólo que esa locura no es locura humana, como la de la filosofía mundana o humana, sino locura divina: la locura por la que Dios quiere salvar a los hombres (como cita Erasmo: «[Dios] tuvo a bien salvar a los que creen con esa locura que predicamos, pues no podían ser redimidos por la filosofía»)[30] y declarar estulta y reprobar la sabiduría humana[31].

Pues bien, ésta es ciertamente la enseñanza que Orión-Cristo transmite a los hombres según Bruno: la denigración y el descrédito de la Filosofía como locura y la apoteosis de la locura verdadera y de la bestialización (la asinidad e ignorancia) como Sabiduría; por tanto, una completa transvaloración, por la que se pone punto final a la concepción griega, heroica, de la Filosofía, y se ensalza la entrega al misterio irracional bajo la aureola de sabiduría divina. Según la *Expulsión de la bestia triunfante* Orión hace:

> [...] creer a los hombres que lo blanco es negro, que el intelecto humano allí donde mejor le parece ver es una ceguera y que lo que según la razón parece excelente, bueno y óptimo es vil, perverso y extremadamente malo; que la naturaleza es una puta ramera; que la ley natural es una bellaquería; que la naturaleza y la divinidad no pueden concurrir en un mismo buen fin y que la justicia de la una no está subordinada a la justicia de la otra, sino que son cosas contrarias, como las tinieblas y la luz [...]. Con todo esto persuadirá de que la filosofía, toda contemplación y toda magia que pueda hacerles semejantes a nostros [los dioses], no son más que locuras, que todo acto heroico no es más que bellaquería y que la ignorancia es la más bella ciencia del mundo porque se adquiere sin fatiga y no deja el ánimo afectado de melancolía[32].

---

30. *Elogio de la locura*, cit., p. 135. Cfr. 1 Corintios 1, 21: «Pues por cuanto no conoció en la sabiduría de Dios el mundo a Dios por la humana sabiduría, plugo a Dios salvar a los creyentes por la locura de la predicación».

31. Cfr. *ibidem*: «"Perderé la sabiduría de los sabios y anularé la inteligencia de los prudentes" [Isaías 29, 14]. Cristo da gracias por habérseles ocultado el misterio de la salvación a los sabios, y por haber sido descubierto a los niños, esto es, a los estultos [cfr. Mateo 11, 25 y Lucas 10, 21]»; hemos modificado la traducción.

32. *Expulsión*, cit., pp. 282s.

Frente a la subversión cristiana, reafirmada por Erasmo, que transmuta la ignorancia y locura en sabiduría y a ésta en locura, Bruno –como afirma la epístola explicativa a la *Expulsión*– quiere subvertir la subversión o restaurar el verdadero significado de los términos:

> Aquí Giordano habla claramente [...], a cada cosa a la que la naturaleza ha dado un ser determinado le da el nombre apropiado; no llama vergonzoso a lo que la naturaleza hace digno [...]; llama al pan, pan y al vino, vino; [...] tiene a los milagros por milagros, a las proezas y maravillas por proezas y maravillas, a la verdad por verdad, a la doctrina por doctrina, a la bondad y virtud por bondad y virtud, a las imposturas por imposturas, a los engaños por engaños [...]. Tiene a los filósofos por filósofos, a los pedantes por pedantes[33], a los monjes por monjes, [...] a las sanguijuelas por sanguijuelas.[34]

Y la *Cábala del caballo Pegaso*, que Bruno publica a continuación de la *Expulsión*, realiza esta tarea de restauración en el punto que estamos analizando. En cierto modo la *Cábala* no es necesaria para el cumplimiento y realización del programa que Bruno persigue en los diálogos italianos: la reivindicación y restauración de la Filosofía como vía auténtica de conocimiento y unión con la divinidad, en la medida en que es posible al sujeto humano por medios naturales, y tal cosa es posible sólo a aquellos pocos hombres que viven a nivel de intelecto. De hecho en la conclusión de la *Expulsión* parece ya plantearse, una vez efectuada la reforma moral de la sociedad y del vulgo por la vía de la regeneración religiosa y mediante la expulsión de los vicios (la «bestia triunfante»), el tema y el programa de *Los Heroicos Furores*: el ascenso contemplativo e intelectual a la divinidad a través de la naturaleza infinita en que ella se expresa. No en vano, en la constelación del

---

33. Cfr. G. Bruno, *Los Heroicos Furores*, traducción de M. R. González Prada, Tecnos, Madrid 1987, p. 176: «Así, el *sursum corda* no es a todos entonado, sino únicamente a aquellos que están dotados de alas. Advirtamos que jamás ha estado la pedantería más exaltada que en nuestros tiempos, cuando amenaza gobernar el mundo [...]. Por ello en nuestra época más que nunca deben estar alerta los espíritus bien nacidos, armados con la verdad, alumbrados por la divina inteligencia, prestos a medir sus armas con la oscura ignorancia, alcanzando la alta fortaleza y eminente torre de la contemplación».

34. *Expulsión*, cit., p. 90. Sobre el motivo de las sanguijuelas véase *supra*, nota 16.

Pez austral, con que termina la *Expulsión*, Sofía (una vez «purgado» el cielo, esto es, el sujeto humano) dice: «Y yo me retiro a mis contemplaciones nocturnas», mientras que en la epístola explicativa cuando se dice: «allí está el Gozo, el río de las Delicias, torrente del Placer, allí la Cena, allí el alma "nutre la mente con tan noble alimento / que ni ambrosía ni néctar envidia a Júpiter". Allí está el Término de los tempestuosos esfuerzos, allí el Lecho, allí el tranquilo Reposo, allí la segura Quietud»[35], nos parece presente una clara alusión al paraíso beatífico de la unión intelectual con la divinidad en el conocimiento de la naturaleza infinita y su estructura ontológica; en suma: el ascenso filosófico a la divinidad tal como se presenta en *Los Heroicos Furores*.

Si Bruno decide, a pesar de todo, redactar y publicar la *Cábala* es para ajustar las cuentas más claramente con el cristianismo en el punto decisivo de su transvaloración de los conceptos de locura/ignorancia y sabiduría, y en concreto para poner a Erasmo y al *Elogio de la locura* en su justo punto, señalando además su estrecha vinculación con el escepticismo antiguo, en especial el pirronismo[36]. La *Cábala*, en efecto, a través de la lectura literal de tono irónico y sarcástico de las páginas finales del *Elogio* relativas a la «locura divina» y a la estulticia de la cruz, que es vía de salvación, y de las cuales se afirma que son, ciertamente, locura y estulticia, reduce el cristianismo a su dimensión originaria y auténtica de asinidad, ignorancia, credulidad insensata, locura bestial y seducción del vulgo ignorante. Lo muestra con toda claridad la «Declamación al lector estudioso, devoto y piadoso», que –como ha señalado Ciliberto– «è una sorta di riscrittura delle pagine conclusive del testo di Erasmo»[37]. En ella leemos:

---

35. *Ibi*, pp. 302 y 107. Cfr. *Expulsión*, p. 288 (constelación de la Liebre), donde se dice que el temor a la muerte engendrado por «los falsos pensamientos que la necia Fe y ciega Credulidad engendra, alimenta y cría» no tiene cabida ni acceso «allí donde el inexpugnable muro de la verdadera contemplación filosófica circunda, donde la tranquilidad de la vida [en el original *quiete de la vita*] está fortificada y situada en lo alto, donde está abierta la verdad».
36. Véase *Cábala*, cit., pp. 111 y 135-142, donde hay una polémica con Sexto Empírico.
37. M. Ciliberto, *La ruota del tempo*, cit., p. 197.

Por la autoridad de ésta [el asna de Balaam], por su boca, voz y palabras se ve domada, vencida y pisoteada la vanidosa, soberbia y temeraria ciencia secular y se ve reducida al nivel del suelo toda altura que se atreva a levantar la cabeza hacia el cielo, porque Dios ha elegido las cosas débiles para confundir a las fuerzas del mundo; ha puesto en reputación las cosas necias, dado que lo que por la sabiduría no podía ser restituido, ha quedado reparado por la santa estulticia e ignorancia. Por eso queda reprobada la sabiduría de los sabios y rechazada la prudencia de los prudentes. Necios del mundo han sido los que han formado la religión [...]; los mayores asnos del mundo [...] no son aquellos que con impía curiosidad van y fueron siempre escrutando los arcanos de la naturaleza y computando las vicisitudes de las estrellas. Mirad si tienen o tuvieron jamás el mínimo interés por las causas secretas de las cosas[38].

Veis entonces quiénes son los redimidos, quiénes son los llamados, quiénes son los predestinados, quiénes son los salvados: el asna, el asnillo, los simples, los pobres de razonamiento, los parvulillos, los que hablan como niños; ellos, ellos entran en el reino de los cielos[39].

Ninguna conformidad mejor o similar nos conduce, guía y lleva a la salvación eterna más apropiadamente que esta verdadera sabiduría sancionada por la palabra divina, igual que –por el contrario– nada nos hace precipitarnos en el centro y en el abismo tartáreo más eficazmente que las contemplaciones filosóficas y racionales que nacen de los sentidos, crecen en la facultad discursiva y se maduran en el intelecto humano[40].

Ahora bien, Bruno es un filósofo. Lo proclama una y otra vez a lo largo de su obra con toda rotundidad y seriedad. Por ejemplo en la dedicatoria al emperador Rodolfo II de los *Articuli adversus mathematicos*, publicados en 1588, señala: «A las libres aras de la Filosofía me retiré de tan variado oleaje»[41], y en la dedicatoria del *De lampade combinatoria lulliana* al claustro de profesores de la universidad de Wittenberg, publicado el año precedente, afirma:

38. *Cábala*, cit., p. 87.
39. *Ibi*, p. 90.
40. *Ibi*, p. 93.
41. *Articuli adversus mathematicos*, en *Opera latine conscripta*, vol. I, III, p. 6; citado en M. A. Granada, *Giordano Bruno. Universo infinito, unión con Dios, perfección del hombre*, Herder, Barcelona 2002, p. 157.

Vosotros me acogísteis [...] sin interrogarme y probarme en relación con vuestro dogma religioso. Únicamente tuvisteis en cuenta que, sin hostilidad y tranquilo, hacía gala y mostraba un espíritu dotado de una filantropía general y del título de la profesión filosófica, en el que quiero poner todo mi gozo y gloriarme únicamente, ajeno del todo a una actitud cismática y divorciosa[42].

Pero no tenemos que ir tan lejos. En los mismos diálogos italianos, que en realidad constituyen una reivindicación de la Filosofía en el sentido fuerte, salvífico, que el concepto tenía en la Grecia antigua, hallamos pasajes transparentes. En la epístola proemial al *Del infinito*, por ejemplo, Bruno habla de «una que me enamora: aquella por la que soy libre en la sujección, contento en la pena, rico en la necesidad y vivo en la muerte; aquella por la que no envidio a quienes son siervos en la libertad [...] y muertos en la vida [...] sin ciencia que los reanime»[43]. Se trata, obviamente, de la Filosofía, tal como la conclusión de la obra italiana (*Los Heroicos Furores*) lo pondrá de manifiesto. Pero no es necesario esperar a esta obra, pues en la misma epístola proemial al *Del infinito*, pocas líneas después del pasaje citado, Bruno confiesa: «por amor a la verdadera sabiduría y afán de la verdadera contemplación me fatigo, me aflijo y me atormento»[44].

Efectivamente, lo que Erasmo (y la Patrística) atribuyen a Cristo y al cristianismo como superación de la Filosofía o como «verdadera Fi-

---

42. Citado *ibi*, p. 158. Véase *ibi*, pp. 146-167 para un examen detenido del significado de estos textos, así como de la afinidad intelectual con Spinoza. No olvidemos que, contrariamente, san Pablo advertía que «el que se gloría, que se glorie en el Señor» (2 Corintios 10, 17 y cfr. 1 Corintios 1, 31). Es más que probable que en la declaración bruniana haya una contraposición consciente al abandono cristiano en Dios.

43. *Del infinito: el universo y los mundos*, traducción de M. A. Granada, Alianza, Madrid 1993, p. 74. La expresión «muertos en vida», de raigambre peripatético-averroísta (cfr. Dante, *Convivio*, IV, VII,10: «tal ch'è morto e va per terra») designa el estado propiamente infrahumano de la mayoría vulgar que no tiene el hábito de la contemplación intelectual, «muertos en vida» porque en ellos lo que define propiamente al hombre (el intelecto, «ragione usare», según Dante en *Convivio*, IV, VII, 11: «vivere ne l'uomo è ragione usare») está anulado o inactivo. Sobre todo ello véase cuanto hemos dicho *supra*, cap. I.

44. *Del infinito*, cit., p. 75. En *De la causa* defiende su celo en la disputa contra el aristotelismo con los siguientes términos: «Yo jamás me entregué a semejantes venganzas por sórdido amor propio [...], sino por amor a mi madre tan amada, la filosofía, y por celo de su lesa majestad».

losofía» (conocimiento, perfección moral, beatitud y unión con Dios), es atribuído por Bruno a la Filosofía atacada por el cristianismo, a la cual reivindica a lo largo de su obra en una serie de manifiestos. Así, en el que encontramos en *Del infinito* se nos dice:

> Gracias a esta contemplación [*theoría*, id est filosofía] sucederá [...] que ningún extraño accidente nos descompondrá por dolor o temor y ninguna fortuna nos elevará por placer y esperanza, con lo cual tendremos la verdadera vía a la verdadera moralidad [...]. Esta es la filosofía que abre los sentidos, contenta el espíritu, exalta el intelecto y reconduce al hombre a la verdadera beatitud que puede tener como hombre [...] le hace gozar del ser presente y no temer más que esperar del futuro[45].

La efectiva dimensión de este manifiesto fue reconocida por el lector contemporáneo conocido como *postillatore napoletano*, el cual anotó en su ejemplar:

> Adiós, por tanto, a Cristo con su Evangelio y con todos los profetas anteriores a él como cosa superflua, vana, mendaz y mera impostura; y viva el Nolano [Bruno], sea recibido, adorado como quien nos abre la vía de la salvación y de la verdadera felicidad; sane todos los miedos y temores, componga los afectos sumamente corruptos, dé la justicia verdadera y la luz por la que se conozca en verdad y se rinda culto a Dios, nos haga en suma semidioses. ¡Oh, impostor![46]

Esta reivindicación de la Filosofía, a pesar de su dura polémica con el cristianismo, no es sin embargo en rigor un rechazo de la religión y del cristianismo. Afirma la diferencia y la separación entre los dos ámbitos, que el cristianismo y Erasmo habían negado cuando calificaban al cristianismo de filosofía y hablaban de una *Philosophia Christi*, con el resultado de eliminar la verdadera filosofía y universalizar la vía del vulgo (la religión y el cristianismo) a la verdadera moralidad. Por eso, en vano se buscará en la obra de Bruno la expresión «Philosophia

---

45. *Del infinito*, cit., pp. 88s. Para otros manifiestos filosóficos, especialmente en el *De immenso et innumerabilibus* de 1591, véase M. A. Granada, «La perfección del hombre y la Filosofía», en *Idem Giordano Bruno...*, cit., pp. 297-329.

46. Citado en el original latino en *Del infinito*, cit., p. 88, nota e *infra*, p. 186.

Christi», que para él sería una contradicción *in terminis* y el síntoma de una transvaloración que suprime históricamente la Filosofía.

Al negar tácitamente la *Philosophia Christi* y hablar por el contrario sencillamente de Filosofía, concebida en el sentido del elitismo pagano y de la diferencia antropológica entre el *vulgo* que vive y conoce en términos de sensibilidad, y la minoría (los «verdaderos hombres» de que habla *La cena de las cenizas*)[47] que lleva a la perfección el intelecto en el conocimiento de la naturaleza y de la divinidad y en el cumplimiento autónomo de la ley (no heterónomo, como es el caso del vulgo, a quien la ley le viene de fuera, del legislador), Bruno pone de manifiesto –nos parece– que en modo alguno puede ser Erasmo «su verdadero maestro». Éste será en cualquier caso un filósofo y nos resultaría difícil nombrar uno que pudiera recibir esa denominación de forma clara en detrimento de otros filósofos de la tradición.

¿Qué es, entonces, Erasmo para Bruno? Pensamos que el humanista es para Bruno (y no es poco) un buen teólogo pastoral, esto es, uno de esos teólogos a los que en *La cena de las cenizas* llama «espíritus honorables, verdaderamente religiosos y asimismo hombres de bien por naturaleza, amigos de la convivencia civil y de las buenas doctrinas», ante cuya «censura» dice no «abrigar temor alguno [...], pues cuando la hayan examinado correctamente verán que esta filosofía no sólo contiene la verdad, sino que incluso favorece la religión más que cualquier otra clase de filosofía»[48]. Erasmo sería, por tanto, para Bruno uno de esos a los que *Del infinito* denomina «dignos teólogos [...] verdaderos padres y pastores de pueblos [...] teólogos no menos doctos que religiosos» los cuales «disculpan fácilmente a los filósofos»[49], en suma: uno de esos dignos y necesarios teólogos que «se ocupan en dar a los pueblos las leyes e instituciones»[50].

Decimos que no es poco que Bruno tenga a Erasmo en esa consideración porque, sin confundirse, colocado cada uno en su lugar y ejerciendo

---

47. *La cena de las cenizas*, cit., p. 134: «[...] sabios, espíritus nobles y quienes son verdaderamente hombres, los cuales hacen lo que conviene sin necesidad de ley [*i. e.*, de religión]».
48. *Ibi*, p. 138.
49. *Del infinito*, cit., pp. 120-122.
50. *Heroicos Furores*, cit., p. 22.

cada uno su *profesión*, el filósofo (Bruno) y el buen teólogo pastor de pueblos (Erasmo) son alíados, concurren a un mismo buen fin porque:

> [...] los teólogos no menos doctos que religiosos jamás han puesto trabas a la libertad de los filósofos y los filósofos verdaderos, con conciencia cívica y buenas costumbres, han favorecido siempre las religiones, porque tanto los unos como los otros saben que la fe es necesaria para la ordenación de los pueblos rudos que deben ser gobernados y la demostración para los contemplativos que saben gobernarse a sí mismos y a los demás[51].

El filósofo verdadero y el buen teólogo (Bruno y Erasmo) son alíados porque, además de esa base común, tienen un mismo enemigo: la teología pseudocientífica que elimina la «libertas philosophandi» y envenena al pueblo al eliminar la verdadera piedad religiosa y sembrar la discordia civil y la rebelión contra la autoridad con sus disputas teológicas, su sectarismo y su fanatismo:

> En ocasiones, algunos corruptores de leyes, fe y religión, queriendo parecer sabios, han infectado muchos pueblos, convirtiéndolos en más bárbaros y malvados de lo que eran antes[52], despreciadores de las buenas obras y confiadísimos ante todo tipo de vicios y fechorías gracias a las conclusiones que sacan de semejantes premisas[53].

Que Erasmo es un buen teólogo desde la perspectiva bruniana lo vemos en que condena y combate la teología pseudocientífica que se cons-

---

51. *Del infinito*, cit., p. 122; cfr. *La cena de las cenizas*, cit., pp. 133ss. y M. A. Granada, «Giordano Bruno, la Biblia y la religión: las aguas sobre el firmamento y la unión con Dios», en *Idem, Giordano Bruno...*, cit., pp. 273-295 (273-281).

52. Porque la concepción de la religión como ley destinada a educar civilmente a la multitud presupone la maldad y el vicio originario de la misma, de acuerdo con la enseñanza antropológica de la tradición filosófica (ya desde Platón y su *gennaîon pseûdos* o «mentira noble»), con la cual puede concordar perfectamente una sana lectura del pecado original de que habla la ley religiosa.

53. *Del infinito*, cit., p. 120. No hay duda de que Bruno piensa en los teólogos de la Reforma (Lutero y Calvino muy especialmente) porque con sus erróneas conclusiones (la negación de la libertad humana y la servidumbre de la libertad; la eterna predestinación y el escaso número de los salvados) a partir de la necesidad de la acción divina han envenenado a los pueblos de Europa.

truye sobre la filosofía mediante un procedimiento dialéctico y concibe por el contrario la teología como dirigida al pueblo para su educación moral mediante un lenguaje eficaz, con el objetivo de la más cumplida imitación posible de Cristo. Es verdad que Erasmo desconfía de la filosofía e incluso la considera empresa imposible, además de inútil, por un cierto escepticismo y propensión a la *epoché* escéptica que comparte; vinculación con el escepticismo que Bruno constata y critica en la *Cábala*, como hemos indicado. Pero esa desconfianza es secundaria ante la coincidencia básica frente al enemigo común y una vez garantizado el respeto a la libertad de indagación de esa filosofía que no se comprende.

Por otra parte, Bruno llega a la convicción de esa solidaridad y alianza frente a la teología «venenosa», no desde Erasmo —que en esto no es su maestro—, sino desde la Filosofía, esto es, desde el pensamiento griego (Platón, Aristóteles, estoicismo) y desde su continuación en la tradición del peripatetismo islámico (al-Farabi, Averroes y su tradición latina) y en Maimónides, con la distinción nítida entre la contemplación filosófica de la minoría que vive intelectualmente y la religión o *lex* destinada al pueblo y a su recta praxis moral que hace posible el orden político[54]. Desde esta convicción filosófica encuentra Bruno a Erasmo y su teología y percibe la afinidad con sus propias posiciones.

Porque el humanista holandés, de cuya voluntad de formar un «teólogo plebeyo» ya hemos hablado, había realizado un trabajo de esas características que Bruno tiene muy presente. Nos referimos al *De libero arbitrio* de 1524, esto es, a la intervención en contra de Lutero tomando como punto de partida la cuestión de la libertad de la voluntad. Pondremos punto final al presente capítulo con una rápida consideración de este punto. Ya Ingegno señaló en su libro *La sommersa nave della religione* la profunda deuda de la *Expulsión de la bestia triunfante* bruniana con esta obra de Erasmo en su crítica de la teología reformada (la doctrina de la justicia de la fe, del nulo valor meritorio de las obras y sus consecuencias en el plano civil-político que, en tanto que fi-

---

54. Sobre esto véase ahora las interesantísimas consideraciones de G. Sacerdoti en su reciente libro *Sacrificio e sovranità. Teologia e politica nell'Europa di Shakespeare e Bruno*, Einaudi, Turín 2002, en especial pp. 295-305. Muy atinadamente Sacerdoti cita y remite a L. Strauss: «La religione entra nel campo di osservazione dei filosofi in primo luogo come un fatto politico. Dunque, la disciplina filosofica che tratta della religione non è filosofia della religione, bensí filosofia politica, o scienza politica», *ibi*, p. 303.

lósofo, es para Bruno el plano de la religión) y en su defensa de la religión como *ley* racional en una sociedad bien ordenada[55]. De esta intervención de Erasmo voy a mencionar dos puntos que están claramente en la línea de la teología pastoral o educadora del pueblo: en primer lugar, la decidida afirmación de la inconveniencia y nocividad de llevar al pueblo y a la plaza pública discusiones teológicas de altos vuelos, como precisamente las relativas a la necesidad y libertad en la relación de Dios con el hombre o a la predestinación. Tales cuestiones, dice Erasmo, deben ser por el contrario objeto de un tratamiento reservado (esotérico, podríamos decir) en reuniones privadas de peritos:

> Hay errores que resulta menos dañino disimular que eliminar. San Pablo conoce la diferencia entre lo que está permitido y lo que es oportuno. Está permitido decir la verdad, pero no es oportuno decirla ante cualquiera, ni en cualquier ocasión, ni de cualquier manera. Si me constara que algo se ha establecido o definido erróneamente en un sínodo, estaría permitido ciertamente proclamar la verdad, pero no sería conveniente hacerlo, para no procurar a los malos ocasión de despreciar la autoridad de los Padres también en aquellas otras cosas que hubieran establecido piadosa y santamente [...]. Supongamos, por tanto, que es cierto en algún sentido lo que enseñaba Wycliff y ha afirmado Lutero: «Lo que hacemos no lo hacemos con libertad de elección, sino por pura necesidad». ¿Habrá algo más inútil que divulgar ante el mundo esta paradoja? Supongamos también que es cierto en algún sentido lo que san Agustín escribe en algún lugar: «Dios opera en nosotros el bien y el mal y premia en nosotros sus buenas obras y castiga en nosotros sus malas obras». ¿Qué enorme ventana a la impiedad no abrirá para innumerables mortales esta sentencia una vez comunicada al vulgo, sobre todo siendo tan grande entre los hombres la cortedad mental, la estupidez, la malicia y la irrevocable inclinación a todo tipo de impiedad? ¿Qué débil sostendrá una pugna perpetua y laboriosa contra su carne? ¿Qué malvado trataría de enmendar su vida? ¿Quién podría inducir su ánimo a amar de todo corazón a ese Dios, que habría creado un Tártaro hirviente de tormentos eternos para castigar allí en los desgraciados sus propias malas acciones, como si se de-

---

55. Véase *supra*, nota 2 y también nuestra introducción a *Expulsión de la bestia triunfante*, cit., # VIII, «La polémica entre Erasmo y Lutero y la concepción bruniana de la ley».

leitara con los suplicios humanos? Pues así interpretará la mayoría esas afirmaciones. La inteligencia humana es tan grosera y carnal, tan dada a la incredulidad, tan proclive al mal y propensa a la blasfemia que no hay necesidad de echar aceite al fuego [...]. La misma prudencia [de la que usa Dios en la Escritura acomodándose a la debilidad humana] conviene –me parece– a aquellos que han asumido la tarea de dispensar la palabra divina. Algunas cosas son dañinas por el mero hecho de que no son adecuadas, como el vino al que tiene fiebre. Por tanto, era lícito quizá tratar tales cuestiones en coloquios de sabios o incluso en las escuelas de teología, aunque ni siquiera allí lo consideraría conveniente si no se hacía con sobriedad. Pero desarrollar este tipo de fábulas ante la mirada de una multitud variopinta, me parece no sólo inútil, sino incluso pernicioso[56].

El segundo punto que deseo mencionar está explícito en el pasaje que acabo de citar. Se trata de que esas abstrusas cuestiones teológicas (propias tanto de la teología escolástica como de la teología protestante) no ilustran al pueblo, que es incapaz de comprenderlas, y en cambio corrompen su moral: «¿Qué malvado trataría de enmendar su vida?». Pero en este punto deseo señalar los dos efectos de esa nociva teología que Erasmo señala en un sermón ante el pueblo llano pronunciado en la catedral de Basilea en agosto de 1524, esto es, el mismo año en que se publica el *De libero arbitrio*. Este sermón, titulado *De magnitudine misericordiarum Domini*[57] y cuya traducción castellana anónima (¿de Bernardo Pérez de Chinchón también?) fue publicada en 1528 en Logroño acompañando la traducción del mismo de la *Declaración del Pater noster*, tuvo también una notable fortuna en Italia, donde gozó de

---

56. Erasmo, *De libero arbitrio*, en *Idem*, *Opera omnia*, edición de J. Clericus, Lugduni Batavorum 1703-1706, vol. IX, cols. 1217E–1218B (traducción nuestra). Recordemos que la innata disposición al mal de la multitud es también un presupuesto de la filosofía, según Bruno. Cfr. *Furores Heroicos*, cit., p. 22: «Si [la multitud] a duras penas puede ser refrenada en los vicios e incitada a actos virtuosos por la creencia en penas sempiternas, ¿qué ocurriría si se le persuadiese de que los heroicos y humanos gestos serían premiados con menor rigor y de la misma manera castigados los delitos y las atrocidades?». Además, Bruno, como verdadero filósofo, expresa su confianza en la disculpa de los teólogos sabios, por tratar el problema de la necesidad en la acción divina, porque las conclusiones filosóficas «no las proponemos al vulgo, sino únicamente a sabios que pueden llegar a comprender nuestras consideraciones», *Del infinito*, cit., p. 121.

57. Recogido en *Opera omnia*, edición de J. Clericus, cit., vol. V, cols. 537-588.

traducciones a la lengua vulgar e inspiró tratados latinos como el *De amplitudine beati regni Dei* de Celio Secondo Curione[58]. En este sermón Erasmo señala dos «pestes» que «llevan al género humano a la perdición» y que encuentran reparo y medicación en el principio de «la infinita misericordia de Dios, que dispone para todos la salvación eterna»[59]: la confianza excesiva en la salvación y la desesperación ante la misma. Confianza y desesperación son pestes porque llevan a la perdición y llevan a la perdición porque mientras tanto, en esta vida, no hacen sino producir una mala conducta moral en los individuos profundamente nociva para la sociedad. He aquí cómo Erasmo describe estas dos pestes, en la traducción castellana del siglo XVI:

> Estos males son / confiança demasiada de sí y desesperación. La primera procede de coraçon sobervio y levantado contra Dios / cegado de su propio amor. Y la segunda nace de considerar por una parte la grandeza de las culpas cometidas / y por otra la severidad del juizio divino sin acordarse de su misericordia. Qualquier destos dos males es tan pestilencial y tan maldito / que muchos han dudado qual dellos sea mas aborrecible[60].

Erasmo no hace alusión en el sermón al origen de estas dos pestes morales en la teología luterana de la justicia de la fe y la eterna predestinación: si Dios nos ha destinado a la salvación o nos ha reprobado en su libre e inmodificable eterno decreto, el vulgo se confía temerariamente en su salvación o se desespera en su condenación segura. No obstante, el *De libero arbitrio* sí lo hacía:

> Entonces dirás: ¿por qué se concede algo a la libertad de la voluntad? Para que se impute merecidamente algo a los impíos, que voluntariamente faltaron a la gracia de Dios; para que se excluya de Dios la calumnia de la crueldad y de la injusticia, para que se aleje de nosotros la desesperación, para que se aleje la seguridad, para que nos vea-

---

58. Véase S. Seidel Menchi, op. cit., cap. 6: «Il cielo aperto, ovvero l'infinita misericordia di Dio».
59. Erasmo, *De magnitudine...*, cit., cols. 557s; traducción nuestra. Cfr. la traducción castellana: *Sermón de la grandeza y muchedumbre de las misericordias de Dios*, M. de Eguía, Logroño 1528, sig. D [V]
60. *Sermón de la grandeza...*, cit., sig. D [V, vº].

mos estimulados a esforzarnos. Estas son las razones por las que casi todos afirman la libertad de la voluntad[61].

Con plena conciencia del texto y planteamiento erasmianos, Bruno desarrolla estos motivos en el pasaje de *Del infinito* en que plantea la convergencia de la sana teología y la verdadera filosofía y que ya hemos citado en varias ocasiones. Comenzando precisamente ese pasaje, después de haber establecido la necesidad de la acción divina y por tanto de la infinitud del universo, Bruno afirma:

> Yo alabo que algunos dignos teólogos no los admitan [los silogismos demostrativos que establecen la necesidad indicada], porque considerando prudentemente saben que con esa necesidad los pueblos rudos e ignorantes terminan por no poder concebir cómo puede darse la libertad y la dignidad y méritos de justicia, por lo cual *confiados o desesperados bajo un destino seguro resultan necesariamente malvadísimos*[62].

Ahora bien, como hemos puesto de manifiesto en otro lugar, la fuente directa y primaria de Bruno en este largo pasaje no es Erasmo, sino Averroes y su *Destructio destructionum*, que el Nolano conocía muy bien en la versión latina ampliamente circulante en los medios filosóficos del siglo XVI. El Comentador había dicho, presentando también la alianza entre la religión y la filosofía frente a la teología dialéctica del *kalam*:

> El discurso relativo al conocimiento que el Creador tiene de sí mismo y de lo otro es uno de aquellos que está prohibido analizar en modo dialéctico durante las disputas, y todavía más tratarlo por escrito, puesto que la comprensión de las masas no llega a semejantes sutilezas. Si uno se para a discutir con el vulgo de semejantes cuestiones, se destruye en sus mentes la divinidad. Por eso está prohibido disputar con él de tales cuestiones, ya que para su felicidad basta con que sepa lo que puede alcanzar su inteligencia [...]. Pero esta cuestión es

---

61. *De libero arbitrio*, cit., col. 1248A; traducción nuestra.
62. *Del infinito*, cit., p. 120, cursiva nuestra; para la continuación del mismo véase el texto citado como nota 53. Cfr. p. 121: «Pernicioso para la convivencia civil y contrario al fin de las leyes resulta el modo de hablar verdadero, no por ser verdadero, sino por ser entendido mal tanto por quienes maliciosamente lo tratan [los teólogos de la Reforma] como por quienes no son capaces de entenderlo sin detrimento de las costumbres [el vulgo]».

propia de los sabios, los cuales fueron llamados por Dios a la verdad. Por eso no debe ser tratada por escrito, excepto en libros compuestos según el método demostrativo [...]. Discutir de estas cosas con el vulgo es como dar a beber veneno a los cuerpos de muchos animales para quienes es veneno[63]. Pues los venenos son cosas relativas, ya que algo será veneno con relación a un determinado animal, mientras que será alimento para otro animal. Lo mismo ocurre a propósito de las ideas entre los hombres, puesto que se dará alguna opinión que será veneno para algunos hombres y alimento para otros. Quien afirma que todas las opiniones son buenas para todos los hombres es como el que afirma que todas las cosas son alimento para todos los hombres. Pues bien, quien prohibe la especulación a quien debe concedérsela semeja al que afirma que todos los alimentos son veneno para todos los hombres. Y no es así, sino que algún alimento es veneno para algunos hombres y alimento para otros. El que da veneno a quien le resulta perjudicial debe ser castigado, aunque para otros hombres sea alimento; y quien prohibe el veneno a aquel a quien alimenta, de suerte que le hace morir, debe ser castigado también. Y de este modo hay que entender la presente cosa y por eso, cuando yerran los malos y los necios dando veneno como si fuera alimento a quien resulta verdaderamente veneno, el Médico debe tratar de curarlo por medio de su arte. Por eso nos está permitido tratar de esta cuestión en un libro como éste, pues de otra manera nos estaría prohibido, ya que es rebelión expresa o una de las cosas más deplorables sobre la tierra, y se conoce la pena que la Ley reserva para los que incurren en ella[64].

---

63. Cfr. Erasmo, *De libero arbitrio*, cit., col. 1218B: «Algunas cosas son dañinas por el mero hecho de que no son adecuadas, como el vino al que tiene fiebre».

64. Averroes, *Destructio Destructionum Philosophiae Algazelis, in the latin version of Calo Calonymos*, ed. de B. H. Zedler, The Marquette University Press, Milwaukee 1961, disputatio sexta, pp. 291s.; la traducción es nuestra. Véase M. A. Granada, *Giordano Bruno...*, cit., pp. 38ss. La misma posición hallamos en Maimónides. Cfr. *Guía de los perplejos*, traducción de D. Gonzalo Maeso, Trotta, Madrid 1994, cap. I, 33, pp. 106s.: «Has de saber que sería muy arriesgado empezar por esta ciencia –me refiero a la metafísica– [...]. *Se impone, más bien, educar a los jóvenes y robustecer a los deficientes en la medida de su comprensión*. Así, al que se muestra en posesión de un espíritu perfecto y formado para ese alto grado de la especulación demostrativa y verdaderas argumentaciones intelectuales, se le irá elevando progresivamente hasta que llegue a su perfección, sea por intermedio de alguien que le preste impulso, o bien por sí mismo. En cambio, *si da comienzo por dicha ciencia metafísica, se le ocasionará no ya una simple perturbación en sus creencias, sino la absoluta negación* ["incredulitatem manifestam" reza la traducción lati-

Se puede ver fácilmente que Bruno introduce a Erasmo en el esquema averroísta e interpreta la crítica erasmiana de la teología disputatoria y sus nocivos efectos desde la filosofía (Averroes), aplicando el esquema averroísta a la discusión teológica de la Europa contemporánea mediante la adopción y amplificación de la crítica erasmiana a la doctrina luterana de la libertad sierva. Bruno articula, pues, a Erasmo con Averroes, a partir de la integrabilidad de ambas posiciones en su lugar respectivo y diferente de religión-teología pastoral de carácter retórico y finalidad moral destinada al pueblo, por un lado, y Filosofía propia de los «verdaderos hombres» por otro. Desatendida queda, como una conjunción imposible que expresa una verdadera contradicción, la noción y el programa de una «Philosophia Christi», fantasmagórica unión de dos niveles que pueden cooperar, pero nunca devenir una sola cosa, so pena de aniquilar al otro, que resulta ser siempre la Filosofía. Como dijo con gran lucidez Bruno Nardi –y con sus palabras queremos poner punto final a este capítulo– «di tutte le dottrine di Averroè questa dovette sembrare al tormentato spirito del Nolano la sola veramente degna di sopravvivere alla dissoluzione dell'aristotelismo averroistico, come la sola capace di ristabilire la pace religiosa, superate le diatribe teologiche, sotto il libero impero della filosofia. [...] È chiaro che il dramma dell'anima bruniana alle prese coi "Loquentes nostrae legis"è tutto qui»[65].

---

na de A. Giustiniani; cfr. Moses Aegyptius, *Dux seu Director dubitantium aut perplexorum*, J. Bade, París 1520, fol. XII r]. *Es el caso, a mi juicio, del que pretendiera alimentar a un lactante con pan de trigo y carne, y vino como bebida. Indudablemente le acarrearía la muerte, no porque tales nutrimentos sean de por sí nocivos o antinaturales para el hombre, sino porque la criatura que los recibe es demasiado débil para que le aprovechen. De igual manera, si dichas teorías, en sí verdaderas, se han presentado de forma obscura y enigmática y los maestros han recurrido a toda suerte de artificios para enseñarlas, sin llegar a exponerlas con claridad, no es porque en sí mismas encierren nada reprobable o minen los fundamentos de la religión, como opinan los ignorantes, que se imaginan haber llegado al grado propio para la especulación. Más bien se las ha obnubilado, porque, al principio, la inteligencia es incapaz de asimilarlas, y solamente se han dejado entrever algunos destellos, para conocimiento del hombre superior* ["homo perfectus" en la traducción latina]»; cursiva nuestra.

65. B. Nardi, «Filosofia e religione», en *Idem, Studi su Pietro Pomponazzi*, Le Monnier, Florencia 1965, pp. 122-148, (p. 143). Véase asimismo M. A. Granada, «Cosmología y polémica religiosa en los escritos de 1588 (materiales para una aproximación de Bruno y Spinoza en el ámbito de la teología política)», *en Idem, Giordano Bruno...*, cit., pp. 127-167 (146-167).

VI

BRUNO Y PASCAL: LA NATURALEZA INFINITA Y CRISTO ENTRE EL HOMBRE Y DIOS

«Or, en gros, la distinction entre le Dieu de la Bible et le Dieu des philosophes nous présente Dieu posé à l'intérieur de deux relations si radicalement différentes que l'on ne voit guère comment il pourrait être le même Dieu ici et là»[1]. Así precisaba en fecha no muy lejana el benemérito estudioso de Pascal y de la filosofía del siglo XVII Henri Gouhier. Giordano Bruno es y pretende ser un filósofo; Pascal, por su parte, aspira a ser plena y consecuentemente un cristiano. Siguiendo la Filosofía, Bruno piensa a Dios y la *salus* humana en la forma de una relación hombre-naturaleza mediadora-Dios en la naturaleza; la religión (que se pretende revelada) queda fuera de consideración, relegada a la función pedagógico-política de *lex* destinada al vulgo, incapaz de descubrir la ley por sí mismo, dado su déficit en razón e intelecto. Pascal, como cristano, cree por fe en un Dios que no es el de los filósofos, sino el de la Escritura. Dios y la salvación se le dan en la relación hombre-Jesucristo mediador-Dios en sí. La filosofía queda excluída como pérdida de tiempo, vanidad y orgullo, «*folie humaine*»; como peligro para la salvación del hombre. En lo que sigue vamos a tratar de exponer los diversos aspectos de esa oposición estructural existente entre los dos autores, a partir de la reivindicación consciente y polémica de la Filosofía por parte del pensador italiano.

---

1. H. Gouhier, *Blaise Pascal. Conversion et apologétique*, Vrin, París 1986, p. 144.

1. LA REIVINDICACIÓN BRUNIANA DE LA FILOSOFÍA

La obra de Giordano Bruno, tanto la italiana como la latina, presenta variados manifiestos filosóficos, de extensión mayor o menor, en los que (de manera explícita o sencillamente *de facto*) se reivindica la Filosofía como *contemplación* o *theoria* que, mediante el ejercicio del intelecto, permite al hombre capaz (esto es, al *animo eroico*) el acceso y la unión con la divinidad a través de la naturaleza infinita.

En algunos casos esta reivindicación de la Filosofía se lleva a cabo sosteniendo su autonomía e independencia en la persecución de ese objetivo, frente a la pretensión de universalidad de la religión cristiana, esto es, frente a la afirmación de la necesidad para todos los hombres de la fe en Cristo como mediador, lo cual comporta la anulación *de facto* de la Filosofía, a la cual se reconoce a lo sumo una función *ancilar* con respecto a la teología-religión. En estos casos se reivindica la vía filosófica a la divinidad sin ulterior polémica.

En otras ocasiones, sin embargo, se desarrolla también una polémica contra el cristianismo, que se ve evaluado y criticado como falsedad e impostura; como un «sueño» de «ilusos»[2], cuyo ascenso a la divinidad no rebasa el ámbito de la «fantasía» y produce en realidad una metamorfosis descendente (una real bestialización) frente a la imaginada metamorfosis en Dios o *deificatio*[3].

Uno de estos manifiestos –aparentemente de la primera clase, es decir, no beligerante– es aquel con el que concluye la epístola proemial a *De l'infinito*. En él la Filosofía (es decir, la filosofía de Bruno) es presentada –con un lenguaje que evoca claramente la concepción peripatético-averroísta de la Filosofía, así como la liberación epicúrea– en los siguientes términos:

---

2. Véase por ejemplo *De immenso*, I, 1, p. 205, complementado con VIII, 10, p. 316.

3. Cfr. *Spaccio de la bestia trionfante*, BOeuC V, pp. 469-471 (constelación del Erídano) y pp. 477-479 (constelación del Perro). Véase también el pasaje con el que concluye el segundo diálogo de *La cena de le Ceneri* en la versión preliminar, en *Cena*, BOeuC II, pp. 325-327 y nuestro ensayo «"Venghino a farsi una sanguisuga". Nota a un pasaje suprimido de *La cena de le Ceneri*», recogido aquí como capítulo IV.

Questa è quella filosofia che apre gli sensi, contenta il spirto, magnifica l'intelletto, e riduce l'uomo alla vera beatitudine, che può aver come uomo, e consistente in questa e tale composizione: perché lo libera dalla sollecita cura di piaceri e cieco sentimento di dolori; lo fa godere dell'esser presente, e non più temere che sperare del futuro; perché la providenza, o fato, o sorte, che dispone della vicissitudine del nostro essere particolare non vuole né permette che più sappiamo dell'uno, che ignoriamo dell'altro: alla prima vista e primo rancontro rendendoci dubii e perplessi. Ma mentre consideramo più profondamente l'essere e sustanza di quello in cui siamo immutabili, troveremo non esser morte, non solo per noi, ma né per veruna sustanza: mentre nulla sustanzialmente si sminuisce, ma tutto per l'infinito spacio discorrendo cangia il volto[4].

Así pues, la Filosofía, realizada por Bruno, es fuente de alegría, liberación del miedo, perfección del intelecto, vía a la *beatitudo* verdadera y auténtica. Y notemos esta afirmación o aplicación a la Filosofía de la palabra fuerte *beatitudo*, que en la tradición cristiana designa el efecto de la religión de Cristo y el estado futuro de felicidad y gloria en el Paraíso tras el Juicio mediante la fe en Cristo. La filosofía, pues, procura la beatitud o felicidad completa. Este beneficio de la Filosofía a sus cultores es consecuencia práctica del conocimiento intelectual de la estructura de la naturaleza: a) como *infinita*, homogénea y uniformemente penetrada por la divinidad, punto éste no mentado en las líneas que hemos citado, pero sí en las páginas del manifiesto que comentamos; b) que constituye ontológicamente una *única sustancia*, con la consiguiente eliminación de la muerte y, por tanto, del miedo a la misma, como insiste el pasaje citado; c) en un proceso de cambio incesante en su interior de los modos o individuos particulares: «tutto per infinito spacio discorrendo cangia il volto».

Este cambio incesante de los individuos con permanencia inmutada de la sustancia única ha sido denominado al comienzo del manifiesto «perpetua mutación del todo»: «Ecco la ragion della mutazion vicissitudinale del tutto; per cui cosa non è di male da cui non s'esca, cosa non è di buono a cui non s'incorra: mentre per l'infinito campo, per la perpetua mutazione, tutta sustanza persevera medesima et una»[5].

---

4. *De l'infinito universo e mondi*, BOeuC IV, p. 41 (traducción castellana: *Del infinito*, cit., pp. 89s.).

5. *Ibi*, p. 39 (traducción castellana, cit. p. 88).

Pues bien, el lector crítico contemporáneo de Bruno conocido en la actualidad como *postillatore napoletano*, ese cristiano reformado que leyó en Londres el *Spaccio* y el *De l'infinito* dejándonos preciosas anotaciones marginales[6], comienza su anotación a *De l'infinito* con una apostilla a este último pasaje citado, pero que por su contenido parece presuponer la lectura del pasaje anteriormente citado (p. 41), al cual pretende replicar, oponiendo a la orgullosa pretensión de la Filosofía el principio cristiano. Dicha apostilla reza así:

> Valeat igitur Christus cum suo Evangelio et cum omnibus ante eum prophetis tanquam res superflua, vana, mendax et mera impostura: et Nolanus vivat, recipiatur, adoretur qui salutis ac verae felicitatis viam nobis aperiat: sanet timores ac metus omnes, componat affectus summe corruptos, donet iustitiam veram ac lucem qua Deus vere agnoscatur, ac colatur, faciat demum semideos. O impostorem![7]

Detengámonos un momento en reconocer las implicaciones que, según este autor, la Filosofía, en la concepción bruniana, tiene con respecto al cristianismo. De la posición de Bruno y de su reivindicación o afirmación fuerte de la Filosofía se sigue (con un *igitur*, esto es, «por tanto», comienza la nota, que pretende sacar la conclusión de la concepción bruniana de la Filosofía) que: 1) debemos decir adiós a Cristo y a su religión o Evangelio por superfluo, inútil y mendaz, incluso como una impostura; 2) debemos saludar y recibir a Bruno (a la Filosofía) e incluso rendirle un culto religioso («adoretur», se dice)[8] porque a) nos abre «salutis ac verae felicitatis viam», esto es, la «vraie béatitude» o *vera beatitudine* de que habla Bruno en p. 41 como efecto de la (su) Filosofía, con el añadido además por el *postillatore* del término «salus», que

---

6. Anotaciones que, lamentablemente, no han sido recogidas, en el caso del *De l'infinito*, en la anotación que acompaña a la edición de Les Belles Lettres, pero a las cuales se hace referencia en la introducción a dicha edición, parágrafo 2, pp. xxiii y ss. Esas anotaciones han sido recogidas puntualmente en nuestra anotación a la traducción española.

7. *Infinito*, BOeuC IV, p. xxiii, nota (traducción castellana, *supra*, p. 173).

8. Tengamos presente, por otra parte, que de la Filosofía hablará Bruno en lugares decisivos como «religio della mente» (*Spaccio*, BOeuC V, p. 431; constelación del Capricornio, traducción del Lamento hermético del *Asclepius*) y como «religio animi» (*De immenso*, VIII, 10, p. 316).

viene a explicitar lo implícito en Bruno: la Filosofía *salva*, es salvación, esto es, da al hombre el beneficio (por otra parte definido filosóficamente, esto es, en su verdadera realidad) que la religión pretende detentar en exclusiva[9]; b) aporta la regeneración moral, o sea, da los principios de la praxis correcta («aremo la via vera alla vera moralità», dice Bruno en p. 39), pues pretende «sanar todos los temores y miedos, reformar los afectos corruptos y dar la verdadera justicia»; c) aporta el verdadero conocimiento de Dios y hace al hombre divino: «donet [...] lucem qua Deus vere agnoscatur, ac colatur, faciat demum semideos». Es verdad que este lector cristiano no acepta la tesis bruniana y en consecuencia devuelve a Bruno el calificativo que, en su opinión, el Nolano aplicaba a Cristo: «o impostorem!».

Creemos que la reacción crítica del *postillatore* es la de cualquier cristiano serio y zelota que se ha percatado de la auténtica dimensión y alcance de la Filosofía tal como es concebida por Bruno y como se realiza en la filosofía bruniana. Es la reacción que tendrá un Pascal y a través de dicho *postillatore* podemos vislumbrar la radical contraposición entre el pensamiento de Bruno (filósofo y anticristiano que en muchos aspectos preludia, más allá de Spinoza, a Nietzsche) y el de Pascal (pensador genuinamente cristiano).

2. BRUNO: LA NATURALEZA INFINITA O EL UNIVERSO COMO MEDIADOR ENTRE HOMBRE Y DIOS

¿Por qué puede ejercer la Filosofía ese papel salvífico en Bruno? Sencillamente porque a través de la Filosofía, que para Bruno y la tradición designa sin más la ciencia, el hombre conoce la naturaleza, en su dimensión física y metafísica, y en ella encuentra la posibilidad de conocer y unirse a Dios, obteniendo así perfección y felicidad suma. De este modo la naturaleza ejerce una función de mediadora entre el hombre que conoce «científicamente» y Dios. ¿Cómo puede desempe-

---

9. La misma operación, como es sabido, pretende realizar Spinoza, quien en el escolio final a la *Ethica* se refiere en términos de *salus* al efecto práctico de la Filosofía.

ñar la naturaleza este papel fundamental de *mediador*? Sencillamente porque es *infinita* en acto y además porque su infinitud es *homogénea* y *necesaria*.

En efecto, cualquier cosa finita es imperfecta; el mundo finito de la tradición es, por tanto, imperfecto: «[...] finitum ergo quodlibet est imperfectum, mundus quicunque sensibilis imperfectus est»[10], dice Bruno en el curso de los dos importantísimos capítulos con que concluye el libro segundo del *De immenso*, en los cuales establece la perfección del universo en tanto que infinito, como se ha demostrado en el libro primero. Sólo lo infinito es perfecto: «Perfectum verius erit quod neque actu neque potentia, neque re, neque imaginatione finitur ad aliud; sed omnem actum, potentiam, imaginationem finit aliam: hoc est infinitum»[11]. Por eso Dios es infinito, pero también el universo es infinito, porque sólo si es infinito puede ser «imagen» y «retrato» de Dios, su expresión y manifestación: «Ideo perfectum simpliciter et per se et absolute est unum infinitum, quod et quo neque majus esse potest quippiam, neque melius. Hoc est unum ubique totum, Deus naturaque universalis, *cujus perfecta imago et simulacrum nullum esse potest, nisi infinitum*»[12]. Y como el universo es, efectivamente, infinito y expresión de Dios, puede ser y es –para Bruno– vía o camino para el conocimiento y unión con Dios. Pero antes de examinar este último punto y para mejor comprenderlo, conviene examinar con algún detalle esta relación existente entre la divinidad (infinidad *complicata*) y el universo (infinidad *explicata*).

Dios es, según Bruno, «sustancia una y simple» e «infinita». Esto significa que todos sus atributos (potencia, voluntad, bondad, sabiduría, y también la acción o producción) son una sola cosa (la unidad di-

---

10. *De immenso*, II, 12, p. 307.
11. *Ibi*, p. 306.
12. *Ibi*, p. 307; las cursivas son siempre nuestras. Cfr. *ibi*, II, 13, p. 312: «Perfectum simpliciter est duplex, in essentia videlicet et in imagine. Primum est quod in toto et in omni parte totum, secundum quod est in toto totum. Primum est divinitas, intellectus universi, bonitas absoluta atque veritas; secundum est corporeum illius immensum simulacrum». Que este simulacro es el universo, lo muestra, además del término «corporeum», el lugar paralelo de *De l'infinito*, I, p. 87: «[...] l'infinità de l'universo, la quale è totalmente in tutto, e non in queste parti (se pur referendosi all'infinito possono esser chiamate parti), che noi possiamo comprendere in quello» (traducción castellana, cit., p. 117).

vina, Dios mismo) e infinitos. Lo formulan con toda claridad algunos de los *principia communia* («manifiestos por sí mismos y concedidos por una y otra de las partes litigantes», esto es, evidentes y universales) enunciados en el capítulo I, 11 del *De immenso*:

> Principia communia sunt. I. Divina essentia est infinita [...] IV. Deus est simplicissima essentia, in qua nulla compositio potest esse, vel diversitas intrinsece. V. Consequenter in eodem idem est esse, posse, agere, velle, essentia, potentia, actio, voluntas, et quidquid de eo vere dici potest, quia ipse est ipsa veritas[13].

Lo expresa también en claro italiano el *De l'infinito*: «Per che il primo principio è simplicissimo, però se secondo uno attributo fusse finito, sarebe finito secondo tutti gli attributi; o pure secondo certa raggione intrinseca essendo finito e secondo certa infinito, necessariamente in lui si intenderebe essere composizione. Se dumque lui è operatore de l'universo, certo è operatore infinito, e riguarda effetto infinito»[14]. En Bruno esta unidad y simplicidad de Dios se concibe y desarrolla en la dirección de un rechazo del dogma trinitario (y también del dogma cristológico, por el que Dios-Hijo se encarna plena y totalmente en Cristo y sólo en Cristo). Nos parece que Bruno compartiría el artículo 185 del *syllabus* de Tempier, condenado por antitrinitario: «Quod Deus non est trinus et unus, quoniam trinitas non stat cum summa simplicitate. Ubi enim est pluralitas realis, ibi necessario est additio et compositio»[15]. En efecto, Bruno proyecta el Hijo-Verbo-Intelecto y el Espíritu Santo sobre la naturaleza, que es también por ello infinita, como el Intelecto universal y el alma del universo respectivamente; lleva a cabo por tanto una cosmologización de la segunda y tercera persona divinas, recuperando la absoluta unicidad divina para el Padre o causa última del universo. Sobre este punto bástenos con remitir al análisis de Hans Blumenberg[16] y a lo reconocido por el mismo Bruno

---

13. *De immenso*, I, 11, pp. 242s.
14. *De l'infinito*, BOeuC IV, p. 109; traducción castellana, cit., p. 129.
15. Véase R. Hissette, *Enquête sur les 219 articles condamnés à Paris le 7 mars 1277*, Publications de l'Université, Lovaina-París 1977, pp. 276s.
16. Véase H. Blumenberg, *Aspekte der Epochenschwelle: Cusaner und Nolaner*, Fráncfort 1976, pp. 126s.

con ocasión del proceso veneciano[17], además de al diálogo segundo del *De la causa*[18].

Pero esta proyección y reducción cosmológicas de la segunda y tercera personas de la Trinidad comporta que se proyecta también sobre el universo producido por Dios la necesidad e infinitud que la teología cristiana reconocía en la generación o procesión del Hijo y del Espíritu a partir del Padre, esto es, en la llamada acción *ad intra* de Dios. Así el universo, llamado por la tradición teológica cristiana *creatio ad extra*, es necesario e infinito. Todo ello significa que la distinción *ad intra/ad extra* en la acción divina desaparece de hecho[19] y que la única acción de Dios es aquella por la que produce (en el ejercicio de su infinito atributo *actio*) necesaria e infinitamente el universo como «unigenita natura», esto es, como Hijo único, en expresión alusiva del *De la causa*[20]. Pero, del mismo modo que el Hijo en la Trinidad es Dios y de la misma sustancia que el Padre (*homooúsios*), la Naturaleza infinita es también divina, ontológicamente idéntica, con la diferencia —como en el caso de Padre e Hijo en la Trinidad— que hay entre *genitans* y *genitus*: «deus

---

17. Cfr. G. Bruno, *Documents I. Le procès*, introducción y texto de L. Firpo, traducción y notas de A.-Ph. Segonds, París 2000, pp. 67-75.

18. Véase *De la causa*, BOeuC III, pp. 113-125.

19. Es verdad que Bruno nunca es tan taxativo en sus declaraciones explícitas, prefiriendo hablar en términos de la necesaria infinitud de la acción divina *también ad extra*. Véase *De l'infinito*, p. 15: «[...] niente si toglie di quel che deve essere in quello che è veramente effetto, dove gli teologi nominano azzione ad extra e transeunte, oltre la immanente: perché cossì conviene che sia infinita l'una come l'altra» (traducción castellana, cit., p. 78). Más claro, si cabe, es *De immenso*, I, 10, pp. 237s.: «Nempe bonum dicunt [Deum] quod se diffundit, habetque / effectum bonitatis, ut hinc doctoribu' sacris / inventa est ratio geniti, quod tantum adaequet / virtutem, deus atque siet genitans genitusque. / At nos dum physice sanctum perpendimus actum / quo se diffundet, bonus et dicatur ad extra, et sine fine malus, bonus et finite erit ille, / cum tanto a rebus proprium magis abstrahat actum».

20. BOeuC III, p. 207: «[...] l'universo che è il grande simulacro, la grande imagine e l'unigenita natura». Cfr. Juan 1, 14 y 18: «Unigenitus Filius, qui est in sinu Patris» y *De immenso*, I, 12, p. 308: «Hoc [infinitum universum] est quod ab aeterno a divinitate procedit secundum esse totum, ut infinitae communicatio bonitatis, actus effectusque divinae omnipotentiae externus; unica illius et minime multiplicabilis imago, illustre speculum, templum augustissimum». Es innecesario insistir en que la infinitud del universo vale tanto para el espacio como para el tiempo; por eso el universo procede de Dios *ab aeterno*.

atque siet genitans genitusque»[21]. Asimismo, en tanto que operación y producto del atributo divino de la acción, el universo infinito no es externo a Dios, sino que Dios le es interno: «se pur cosa gli può [a Dios] esser extra», cuestionaba *De l'infinito*[22]. Del mismo modo que los astros o mundos son nuncios de la gloria divina, ángeles y dioses: «sedes deorum est aether seu caelum: astra quippe deos secunda ratione dico»[23], el universo infinito mismo, como *caelum caelorum* –dice Bruno inmanentizando el concepto de la tradición teológica que designaba la morada trascendente de la Trinidad–, es la sede de Dios, llena de la presencia divina: «Sedes vero Dei est universum ubique totum immensum caelum, vacuum spacium cuius est plenitudo; pater lucis comprehendentis tenebras, ineffabilis»[24]. Así, Bruno conservaba en su universo infinito y homogéneo la antigua teología cósmica de la filosofía griega y, al igual que ésta, veía en la contemplación del dios visible la vía de unión con la divinidad, siendo esto último la seña de identidad de la Filosofía y la muestra de su dignidad que él reivindica en sus propios manifiestos filosóficos.

Pero notemos que Bruno ha afirmado, en el último texto latino citado, que Dios Padre, la causa infinita del universo divino infinito, es *inefable*. Como el Uno-Bien de Platón y Plotino, Dios en sí o absoluto es según Bruno incognoscible. Es la dimensión de la divinidad denominada en los *Eroici furori* Apolo y de la cual se dice: «[...] a nessun pare possibile di vedere il sole, l'universale Apolline e luce absoluta»[25].

---

21. Cfr. *supra*, nota 19, donde Bruno claramente exige la aplicación de esa relación en la trinidad también a la producción *ad extra*. Véase también *De gli eroici furori*, BOeuC VII, p. 396: «[...] la unità è destinta nella generata e generante, o producente e prodotta» (traducción castellana: *Los Heroicos Furores*, cit., p. 184). Sobre la identidad y diferencia entre Dios y universo infinito véase W. Beierwaltes, «Identität ohne Differenz? Zur Kosmologie und Theologie Giordano Brunos», en W. Beierwaltes, *Identität und Differenz*, Fráncfort 1980, pp. 105-143.

22. BOeuC IV, p. 17 (epístola preliminar); traducción castellana, cit., p. 79.

23. *De immenso*, IV, 14, p. 80. Cfr. el manifiesto filosófico de *De immenso*, I, 1: «Proque sua dignitate innumerabilium deorum, mundorum dico adsistentia, concinentia, et gloriae ipsius [Dei] enarratione, immo ad oculos expressa concione [Deus] glorificatur», p. 205.

24. *De immenso*, IV, 10, p. 80.

25. *Furori*, BOeuC VII, p. 391; traducción castellana, cit., p. 182. Ya se había afirmado en *De la causa*; cfr. BOeuC III, pp. 103-107.

En relación con Dios en sí o Apolo sólo cabe el silencio, la teología negativa, como expresan con toda claridad también los *Eroici furori*: «la più alta e profonda cognizion de cose divine sia per negazione e non per affirmazione, conoscendo che la divina beltà e bontà non sia quello che può cader e cade sotto il nostro concetto: ma quello che è oltre et oltre incomprensibile [...] gli più profondi e divini teologi dicono che più si onora et ama Dio per silenzio, che per parola [...] onde è tanto celebre la teologia negativa di Pitagora e Dionisio»[26]. Sin embargo, a diferencia de cuanto ocurre en el neoplatonismo, también el acceso y la unión con Dios en sí o Apolo están vedados al hombre. Ahora bien, sí es posible, a través del conocimiento intelectual de la Filosofía-ciencia, el acceso y la unión o comunión con su genitura necesaria e infinita, con su simulacro, imagen, retrato, espejo o vestigio que es la naturaleza infinita y una, Dios autoproducido en la forma del universo infinito, denominado mediante la metáfora de Diana:

> [...] a nessun pare possibile di vedere il sole, l'universale Apolline [...] ma sí bene la sua ombra, la sua Diana, il mondo, l'universo, la natura, la natura che è nelle cose, la luce che è nell'opacità della materia: cioè quella in quanto splende nelle tenebre [...] e se non la vede in sua essenza, in absoluta luce, la vede nella sua genitura che gli è simile, che è la sua imagine: perché dalla monade che è la divinitate, procede questa monade che è la natura, l'universo, il mondo; dove si contempla e specchia come il sole nella luna, mediante la quale ne illumina trovandosi egli nell'emisfero delle sustanze intellettuali[27].

La relación de imagen, simulacro, retrato necesario con la propiedad de la infinitud que vincula al universo con la divinidad absoluta hace que el universo sea expresión perfecta de su productor y, por tanto, capaz de satisfacer plenamente la sed humana de Dios. En esta distinción entre Dios y su obra necesaria, en el reconocimiento de la incognoscibilidad del primero y de la posibilidad de conocerlo y unirse a él a través del conocimiento filosófico de la naturaleza, Bruno coincide (salvo la afirmación de la infinitud del universo) con la posición de Maimónides en *La guía de los perplejos* y como el filósofo hebreo avala

---

26. *Furori*, pp. 457 y 465-467; traducción castellana, cit., pp. 209s. y 214.
27. *Ibi*, pp. 391-393; traducción castellana, cit., pp. 182-184.

su posición con la autoridad del *Éxodo*: «[...] la difficultà con la quale egli [Dios] fa copia di far veder al meno le sue spalli, che è il farsi conoscere mediante le cose posteriori, et effetti»[28].

Dios es, pues, cognoscible en su genitura infinita y necesaria en la cual se expresa totalmente, en la naturaleza o Diana. Y decimos que se expresa totalmente en la naturaleza infinita porque ésta, en tanto que infinita, es la actualización plena o total de la infinita potencia, voluntad, bondad y acción divinas. Si toda la producción divina consiste en la naturaleza infinita y ésta expresa totalmente, como *imago* perfecta, la esencia divina, se sigue que el universo infinito puede ser denominado con todo rigor (de acuerdo además con la cosmologización indicada de las personas trinitarias) *Verbum* o palabra de Dios. Lo dice explícitamente el *De immenso* cuando afirma «cum vere natura manus sit cunctipotentis, / Vis, Actus, Ratio, *Verbum*, Vox, Ordo, Voluntas»[29]. El universo infinito es la verdadera Palabra de Dios, más que Cristo o la Escritura. Y si es así, debemos buscar la unión, comunión y comunicación con la divinidad en la naturaleza infinita, a través de su conocimiento[30], pues es a través de la naturaleza infinita como Dios habla, «se comunica» y se ofrece al hombre para su conocimiento y unión. Bruno usa con frecuencia las voces «comunicación» y «comunicarse» para referirse a la naturaleza infinita como el único lenguaje en que Dios ha-

---

28. *Ibi*, p. 331; traducción castellana, cit., p. 155. Cfr. *Causa*, BOeuC III, pp. 105-107: «Della divina sustanza [...] non possiamo conoscer nulla, se non per modo [...] di spalli o posteriori come dicono i Talmutisti». Bruno alude obviamente a Éxodo 33, 19-22: "Y Yavé respondió: "Yo haré pasar ante ti toda mi bondad y pronunciaré ante ti mi nombre, Yavé, pues yo hago gracia a quien hago gracia y tengo misericordia de quien tengo misericordia; pero mi faz no podrás verla, porque no puede el hombre verla y vivir". Y añadió Yavé: "He aquí un lugar cerca de mí; tu te pondrás sobre la roca. Cuando pase mi gloria, yo te pondré en la hendidura de la roca y te cubriré con mi mano mientras paso; luego retiraré mi mano, y me verás las espaldas, pero mi faz no la verás"» (versión Nácar-Colunga). Para Maimónides véase la *Guía de los perplejos*, traducción de D. Gonzalo Maeso, Trotta, Madrid 1994, cap. I, 54, p.149 y cap. III, 51, pp. 533ss. Para una primera conexión entre Bruno y Maimónides véase G. Sacerdoti, «Sacrificio, ragion di stato e conoscenza del "Gran Dio de la natura" in Bruno, Shakespeare, Maimonide e Bodin», en M. A. Granada ed., *Cosmología, teología y religión en la obra y en el proceso de Giordano Bruno*. Actas del Congreso celebrado en Barcelona 2-4 de diciembre de 1999, Edicions de la Universitat de Barcelona, Barcelona 2001, pp. 47-65.

29. *De immenso*, I, 9, p. 234.

30. Para Maimónides véase el ya citado cap. III, 51 de la *Guía de los perplejos*.

bla al hombre, como el único lugar en que desciende a éste y en que éste debe buscarle y encontrarle. Ya hemos citado el paso del *De immenso* en que el acto externo de Dios o sea el universo infinito es la «infinitae communicatio bonitatis»[31], pero podemos añadir otros enormemente significativos y pregnantes. Así, en *De l'infinito*, entre las consideraciones a favor de la infinitud del universo se señala:

> Per che vogliamo dire che la divina bontà la quale si può *communicare* alle cose infinite, e si può infinitamente diffondere, che voglia essere scarsa et astrengersi in niente (atteso che ogni cosa finita al riguardo de l'infinito è niente)? Perché volete che quel centro della divinità, che può infinitamente in una sfera (se cossì si potesse dire) infinita amplificarse, come invidioso, rimaner più tosto sterile che farsi *comunicabile*, padre fecondo, ornato e bello? voler più tosto *comunicarsi* diminutamente e (per dir meglio) *non comunicarsi*, che secondo la raggione della gloriosa potenza et esser suo?[32]

«Comunicación» tiene aquí el sentido de «participación» o «difusión». Sólo una participación o comunicación infinita de sí es digna y posible para Dios, puesto que una comunicación finita es una no-comunicación, ya que entre la comunicación infinita posible y la finita efectiva no habría proporción (se alude obviamente a la *auctoritas* aristotélica que reza «finiti ad infinitum nulla est proportio»[33]). En el *Spaccio*, en el curso del examen de la constelación del Capricornio, se dice: «Dio, come absoluto non ha che far con noi, ma per quanto si comunica alli effetti della natura, et è più intimo a quelli che la natura istessa»[34]. Dios sólo es accesible al hombre en la medida en que se difunde, se participa, y tal difusión y participación se da únicamente en la naturaleza y por tanto sólo allí cabe buscar a Dios. Casi podríamos decir que la naturaleza es el lenguaje de Dios, la autodeclaración de Dios (sencillamente *teofanía*) y que no hay otro ámbito en el que el hombre pueda comuni-

---

31. *De immenso*, II, 12, p. 308; cfr. *supra*, nota 19.
32. *De l'infinito*, BOeuC IV, pp. 83-85; traducción castellana, cit., pp. 114s.
33. Véase J. Hamesse, *Les Auctoritates Aristotelis. Un florilège médiéval. Étude historique et édition critique*, Publications Universitaires-Béatrice-Nauwelaerts, Lovaina-París 1974, p. 161 (*auctoritas* 22 a *De caelo*, I).
34. *Spaccio*, BOeuC V, p. 427; traducción castellana, *Expulsión de la bestia triunfante*, cit., p. 263.

carse o entrar en relación con Dios. No tiene sentido buscar un acceso a Dios al margen de la naturaleza o pretender que Dios se comunica y habla al hombre por una vía extra-natural o sobre-natural. Una revelación al margen de la naturaleza, por ejemplo en la Escritura o Revelación, en Cristo, en los milagros, no tiene sentido: los milagros, como transgresión divina del mismo orden divino impreso a la naturaleza, son un absurdo[35]; la Escritura o Cristo sólo pueden tener sentido en el seno de la naturaleza, junto con toda la restante comunicación natural de Dios.

Esta concepción de la naturaleza como revelación total y como ámbito exclusivo del diálogo con Dios se ha puesto de manifiesto poco antes en el curso de estas páginas del *Spaccio* dedicadas al examen de la verdadera metamorfosis y a la defensa de la religión egipcia como religión de la naturaleza. En efecto, se ha dicho que los antiguos egipcios:

> [...] per impetrar certi beneficii e doni da gli dèi, con raggioni di profonda magia passavano per mezzo di certe cose naturali, nelle quali in cotal modo era latente la divinitade, e per le quali essa potea e volea a tali effetti comunicarsi. Là onde que' ceremoni non erano vane fantasie, ma vive voci che toccavano le proprie orecchie de gli Dei; li quali, come da lor vogliamo [los dioses] esser intesi non per voci d'idioma che lor sappiano fengere, ma per voci di naturali effetti, talmente per atti di ceremoni circa quelle volsero studiare di essere intesi da noi: altrimente cossì fussemo stati sordi a gli voti, come un Tartaro al sermone greco che giamai udio. Conoscevano que' savii Dio essere nelle cose[36].

---

35. Cfr. *De immenso*, IV, 9, p. 51: «Quidam ad virtutem supra et extranaturalem confugiunt aientes, Deum qui supra naturam est, ad aliquid nobis significandum, has in coelo species creare: quasi vero meliora divinitatis et optima signa non sint ea quae ordinario incedunt cursu, inter quae et ista ab ordinario non sunt aliena; licet eorum nos ordo lateat: sed cum prophetis huiusmodi nos non loquimur, neque iisdem respondere curabimus, ubi non sine sensu atque ratione loquendum». Bruno se refiere a las interpretaciones como milagros de las novedades celestes contemporáneas (cometas celestes). Véase también *ibi*, IV, 13, p. 70; V, 2, p. 123 y VI, 20, p. 224 (a propósito también de la interpretación como milagro divino de la *nova* de 1572 en la constelación de Casiopea). Sobre la posición de Bruno al respecto véase M. A. Granada, «Cálculos cronológicos, novedades cosmológicas y expectativas escatológicas en la Europa del siglo XVI», recogido en *Idem, El umbral de la modernidad. Estudios sobre filosofía, religión y ciencia entre Petrarca y Descartes*, Herder, Barcelona 2000, pp. 379-478 (466-475).

36. *Spaccio*, BOeuC V, p. 417; traducción castellana, cit., p.259.

Sólo en la naturaleza puede, pues, el hombre conocer, encontrar y unirse a la divinidad. Lo sobrenatural y extranatural es, en el mejor de los casos, un error y una ilusión. Por eso no es extraño que, en el *De immenso*, justo después de haber declarado a la naturaleza infinita Potencia, Voluntad, *Verbum* de Dios, Bruno declare reo de impiedad a quien se pone en contra de la naturaleza (cosa que, por ejemplo, lleva a cabo Cristo-Orión en el *Spaccio* cuando hace creer a los hombres que «la natura è una puttana bagassa, che la legge naturale è una ribaldaria; che la natura e divinità non possono concorre in uno medesimo buono fine, e che la giustizia de l'una non è subordinata alla giustizia de l'altra, ma son cose contrarie, come le tenebre e la luce»[37]): «Naturae cursum quicunque ergo impedit, ille est / excors, insanus, calomastix, impius, exlex, / numinis intemerata etenim natura ministra est, / legum suppeditans justarum vera elementa»[38]. De este modo, por su pretensión de un diálogo con Dios al margen de la naturaleza, que no puede sino concluir en un menosprecio de esta última, el cristianismo muestra su carácter de plena subversión del orden natural-divino y de los valores. Por eso tampoco nos puede sorprender que, justo a continuación, el *De immenso* concluya con la legítima desautorización y rechazo de todo presunto enviado divino (se dice «Genius», pero ¿hemos de leer Mesías, esto es, Cristo?) que se presente a los hombres en conflicto con la naturaleza: «Cui [Naturae] Deus obsistens si quis fingatur adesse, / multum equidem defit Genius quo possit haberi / spectandus nobis, titulo laudisque vehendus»[39].

Así pues, la naturaleza infinita (y en tanto que infinita) es la *ministra* de Dios, la mediadora entre Él y los hombres, pues constituye la única y total expresión de Dios, a través de la cual es posible la comunicación y unión con Él. Y, aunque es infinita y el hombre es finito, sin embargo Bruno no contempla en este caso una desproporción entre ambos términos y por tanto una imposibilidad de entrar en relación. Como se ha dicho en repetidas ocasiones, ante el universo infinito retrato y expresión de Dios, Bruno se siente liberado, en casa, pues es más bien el mundo finito (y jerarquizado) lo que constituye una cárcel

---

37. *Ibi*, p. 461-463; traducción castellana, cit., p. 282.
38. *De immenso*, I, 9, pp. 234s.
39. *Ibi*, p. 235.

opresora. Lejos de quedar anulado en el infinito, Bruno encuentra en él la posibilidad siempre abierta de conocer a Dios, de unirse a Él, y una felicidad siempre renovada. Como dicen los *Eroici furori*:

> In questo dumque che l'intelletto concepe la luce, il bene, il bello, per quanto s'estende l'orizonte della sua capacità, e l'anima che beve del nettare divino e de la fonte di vita eterna, per quanto comporta il vase proprio; si vede che la luce è oltre la circunferenzia del suo orizonte dove può andar sempre più e più penetrando; et il nettare e fonte d'aqua viva è infinitamente fecondo, onde possa sempre oltre et oltre inebriarsi [...] è felicità, perché sempre vi si trova quel che si cerca; et in tanto non vi è sazietà, per quanto sempre s'abbia appetito, e per consequenza gusto[40].

Como se cuida de precisar el propio Bruno, «cotal felicità d'affetto comincia da questa vita, et in questo stato ha il suo modo d'essere»[41]. Se trata de un acceso intelectual a Dios y de una unión y goce con su conocimiento que tiene lugar en esta vida, a través del ejercicio de las facultades cognoscitivas humanas. Pero por la descripción que hace Bruno, por la aplicación a ese estado de las metáforas bíblicas («fuente de vida eterna», «fuente de agua viva») que designaban el Paraíso beatífico ultramundano, resulta que Bruno ha atribuido a la Filosofía la capacidad de procurar al hombre la perfección, la auténtica comunión con Dios posible al hombre y, a fin de cuentas, el Paraíso[42].

Si la infinitud del universo ocupa este lugar fundamental en la cosmología bruniana y posee esta dimensión estratégica en la relación entre Dios y hombre, podemos comprender la evaluación radicalmente negativa que Bruno hace de Aristóteles al creerlo responsable de la pérdida de dicha infinitud, existente –según Bruno– con anterioridad a él en la *prisca sapientia*. La tesis aristotélica de la inmovilidad (y consi-

---

40. *Furori*, BOeuC VII, pp. 417-419; traducción castellana, cit., pp. 193s.
41. *Ibi*, p. 421; traducción castellana, cit., p. 195.
42. Véase el parágrafo 6 de nuestra introducción a *Furori*, donde nos extendemos sobre esta transposición inmanentista del Paraíso (BOeuC VII, pp. XC-CXVIII). Permítasenos también remitir a nuestro estudio *Giordano Bruno. Universo infinito, unión con Dios, perfección del hombre*, Herder, Barcelona 2002, en especial cap. 7 («La perfección del hombre y la Filosofía») y el Epílogo («El itinerario de los diálogos y la metamorfosis: de una "cena de cenizas" a la "fuente de vida eterna"»).

guientemente centralidad) de la tierra, tesis basada en la evidencia del sentido, tiene unos efectos de radical subversión de valores porque comporta: a) la sustitución de la verdadera filosofía como empresa intelectual por una pseudofilosofía o filosofía vulgar, basada en la experiencia, que de hecho es la negación de la filosofía y la entronización del *pedantismo*; y b) establece la necesaria finitud del universo porque sólo un cuerpo universal finito puede moverse en revolución circular en torno de su centro en un tiempo finito[43]. Pero la finitud no es un mero error cosmológico, sino un error teológico gravísimo, incluso una blasfemia, porque o hace a Dios y a su potencia finitos o hace a Dios complejo y contradictorio. Además, en el universo finito Dios queda disociado, más allá de las apariencias, de su obra, puesto que la naturaleza deja de ser, en sentido fuerte, expresión y manifestación de Dios y se abre la puerta a la posterior conceptualización por el cristianismo como criatura contingente, fruto de la voluntad soberana, libre, arbitraria de Dios, el cual —como planteará la distinción escolástica entre la *potentia absoluta* y *ordinata*, evaluada por Bruno como *blasfemia*— «puede más de lo que quiere y de lo que hace»[44]. Al final de este proce-

---

43. De ahí que el *De l'infinito universo e mondi* bruniano tenga todo el carácter, ya desde el mismo título, de una refutación integral del *De caelo et mundo* de Aristóteles y que el diálogo segundo de la obra bruniana proceda a la crítica de los argumentos aristotélicos contra la infinitud del cosmos enunciados en *De caelo* I, 5-7, empezando por el de la traslación circular del éter. Véase cuanto hemos dicho en la introducción a *De l'infinito*, BOeuC IV, pp. xviiss. (traducción castellana, pp. 17ss.).

44. Véase *De immenso*, III, 1, pp. 319s.: «Ubi tibi sine causa Deus infinitae virtutis volens et efficiens est finitus, ut est agere potens quod nunquam aget neque volet, et consequenter potens facere quod non vult, potentiam aliam, imo et contrariam habens voluntati, et voluntatem potentiae contrariam [...]. Neque distinctionem potentiae in absolutam et ordinatam, vel ordinariam introducamus illo [Dios], ubi non libertatem protestetur, sed implicet apertam contradictionem. Est perfectio in nobis (si ita placet) ut possimus multa facere quae non facimus: blasphemia vero est facere Deum alium a Deo: voluntatem eius aliam atque alia, unam quae currit cum potentia, aliam quae abhorreat a potentia». Véase M. A. Granada, «Il rifiuto della distinzione fra *potentia absoluta* e *potentia ordinata* di Dio e l'affermazione dell'universo infinito in Giordano Bruno», *Rivista di storia della filosofia*, 49, (1994), pp. 495-532; *idem*, «"Blasphemia vero est facere Deum alium a Deo". La polemica di Bruno con l'aristotelismo a proposito della potenza di Dio», en E. Canone ed., *Letture bruniane del Lessico Intellettuale Europeo (1996-1997)*, Istituti Editoriali e Poligrafici Internazionali, Roma-Pisa 2002, pp. 151-188.

so el universo ya no es divino, queda totalmente desacralizado; puede remitir (como vestigio, en sentido débil) a su creador, pero ya no es él mismo sacro y divino, ni el hombre puede encontrar en él la divinidad.

Dada esta devaluación de la naturaleza, ésta ya no puede ser ni funcionar como *el mediador* entre hombre y Dios, como lugar de encuentro y comunicación o comunión con Dios; el hombre se ve obligado a buscar un mediador fuera de la naturaleza, en un orden sobrenatural o extranatural. Es la situación que relata o presupone san Agustín cuando en sus *Confesiones* afirma: «Interrogavi mundi molem de Deo meo, et respondit mihi: "Non ego sum, sed ipse me fecit"»[45]. Por eso, porque la naturaleza no permite el encuentro con lo divino, san Agustín afirma querer conocer únicamente «a Dios y al alma [...]. Nada más»[46]; la naturaleza y su conocimiento no es sino una *curiositas* maligna que puede llevar fácilmente a la perdición.

Desde la perspectiva de Bruno todo ello muestra la completa transvaloración que sigue inevitablemente a la afirmación aristotélica del universo finito que pone fin a la Filosofía: el verdadero camino de la perfección del hombre y del encuentro y comunión con la divinidad, la naturaleza, queda condenado como *vana curiositas*, fuente de perdición; en cambio, se busca la perfección y la divinidad en el ámbito puramente imaginario y fantástico de una revelación y comunión sobrenaturales: el ámbito del milagro, del misterio, de la mediación de Cristo en que el hombre es un sujeto pasivo que se beneficia de una metamorfosis operada por Dios[47]. Tal subversión de valores que abre el periodo histórico cristiano, a partir de la premisa necesaria de Aristóteles, sólo pudo triunfar históricamente –piensa Bruno– sobre la base de la ignorancia, de la mentira, de la seducción y de la impostura[48]. De

---

45. *Confessiones*, X, 6, 9.
46. *Soliloquia*, I, 2, 7.
47. Tal como plantea Montaigne en la conclusión de la *Apologie de Raimond Sebond*: «Ny que l'homme se monte au dessus de soy et de l'humanité: car il ne peut voir que de ses yeux, ny saisir que de ses prises. Il s'eslevera si Dieu lui preste extraordinairement la main; il s'eslevera, abandonnant et renonçant à ses propres moyens, et se laissant hausser et soubslever par les moyens purement celestes», *Essais*, edición de P. Villey, P.U.F., París 1992, p. 604. Es sabido que las ediciones aparecidas en vida de Montaigne decían tras «soubslever» «par la grâce divine mais non autrement».
48. Véase *Spaccio*, pp. 461-469 (constelación de Orión-Cristo; traducción castellana, pp. 281-286) para una exposición de estos puntos; y la *Cabala del cavallo Pega-*

este modo, Cristo y el cristianismo son un efecto o consecuencia de la subversión aristotélica. A esta realidad de Cristo, más allá de toda apariencia o cobertura silénica, hace referencia Bruno –si no andamos equivocados– cuando en el elogio del Nolano de *La cena de le Ceneri* habla de:

> [...] le *chimere* di quei che essendo usciti dal fango e caverne de la terra [realidad], quasi Mercurii et Apollini discesi dal cielo [apariencia fabricada], con *moltiforme impostura* han ripieno il mondo tutto d'infinite pazzie, bestialità e vizii, come di tante vertù, divinità e discipline: *smorzando quel lume* che rendea divini et eroichi gli animi di nostri antichi padri [apagando el intelecto y anulando la Filosofía], approvando e confirmando le tenebre caliginose di sofisti et asini[49].

La referencia teológico-religiosa anticristiana queda confirmada, por otra parte, por el hecho de que en la traducción latina de este elogio, efectuada en el «Excubitor» del *Camoeracensis Acrotismus*, publicado en Wittenberg en 1588, Bruno añade en este lugar el siguiente pasaje en el que la escatología cristiana queda claramente rechazada: «[...] Jam ex illo infinitae mortalitatis, fatalis irae, plumbei judicii, incertissimae salutis, partialis amoris, Erinnyum aeternarum, adamantinorumque ostiorum atque catenarum nusquam existentium horrore solutus»[50].

Con su obra, Cristo daba efectivamente la sanción definitiva a Aristóteles y a su pseudofilosofía que había abortado la luz del intelecto. El hecho de que Bruno piense seguramente en Aristóteles como condición de posibilidad de un Cristo que a su vez lo confirma, encuentra apoyo en la presentación de Aristóteles en la *Cabala* como *asno* y *pedante* que da comienzo a la obra de subversión:

> Per esser stinta la cognizione della filosofia morto Socrate, bandito Platone [...] facilmente possevi aver riputazion non sol di retorico,

---

seo, BOeuC VI, para una exposición de la *santa asinitas* cristiana y su teoría de la *vana curiositas*.

49. *Cena*, BOeuC II, p. 47; traducción castellana, *La cena de las cenizas*, cit., pp. 69s. Sobre la dimensión de este elogio de sí mismo véase *supra*, cap. III.

50. *Camoeracensis Acrotismus*, en BOL, I, I, p. 67.

politico, logico [lo que en verdad era], ma ancora de filosofo [...] mi venni ad intrudere come riformator di quella disciplina della quale io non avevo notizia alcuna. Mi dissi principe de' Peripatetici [...] secondo il lume e per dir il vero secondo le tenebre che regnavano in me, intesi et insegnai perversamente circa la natura de li principii e sustanza delle cose, delirai più che l'istessa delirazione circa l'essenza de l'anima, nulla possevi comprendere per dritto circa la natura del moto e de l'universo; et in conclusione son fatto quello per cui la scienza naturale e divina è stinta nel bassissimo della ruota, come in tempo de gli Caldei e Pitagorici è stata in exaltazione[51].

Si Bruno presenta –si nuestra interpretación es correcta– a Aristóteles y Cristo como los iniciadores o profetas, mediante una obra de total subversión, de un periodo histórico de pérdida de la Filosofía, de una «quimérica» o «insana» búsqueda de la divinidad en el misterio sobrenatural, lo hace en el marco de un elogio de sí mismo como *liberador* del «ánimo humano y del conocimiento», esto es: como heraldo de un nuevo periodo histórico que hace renacer la Filosofía, la luz del intelecto, y con ella el universo infinito en toda su dimensión mediadora que hace de la Filosofía y del conocimiento filosófico-científico de la naturaleza infinita, vía de salvación, esto es, de unión con la divinidad y por consiguiente de perfección y felicidad. Por eso el manifiesto filosófico del *De immenso* contrapondrá al «sueño vulgar» del cristianismo la realidad de la Filosofía y su eficacia salvífica en palabras elocuentes:

Non levem igitur ac futilem, atqui gravissimam perfectoque homine dignissimam contemplationis partem persequimur, ubi divinitatis, naturaeque splendorem, fusionem, et communicationem non in Aegyptio, Syro, Graeco, vel Romano individuo, non in cibo, potu, et ignobiliore quadam materia cum attonitorum seculo perquirimus, et inventum confingimus et somniamus: sed in augusta omnipotentis regia, in immenso aetheris spacio, in infinita naturae geminae omnia fientis et omnia facientis potentia [...]. Sic ex visibilium aeterno, immenso et innumerabili effectu, sempiterna, immensa illa majestas atque bonitas intellecta conspicitur[52].

51. *Cabala*, BOeuC VI, pp. 111-113; traducción castellana, *Cábala del caballo Pegaso*, cit., pp. 128s.
52. *De immenso*, I, 1, p. 205 (traducción castellana *supra*, p. 104).

Bruno ha colocado la subversión de Aristóteles (y lógicamente también su propia iniciativa reformadora) en la «ruota» del tiempo, es decir, en la *rueda de la metamorfosis*[53] que comprende en su movimiento vicisitudinal todo el movimiento de la naturaleza infinita y también el curso de la historia humana. La historia humana forma, pues, parte de la naturaleza y su curso sigue la misma pauta o está sometido a la misma ley vicisitudinal que gobierna la naturaleza entera. No hay una historia espiritual del género humano, al margen de la naturaleza, por la cual el hombre sea redimido de su pecado por la obra de Cristo para encontrarse al final de los tiempos con Dios en el Paraíso. Toda la existencia humana se da en la naturaleza infinita; también el conocimiento y la unión auténticas posibles con Dios, en este caso por el ejercicio activo de la Filosofía llevado hasta su culminación, tal como Bruno pretende ejemplificarlo en los *Eroici furori*. Evidentemente, Pascal es otra cosa, totalmente distinta. Pero antes de abordar su estudio, permítaseme decir que, si Karl Löwith decía, a propósito de Spinoza y de Nietzsche, que se trataba de dos intentos consecuentes y lúcidos de restaurar la posición fundamental de Grecia y del paganismo (el sentido pleno de la naturaleza divina) en la modernidad europea marcada por el cristianismo[54], lo mismo cabe decir de Bruno y en medida no menor.

---

53. Véase *Furori*, BOeuC VII, pp. 147-151 y nuestro ya citado (*supra*, nota 42) «El itinerario de los diálogos y la metamorfosis...».
54. Cfr. K. Löwith, *Nietzsches Philosophie des ewigen Wiederkehrs des Gleichen*, cap. IV, «Die antichristliche Wiederholung der Antike auf der Spitze der Modernität», en K. Löwith, *Sämtliche Schriften*, vol. 6, Metzler, Stuttgart 1987, pp. 238-256; *Idem, Gott, Mensch und Welt in der Metaphysik von Descartes bis zu Nietzsche*, en K. Löwith, *Sämtliche Schriften*, vol. 9, Stuttgart 1986, cap. VIII: «Nietzsches Versuch zur Wiedergewinnung der Welt», pp. 117-147 y cap. IX, «Spinoza. Deus sive Natura», pp. 148-194.

3. PASCAL: CRISTO MEDIADOR NECESARIO Y ÚNICO

¿Conocía Pascal a Bruno? Es posible que sí, reconoce Gouhier, pero su conocimiento no debió de pasar de oídas[55]. Quizá, pensamos nosotros, pudo encontrar en el segundo volumen de la obra de Mersenne *L'impieté des deistes* una exposición de algunas importantes doctrinas de Bruno relativas al universo infinito y a la necesidad de su producción por la divinidad, pero es probable que Pascal, cuyo conocimiento de la tradición filosófica y de la filosofía contemporánea parece haber sido escaso, no tuviera un conocimiento preciso del pensamiento bruniano y menos en una problemática como la que nos ocupa[56]. La oposición radical de Pascal a las tesis de Bruno no implica, obviamente, un conocimiento de éste y de sus tesis concretas, sino el rechazo de las mismas en tanto que reafirman, más allá de sus aspectos particulares, las posiciones básicas de la filosofía, que Pascal combate como incompatibles con la doctrina cristiana.

En principio hay una coincidencia inicial: la razón, la luz natural, no puede alcanzar a Dios en sí o absoluto ni por tanto unir al hombre con él. Pero a partir de aquí la divergencia es total: Pascal concluye que se impone dejar de lado la razón y asumir la Fe, esa instancia o dimensión sobrenatural en la que se plantea la comunicación del hombre con Dios; Bruno, como hemos visto, piensa que la razón y el intelecto nos llevan a conocer y a unirnos con Dios (Apolo) en su genitura necesaria, infinita y divina que es la naturaleza (Diana), manteniendo frente a la fe (y en particular la fe cristiana) una actitud de desconfianza e incluso desprecio[57], por lo cual la religión no es –en el mejor de los casos– sino una ley destinada al vulgo con la finalidad de inculcarle las normas de convivencia civil[58].

---

55. Véase H. Gouhier, *Blaise Pascal. Conversion et apologétique*, cit., p. 238, nota 15.
56. De hecho Pascal está ausente del meritorio estudio de S. Ricci, *La fortuna del pensiero di Giordano Bruno 1600-1750*, Florencia 1990. Tampoco se hace mención de Pascal en el trabajo más reciente de S. Ricci, «La fortuna di Giordano Bruno in Francia al tempo di Descartes», *Giornale critico della filosofia italiana*, 75 (1996), pp. 20-51.
57. Véase por ejemplo *Spaccio*, BOeuC V, p. 473: «Stolta fede et orba Credulitade»; traducción castellana, cit., p. 288: «Necia Fe y ciega Credulidad».
58. Véase *Cena*, BOeuC II, pp. 191-203 (traducción castellana, cit., pp. 133-138); *Spaccio*, diálogos I, 3 y II, 1.

Por otra parte, para pasar a examinar ya cómo la concepción bruniana se encuentra negada en Pascal, la naturaleza no tiene en el autor francés las cualidades que le concede Bruno. Es infinita, ciertamente, y como Bruno, también Pascal la define como «une sphère infinie dont le centre est partout, la circonférence nulle part»[59]. Pero, en cambio, en Pascal no es un producto necesario de Dios ni constituye su expresión e imagen perfecta, pues el Dios de Pascal es ante todo persona. La naturaleza infinita tampoco es en Pascal divina ni los astros son divinos, verdaderos ángeles y nuncios de Dios; carece además de un alma e inteligencia internas y es contingente, totalmente dependiente de la libre voluntad de Dios unitrino y llamada a existir durante un tiempo finito. Para Pascal la naturaleza infinita es «res extensa», sin principio activo, sometida a la legalidad mecánica; es la inserción de Pascal en la nueva física mecanicista, que él lleva adelante a través de sus estudios sobre el vacío, rectificando el cartesianismo: «Qu'y a (-t-) il de plus absurde que de dire que des corps inanimés ont des passions, des craintes, des horreurs, que des corps insensibles sans vie, et même incapables de vie, aient des passions qui présupposent une âme au moins sensitive pour les recevoir [...]?»[60]. El conocimiento del automatismo natural no nos acerca a Dios su creador, que es a lo que aspira Pascal y que Bruno (desde la Filosofía) proclama incognoscible; con respecto a él el universo infinito es «mudo» y «silencioso», puesto que –como dice la Escritura– «vere tu es Deus absconditus» y desde la naturaleza el hombre no trasciende a Dios, no se convierte[61]. Por ello, frente a Bruno y de

---

59. *Pensées*, nº 199, en B. Pascal, *Oeuvres complètes*, edición de L. Lafuma, Seuil, París 1963 (para una traducción castellana véase B. Pascal, *Obras: Pensamientos, Provinciales, Escritos científicos, Opúsculos y Cartas*, traducción de C. R. de Dampierre, Alfaguara, Madrid 1981). Sobre el tema de la esfera infinita véase el clásico estudio de D. Mahnke, *Unendliche Sphäre und Allmittelpunkt*, reimpresión Frommann Verlag, Stuttgart-Bad Cannstatt 1966, pp. 24-29 (Pascal), 48-59 (Bruno). Cfr. *De l'infinito*, BOeuC IV, pp. 83-85, cit. *supra*, nota 32 y P. Magnard, *Pascal. La clé du chiffre*, Éditions Universitaires, París 1991, pp. 60ss.
60. *Pensées*, nº 958; cfr. nº 821: «[...] nous sommes automate autant qu'esprit».
61. *Pensées*, nº 198: «En regardant tout l'univers muet et l'homme sans lumière abandonné à lui-même»; nº 201: «[...] le silence éternel de ces espaces infinis m'effraie»; nº 427: «[...] on ne voit rien dans le monde qui le [Dios] montre avec cette evidence. Mais puisqu'elle [la Escritura] dit, au contraire, que les hommes sont dans les ténèbres et dans l'éloignement de Dieu, qu'il s'est caché à leur connaissance, que c'est

acuerdo con la tradición cristiana, de acuerdo con la afirmación de san Agustín de que sólo le interesaba el conocimiento de sí mismo (del alma) y de Dios, Pascal proclama que el conocimiento de la naturaleza no vale la pena, es un esfuerzo vano:

> Il faut dire en gros: cela se fait par figure et mouvement. Car cela est vrai, mais de dire quelles et composer la machine, cela est ridicule. Car cela est inutile et incertain et pénible. Et quand cela serait vrai, nous n'estimons pas que toute la philosophie vaille une heure de peine[62].

Para el hombre en su estado natural, desprovisto de fe, la contemplación de la naturaleza infinita no produce, según Pascal, el efecto que pretendía Bruno: alegría, liberación, encuentro con Dios en su imagen y simulacro infinito. Produce, por el contrario, «effroi» (espanto), «égarement» (extravío). El hombre se pierde en el doble infinito que lo rebasa en ambas direcciones: espacial y temporal, macrocósmica y microcósmica; el yo individual y finito se siente completamente anulado ante la disproporción con respecto al infinito:

> Car enfin qu'est-ce que l'homme dans la nature? Un néant à l'égard de l'infini, un tout à l'égard du néant, un milieu entre rien et tout, infiniment éloigné de comprendre les extrêmes; la fin des choses et leurs principes sont pour lui invinciblement cachés dans un secret impénétrable [...]. Manque d'avoir contemplé ces infinis les hommes se sont portés témérairement à la recherche de la nature comme s'ils avaient quelque proportion avec elle. C'est une chose étrange qu'ils ont voulu comprendre les principes des choses et de là

---

même le nom qu'il se donne dans les Écritures, *Deus absconditus* [...]». Sólo en los *milagros*, hechos raros y sobrenaturales en los que el funcionamiento legal ordinario de la naturaleza queda subvertido, se manifiesta abiertamente Dios en la naturaleza. Véase la carta a los Roannez de finales de octubre de 1656, *Oeuvres*, p. 267 (traducción castellana, cit., pp. 325s.). Por el contrario, ya hemos visto que Bruno –anticipando la posición de Spinoza– había ironizado sobre la concepción del milagro como efecto de la voluntad de Dios, contrario a la voluntad de Dios manifiesta en el orden natural necesario, y había declarado que la máxima expresión de la voluntad divina era el orden natural mismo. Véase *supra*, nota 35.

62. *Pensées*, nº 84; cfr. nº 553: «Écrire contre ceux qui approffondissent trop les sciences».

arriver jusqu'à connaître tout, par une présomption aussi infinie que leur objet. Car il est sans doute qu'on ne peut former ce dessein sans une présomption ou sans une capacité infinie, comme la nature[63].

Si algo produce la consideración del infinito, no es la «magnanimitas» de la Filosofía, como en Bruno[64], sino por el contrario la «humillación»: «[...] si elles [les connaissances naturelles] le sont [vraies], il y trouve [en la consideración de la naturaleza infinita] un grand sujet d'humiliation, forcé à s'abaisser d'une ou d'autre manière»[65]. Por ese camino moral, inverso al de Bruno, la naturaleza puede conducir, fuera de ella, al encuentro de Dios. Es, pues, por medio de la humillación subsiguiente a la manifestación viva de la verdadera condición humana en la naturaleza como ésta puede procurar (negativamente por así decir o en tanto que *signo* de una realidad figurada, no en el sentido de un conocimiento positivo de la misma en tanto que divina, como era el caso en Bruno) una apertura hacia Dios o una especie de manifestación del Dios escondido que la trasciende[66]

En consecuencia, como dice Pascal en el *Memorial* que registra su segunda y definitiva conversión en noviembre de 1654, «oubli du monde et du tout hormis DIEU»[67]. Porque Pascal, como hemos indicado, aspira a Dios en sí, al cual no puede conducir la naturaleza, que —contra lo que pensaba Bruno— no tiene con su causa una relación de derivación necesaria y total. Ese Dios, personal, es, por el contrario, el Dios de la Escritura, el «Dieu d'Abraham. Dieu d'Isaac. Dieu de Jacob [...] Dieu de Jésus-Christ», «non des philosophes et scavans», como

---

63. *Pensées*, nº 199, p. 526.
64. Cfr. *De l'infinito*, BOeuC IV, p. 39: «[...] onde aremo la via vera alla vera moralità, saremo magnanimi [...] e verremo certamente più grandi che que' dèi che il cieco volgo adora, perché dovenerremo veri contemplatori dell'istoria della natura la quale è scritta in noi medesimi, e regolati executori delle divine leggi che nel centro del nostro core son inscolpite»; traducción castellana, cit., p. 88. Cfr. asimismo p. 41 cit. *supra*, nota 4.
65. *Pensées*, nº 199, p. 525.
66. Para esta dimensión de la naturaleza véase Y.-Ch. Zarka, «Pascal et le problème de l'interprétation de la nature», ahora en *Idem, Philosophie et politique à l'âge classique*, París 1998, pp. 63-84, especialmente pp. 79ss.
67. Cfr. la reproducción facsímil en H. Gouhier, *Blaise Pascal, Commentaires*, París 1971, al final del volumen.

afirma también el *Memorial*[68], cuyo conocimiento se da al margen de la naturaleza («le monde ne t'a point connue», dice siempre el *Memorial*), por la vía sobre o extranatural de los milagros, de la Escritura, de Jesucristo: Dios «ne se trouve –siempre según el *Memorial*– que par les voies enseignées dans l'Evangile». Si Bruno sostenía con fuerza que sólo en la naturaleza se comunica Dios a y con los hombres y sólo en ella cabe en consecuencia buscarlo, reduciéndose por tanto las religiones y la Escritura misma a hechos naturales de finalidad natural y cósmica, Pascal postula, en el silencio prácticamente total de la naturaleza infinita con respecto a Dios, la comunicación de y con Dios al margen de la naturaleza. Si Bruno, como hemos visto, había afirmado en el *Spaccio* que la divinidad es sorda al lenguaje oral de los hombres, Pascal considera posible y necesario dirigirse a ella para solicitar el buen uso de las enfermedades:

> C'est pourquoi, mon Dieu, je m'adresse à vous, Dieu tout-puissant, pour vous demander un don que toutes les créatures ensemble ne peuvent m'accorder. Je n'aurais pas la hardiesse de vous adresser mes cris, si quelque autre pouvait les exaucer. Mais, mon Dieu, comme la conversion de mon coeur, que je vous demande, est un ouvrage qui passe tous les efforts de la nature, je ne puis m'adresser qu'à l'auteur et au maître tout-puissant de la nature et de mon cœur [...]. Tout ce qui n'est pas Dieu ne peut pas remplir mon attente. C'est Dieu même que je demande et que je cherche; et c'est à vous seul, mon Dieu, que je m'adresse pour vous obtenir[69].

Abandono, por tanto, del mundo y de todo; también de la Filosofía, pues «nous n'estimons pas que toute la philosophie vaille une heure de peine». Porque, en realidad ¿qué es la Filosofía, esa empresa en la que Bruno cifraba la perfección del hombre?: para Pascal orgullo y soberbia sin fundamento, vanidad e impotencia. Ese espléndido documento que es el *Entretien avec Monsieur de Sacy* lo muestra con toda claridad. La Fi-

---

68. Véase H. Gouhier, *Blaise Pascal. Conversion et apologétique*, cit., pp. 136 y 143.

69. *Prière pour demander à Dieu le bon usage des maladies*, en *Oeuvres*, cit., p. 363; traducción castellana, cit., pp. 272s. Cfr. H. Gouhier, *Blaise Pascal. Conversion et apologétique*, cit., pp. 89s.

losofía se expresa en las figuras emblemáticas de Epicteto y Montaigne. Se trata, seguramente, de los filósofos que Pascal conocía mejor y más directamente; su obra la había leído y meditado con atención y en ellos había descubierto la expresión paradigmática de las dos únicas posiciones posibles a la razón humana: desde el punto de vista moral, el orgullo y la miseria; desde el punto de vista epistemológico, el dogmatismo y el escepticismo radical[70]. Epicteto representa la sabiduría antigua, la *prisca sapientia*, la Filosofía en su dimensión (pretendidamente) religiosa; puede representar, por tanto, perfectamente la posición de Bruno, tal como la hemos presentado, esto es: la afirmación de la capacidad humana de elevarse a Dios por el conocimiento natural del ser y de unirse a él, encontrando de ese modo la salvación (*salus*); por tanto, el *orgullo* pretendidamente legítimo. En cambio, Montaigne es el pirronismo, la demostración por la filosofía misma de la impotencia del hombre para llevar a cabo ese objetivo que Epicteto (Bruno) formula como un deber; por tanto, la *miseria*. En estas sus formulaciones emblemáticas la Filosofía se niega a sí misma y se muestra en una contradiccion insoluble, de la que es incapaz de salir por sí sola. Podemos por tanto comprender que Pascal, en una nota para su proyecto de *Apologética*, califique a la Filosofía de «locura», en el sentido erasmiano (*id est*, paulino) de sabiduría del mundo y de los sabios que es estulticia a los ojos de Dios: «Folie de la science humaine et de la philosophie»[71]. Así pues, a Bruno (encarnación del símbolo Epicteto) contrapone Pascal el pirronismo de Montaigne.

La solución y salida de esa contradicción filosófica, imposible a la filosofía, se halla en la introducción de un hecho histórico, según Pascal, el *deus ex machina* del «pecado original»:

> Il me semble que la source des erreurs de ces deux sectes est de n'avoir su que l'état de l'homme à présent diffère de celui de sa créa-

---

70. Véase H. Gouhier, *ibi*, pp. 134, 157ss. Cfr. *Entretien avec Monsieur de Sacy*, en *Oeuvres*, cit., pp. 292-297 (296): «En lisant cet auteur [Montaigne] et le comparant avec Epictète, j'ai trouvé qu'ils étaient assurément les deux plus grands défenseurs des deux plus célèbres sectes du monde, et les seules conformes à la raison, puisqu'on ne peut suivre qu'une de ces deux routes, savoir: ou qu'il y a un Dieu, et lors il y place son souverain bien; ou qu'il est incertain, et qu'alors le vrai bien l'est aussi, puisqu'il en est incapable»; traducción castellana, cit., pp. 41-53 (49s.).

71. *Pensées*, nº 408.

tion; de sorte que l'un remarquant quelques traces de sa première grandeur, et ignorant sa corruption, a traité la nature comme saine et sans besoin de réparateur, ce qui le mène au comble de la superbe; au lieu que l'autre, éprouvant la misère présente et ignorant la première dignité, traite la nature comme nécessairement infirme et irréparable, ce qui le précipite dans le desespoir d'arriver à un véritable bien, et de là dans une extrême lâcheté[72].

El pecado original, reconoce Pascal, es «folie» («locura»), pero de carácter antitético a la «folie» de la Filosofía. Ésta es de esa clase de sabiduría humana que en realidad es estulticia a los ojos de Dios; la doctrina del pecado original humano, en cambio, es de esa «locura» a los ojos de la sabiduría del mundo, como la locura de la cruz, pero por la cual Dios ha querido que los hombres sean salvados, como se enseña en 1 Corintios 1. El fragmento 695 lo reconoce con toda claridad:

> Le péché originel est folie devant les hommes, mais on le donne pour tel. Vous ne me devez donc pas reprocher [dice Pascal a su interlocutor filosófico, por tanto a Bruno] le défaut de raison en cette doctrine, puisque je la donne pour être sans raison. Mais cette folie est plus sage que toute la sagesse des hommes, *sapientius est hominibus*[73]

Por el pecado original, que Bruno lógicamente había excluido, igual que hará más tarde Spinoza[74], sabemos que Epicteto (la filosofía dogmática o Bruno) apela a un hombre originario, pero ya desaparecido, anterior a la caída. Sólo en ese estadio el planteamiento de la Filosofía es posible; pero el pecado ha corrompido esa naturaleza humana y hecho al hombre incapaz, ha anulado esa capacidad original y reducido

---

72. *Entretien*, en *Oeuvres*, cit., p. 296; traducción castellana, cit., p. 50. Véase también *Pensées*, nº 149: «Vous n'êtes plus maintenant en l'état où je [la Sabiduría de Dios] vous ai formés. J'ai crée l'homme saint, innocent, parfait, je l'ai rempli de lumière et d'intelligence; je lui ai communiqué ma gloire et mes merveilles [...]. Il n'était pas alors dans les ténèbres qui l'aveuglent, ni dans la mortalité et dans les misères qui l'affligent».

73. *Pensées*, nº 695. Pascal alude a 1 Corintios 1, 25.

74. Sobre Bruno, que subvierte irónicamente la dialéctica paulina y erasmiana de las locuras humana y divina en la *Cabala del cavallo pegaseo*, véase *Spaccio*, diálogo III, 1 en BOeuC V, pp. 339ss. (traducción castellana, cit., pp. 226ss.); sobre Spinoza cfr. L. Brunschvicg, *Spinoza et ses contemporains*, París 1971, p. 205.

al hombre a la miseria que revela su estado y situación actual, tal como pone de manifiesto Montaigne (el pirronismo). En esta situación, seguir planteando la Filosofía y el despliegue de la capacidad natural del sujeto humano como vía para el acceso a Dios desde la naturaleza, la empresa bruniana tal como se desarrolla por ejemplo en *De gli eroici furori*, es «superbe diabolique»[75], pura vanidad.

Ahora bien, el pecado original (por tanto la religión cristiana), que da sentido al diagnóstico del pirronismo, denuncia la limitación del mismo al estadio histórico de la naturaleza caída y lo supera al poner de manifiesto la grandeza originaria del hombre y al anunciar la reparación del estado originario, la superación de la miseria y el acceso al «verdadero Dios» («le seul vrai Dieu» de que habla el *Memorial*, frente al fantasma o falso Dios de la Filosofía, la divinidad a que pretende acceder Bruno filosóficamente desde y en la naturaleza)[76] por Jesucristo (encarnación plena de la divinidad absoluta en un hombre), locura ciertamente, pero de sentido muy distinto, antitético, en Pascal por un lado y por otro en Bruno y más tarde en Spinoza[77]. Así, Jesucristo (hombre-Dios) es el verdadero mediador, la única vía de acceso a Dios, vía que consiste y reside en la fe tras el abandono y la deposición de la inútil Filosofía, contraproducente a efectos de la salvación. Lo expresa con toda rotundidad el fragmento 189:

> Nous ne connaissons Dieu que par Jésus-Christ. Sans ce médiateur est ôtée toute communication avec Dieu. Par J.-C. nous connaissons Dieu. Tous ceux qui ont prétendu connaître Dieu et le prouver sans J.-C. n'avaient que des preuves impuissantes [...]. En lui et par lui nous connaissons donc Dieu. Hors de là et sans Écriture, sans le peché originel, sans médiateur nécessaire, promis et arrivé, on ne peut prouver absolument Dieu, ni enseigner ni bonne doctrine, ni bonne morale. Mais par J.-C. et en J.-C. on prouve Dieu et on enseigne la morale et la doctrine. J.-C. est donc le véritable Dieu des hommes.

75. *Entretien*, en *Oeuvres*, cit., p. 293; traducción castellana, cit., p. 44. Por el contrario, la transparencia de la miseria de la condición humana puede dar paso a la manifestación de la naturaleza como *signo* y *figura*. Véase Y.-Ch. Zarka, loc. cit. *supra*, nota 66.
76. Véase H. Gouhier, *Conversion et apologétique*, cit., pp. 141-145.
77. Sobre Bruno, véase *Spaccio*, BOeuC V, pp. 495-499 (constelación del Centauro); traducción castellana, cit., pp. 297-300. Sobre Spinoza, véase L. Brunschvicg, op. cit., pp. 206s.

La antítesis con Bruno no puede ser más rotunda. No solamente Dios en sí es accesible al hombre, sino que se da al hombre y se comunica con él, pero al margen de la naturaleza, en Jesucristo, que como hombre-Dios puede llevar a cabo esa mediación que la naturaleza es incapaz de realizar entre el hombre y «le seul vrai Dieu». Por eso puede decir Pascal: «[...] il est non seulement impossible, mais inutile de connaître Dieu sans Jésus-Christ»[78]. Inútil, porque el Dios al que se accede sin Jesucristo no es el verdadero Dios; es esa especie de fantasma causa de la naturaleza al que accede la Filosofía y que, por consiguiente, no puede *salvar*. Pascal lo formula con toda claridad en un fragmento decisivo, en el que la antítesis filosófica aludida es Descartes y su Dios creador de la naturaleza y de las verdades eternas, pero que *mutatis mutandis* representa también al Dios filosófico de Bruno:

> Cette connaissance [de Dios por la naturaleza], sans Jésus-Christ, est inutile et stérile. Quand un homme serait persuadé que les proportions des nombres sont des vérités immatérielles, éternelles et dépendantes d'une première vérité en qui elles subsistent, et qu'on appelle Dieu, je ne le trouverais pas beaucoup avancé pour son salut. Le Dieu des chrétiens ne consiste pas en un Dieu simplement auteur des vérités géométriques et de l'ordre des éléments; c'est la part des païens et des épicuriens [...]. Tous ceux qui cherchent Dieu hors de Jésus-Christ, et qui s'arrêtent dans la nature, ou ils ne trouvent aucune lumière qui les satisfasse, ou ils arrivent à se former un moyen de connaître Dieu et de le servir sans médiateur, et par là ils tombent ou dans l'athéisme ou dans le déisme, qui sont deux choses que la religion chrétienne abhorre presque également[79].

---

78. *Pensées*, nº 191. Sobre la cristología de Pascal y en general sobre las cuestiones abordadas en estas páginas puede consultarse el reciente estudio de B. Grasset, *Les Pensées de Pascal, une interprétation de l'Écriture*, Éditions Kimé, París 2003, que apareció cuando nuestro trabajo ya estaba concluido.

79. *Ibi*, nº 449. Cfr. nº 781: desde el pecado original los hombres están «dans une aveuglement dont ils ne peuvent sortir que par Jésus-Christ, hors duquel toute communication avec Dieu est ôtée: *Nemo novit Patrem nisi Filius, et cui voluerit Filius revelare* [Mateo 11, 27]».

4. CONCLUSIÓN

Así pues, Bruno y Pascal son figuras antitéticas e igualmente radicales en su posición respectiva. Bruno representa la negación del cristianismo, aceptado (porque el mundo «non può essere senza religione» y «se non dispone altrimente il fato»[80]) como *lex* destinada a la edificación moral del vulgo; representa también la reivindicación de la Filosofía como *itinerarium in Deum* y *via salutis* a través de la mediación de la naturaleza y en la naturaleza infinita en que Dios se comunica y expresa necesariamente y totalmente. Estamos ya a un paso de Spinoza[81]. Por su parte Pascal representa la reafirmación del cristianismo y de la Fe[82] frente a la Filosofía, la cual (en contra de todos los concordismos)[83] es acusada de conducir o al ateísmo o a un Dios falso, llamado por los filósofos Dios, pero en realidad un fantasma. Cristo, lejos de ser el mero hombre impostor y seductor de los hombres tras la estela de Aristóteles, es en realidad la encarnación de Dios, el mediador necesario y suficiente, único salvador de los hombres de acuerdo con el plano sobrenatural de la «folie de la croix» en que se halla situada la salvación, dado el silencio total de la naturaleza y la consiguiente nulidad, va-

---

80. *Spaccio*, BOeuC V, pp. 199 y 499; traducción castellana, cit., pp. 170 y 299. Notemos que las religiones están sometidas al destino, es decir, a la ley natural; son, por tanto, hechos naturales. El cristianismo no escapa a ello.

81. Sobre la continuidad de Bruno y Spinoza en el plano teológico-político véase cuanto hemos expuesto en M. A. Granada, *Giordano Bruno*, cit., pp. 146-167.

82. Cfr. *Pensées*, nº 7: «La foi est differente de la preuve: l'une est humaine, l'autre un don de Dieu. *Justus ex fide vivit* [Romanos 1, 17]: c'est de cette foi que Dieu lui-même met dans le coeur, dont la preuve est souvent l'instrument, *fides ex auditu* [Romanos 10, 17], mais cette foi est dans le coeur, et fait dire non *scio*, mais *credo*». Véase, en cambio, el desprecio bruniano de la Fe y de la Palabra que la transmite frente a la confianza en la eficacia salvífica de la Filosofía: «At nos (qui non in solo audito verbo [alusión a Romanos 10, 17: «Ergo fides ex auditu, auditus autem per verbum Christi»] explendi animi famem consuevimus pabulare, sed et ultro sensuum meliorum atque *firmiorum rationum panem exposcimus*) habemus ubi Dei infinitipotentis omniparentisque naturae virtutem possibilitatemque proprio actu non expoliatam [es decir, reducida a la finitud] contemplemur, admiremur et *absque levium illorum somniorum suffragiis* efferamus», *De minimo*, II, 4, en BOL, I, III, pp. 199s.

83. Véase H. Gouhier, *L'Anti-Humanisme au XVIIe siècle*, París 1987, especialmente cap. IX.

nidad y «folie de la philosophie»[84]. En suma, como viene a afirmar el fragmento 149, «si on vous unit à Dieu, c'est par grâce, non par nature». Parece, pues, que estamos inevitablemente abocados a *elegir*, pues no se acierta a ver un término medio. La elección tiene las características de una *apuesta*, como bien vio Pascal. Y, además, como él dijo también, «estamos embarcados».

---

84. Sobre la «folie de la croix» véase *Pensées*, nº 587 y 588; sobre la «folie de la philosophie», evidentemente «locura» en el sentido de locura humana frente a la locura divina de la cruz, véase *Pensées*, nº 408. Como ya hemos indicado, la crítica bruniana, en especial en la *Cabala*, entiende ambas locuras en sentido exactamente inverso.

VII

UNIVERSO INFINITO, *VICISSITUDINE* Y «VERDADERA MORALIDAD»

Todos los diálogos en lengua italiana que Giordano Bruno publicó en Londres en 1584-85 están precedidos de una epístola proemial en la que Bruno traza o presenta un resumen bastante detallado de la obra que viene a continuación. El tercero de esos diálogos, *De l'infinito, universo e mondi*, con el que culmina la exposición de la cosmología infinitista, de su estructura ontológica y de la relación del universo infinito con la divinidad, pone fin a su epístola proemial con un auténtico manifiesto filosófico en el que Bruno reivindica la Filosofía y afirma que su filosofía del universo infinito y de su relación de derivación necesaria y total con la divinidad ofrece «la verdadera vía a la verdadera moralidad» («la via vera alla vera moralità»)[1]. He aquí, pues, reiterado el viejo principio de la filosofía griega de la relevancia o dimensión moral de la *theoría* o *contemplatio* («contemplazione» es la palabra usada por Bruno en esa misma página), por el cual la filosofía verdadera (tanto en el sentido de *auténtica* filosofía como de filosofía que ha descubierto la verdad) se traduce en una praxis moral correcta; un principio que podemos reconocer ya, cuanto menos, en la figura de Sócrates y en el llamado eudemonismo racional o intelectualismo moral. Es verdad que por los mismos años en que Bruno reitera el principio Montaigne lo había cuestionado en sus *Ensayos*, donde en la obertura misma de la *Apología de Raimundo Sabunde* (II, 12; texto de la primera edición, 1580) se afirma:

---

1. G. Bruno, *Del infinito: el universo y los mundos*, traducción de M. A. Granada, Alianza Editorial, Madrid 1993, p. 88 (el manifiesto ocupa las páginas 87-94); *De l'infinito, universo e mondi*, BOeuC IV, pp. 37-49 (39).

Es la ciencia, en verdad, cosa muy útil y grande. Los que la desprecian, demuestran claramente su necedad; mas sin embargo no estimo su valor hasta el punto extremo que algunos le atribuyen [...] que en ella se hallaba el bien soberano y que de ella dependía el hacernos sabios y felices; esto no lo creo, como tampoco lo que otros han dicho, que la ciencia es la madre de todas las virtudes y que todo vicio está producido por la ignorancia. Si esto es verdad, es susceptible de larga interpretación[2].

Bruno, en cualquier caso, reitera ese principio, entendiendo obviamente el término «sapiente» no como el cultor profesional de la filosofía, para quien ésta es un medio de vida, un instrumento, hacia el verdadero fin, que es el poder, la riqueza o sencillamente la supervivencia, sino como el «sabio» o «filósofo» que hace de la filosofía una forma de vida, una opción vital marcada por la búsqueda de la sabiduría como fin en sí mismo. Así, en un pasaje paralelo al manifiesto del diálogo italiano, la proclamación filosófica de *De immenso* I, 1-2, Bruno afirma:

Aquí no proponemos esa filosofía que interesa y atiende a los más desgraciados de todos los desgraciados, que filosofan con vistas al lucro, sino que atiende únicamente al noble ingenio de aquellos que [...] adquieren lo necesario para la vida y no subordinan la majestad de la verdad, digna de ser cultivada por sí misma, a cosas más viles[3].

Con ello Bruno, antes de la reivindicación del utilitarismo por Francis Bacon, testimonia la pervivencia de la vieja concepción de la Filosofía como *theoría* universal (*scientia universalis*) que muestra su verdad en la praxis o como conocimiento que se traduce en un modo de vida justo, en una ética consecuente con la verdad conocida[4].

---

2. Michel de Montaigne, *Ensayos*, traducción de D. Picazo y A. Montojo, vol. II, Cátedra, Madrid 1987, p. 132.
3. G. Bruno, BOL I, I, p. 208: «Heic non ea nobis philosophia proponitur, quae ad miserorum omnium miserrimos, qui pro pane lucrando philosophantur, attineat et adspectet: sed eorum tantum nobile respicit ingenium, qui [...] ad vitam necessaria comparant et veritatis majestatem per se colendam, rebus vilioribus non admittunt» (la traducción es siempre nuestra, salvo indicación expresa). Véase también *De immenso*, VIII, 1, p. 288.
4. Sobre esta concepción de la filosofía véase el estudio ya clásico de P. Hadot, *¿Qué es la filosofía antigua?*, F.C.E., México 1998, pp. 62 y 94s.

Pero en el pasaje de *Del infinito* Bruno conecta en concreto la «verdadera moralidad» con la penetración teórica de un componente concreto de la Filosofía: la «mutación vicisitudinal del todo», «la perpetua mutación»[5]. Mutación y *vicissitudine* son casi lo mismo. La primera afirma el movimiento incesante y perpetuo de todas las cosas en la naturaleza, por tanto también del hombre e incluso de los mismos «dioses» en su seno[6]; la segunda afirma (allí donde no es sencillamente sinónimo de «mutación») que la mutación se da en el sentido de una alternancia entre contrarios[7], en la rotación cíclica que el diálogo *De gli eroici furori* llama *vicissitudine* y la representa en la «rueda de las metamorfosis», esto es, en el descenso a la materia desde el intelecto y la elevación a éste desde aquélla[8]. Por eso, en relación con la *vicissitudine* o movimiento-alternancia vicisitudinal, Bruno afirma la secuencia de mal y bien, la sucesión alternativa de los contrarios, mientras que a propósito de la *mutación* subraya que ésta afecta a los modos o accidentes, a los particulares, esto es, a los sujetos finitos individuales, porque «la sustancia toda persevera idéntica y una»[9], infinita. Del conocimiento y penetración intelectual de esta estructura de la naturaleza (del monismo ontológico y del movimiento incesante entre los contrarios a nivel de *modos* que se da en el seno de la sustancia única que permanece inmutable) se sigue «la vía verdadera a la verdadera moralidad», porque el «sabio» se dispone, de manera consecuente con su conocimiento, a una praxis o a una actitud vital que Bruno describe en los siguientes términos: «Ningún extraño accidente nos descompondrá por dolor o temor y ninguna fortuna nos elevará por placer y esperanza»[10], ya que esa filosofía «libera [al hombre] del solícito afán de los placeres y del

---

5. *Del infinito*, p. 88 (BOeuC IV, p. 39).
6. «Mira, pues, querida hermana [dice Júpiter a Venus], cómo nos doma el tiempo traidor, cómo todos estamos sometidos a la mutación», *Expulsión de la bestia triunfante*, traducción de M. A. Granada, Alianza Editorial, Madrid 1989, p. 123 (*Spaccio de la bestia trionfante*, BOeuC V, p. 89). *Ibi*, p. 94: «[...] de la misma manera que desde lo que antes no era Júpiter se hizo después Júpiter, así también desde lo que en este momento es Júpiter será al final otra cosa distinta de Júpiter», BOeuC V, p. 21).
7. Véase el comienzo de la *Expulsión*, pp. 109-111 (BOeuC V, pp. 55ss.)
8. *De gli eroici furori*, BOeuC VII, pp. 147-151; traducción castellana, *Los Heroicos Furores*, traducción de M. R. González Prada, Tecnos, Madrid 1987, pp. 69-71.
9. *Del infinito*, p. 88 (BOeuC IV, p. 39).
10. *Ibidem*.

ciego sentimiento de los dolores, le hace gozar del ser presente y no temer más que esperar del futuro»[11]. Así pues, la comprensión de la dialéctica entre contrarios presente en la mutación vicisitudinal en el seno del todo, la penetración intelectual consecuente de la unidad de esos contrarios[12], permite al «sabio» estabilizarse en una disposición moral de ecuanimidad centrada, de justo medio, que aparece descrita con toda precisión en *Los Heroicos Furores*: «[...] hállase en el grado de la indiferencia, encuéntrase en la casa de la templanza, donde reside la virtud y la condición de un ánimo fuerte, que no se deja inclinar ni por el Austro ni por el Aquilón»[13]. Por eso, «sabio» será aquel que:

> [...] considerando el bien y el mal, estimando uno y otro como cosa variable y consistente en movimiento, mutación y vicisitud [*vicissitudine*] (de manera tal que el fin de un contrario es principio del otro y el extremo de éste es comienzo de aquél), no se humilla ni se envanece de espíritu, muéstrase moderado en sus inclinaciones y templado en sus voluptuosidades, pues el placer no es para él placer, al tener su fenecer presente. Del mismo modo, la pena no le es pena, porque con la fuerza de la consideración tiene presente su límite. Así, el sabio tiene las cosas mutables por cosas que no son, y afirma que no son más que vanidades, nonadas, porque entre el tiempo y la eternidad existe la misma proporción que entre el punto y la línea[14].

Además, ese conocimiento de que la sustancia infinita es una y de que sus modos particulares (los individuos humanos en concreto) están en incesante mutación permite superar el miedo a la muerte: «[...] mientras consideramos más profundamente –se dice en el manifiesto

---

11. *Ibi*, p. 89 (BOeuC IV, p. 41).
12. Cfr. *Expulsión*, p. 111: «Por eso, si se considera física, matemática y moralmente, se ve que no es poco lo que ha desacubierto aquel filósofo que ha llegado al principio de la coincidencia de los contrarios [obviamente, Bruno alude al Cusano] [...]. Por eso quien considere bien la cosa no se desanimará o enorgullecerá jamás por la situación y condición presente, por muy buena o mala, peor o mejor que le parezca en comparación con otras condiciones y fortunas» (BOeuC V, pp. 57-59).
13. *Los Heroicos Furores*, cit., p. 49 (BOeuC VII, pp.103).
14. *Ibi*, pp. 47s. (BOeuC VII, p. 101). Sobre la derivación averroísta de esta doctrina de la temperancia e indiferencia del sabio, que ve las cosas desde la perspectiva de la eternidad, véase M. A. Granada, *Giordano Bruno: universo infinito, unión con Dios, perfección del hombre*, Herder, Barcelona 2002, pp. 52-61 y 323-329.

de *Del infinito*– el ser y la sustancia de aquel en el que somos inmutables [el universo infinito como sustancia una e inmutable], hallaremos que no existe la muerte, no sólo para nosotros, tampoco para ninguna sustancia, mientras nada disminuye sustancialmente, sino que todo cambia de rostro discurriendo por el espacio infinito»[15]. De acuerdo con ello, la *Expulsión* conecta el miedo a la muerte con la ignorancia asociada a la religión, concretamente la cristiana, mientras vuelve a insistir en que la Filosofía –identificada explícitamente con la perfección humana– permite disolver ese miedo con el conocimiento de la eternidad de toda sustancia:

> El vano Temor, Cobardía y Desesperación vayánse abajo [...] a causar el verdadero infierno y Orco de las penas a los ánimos estúpidos e ignorantes. No habrá allí lugar tan oculto en el que no entre esta falsa Sospecha y el ciego Espanto ante la muerte, abriéndose la puerta de toda apartada estancia mediante los falsos pensamientos que la necia Fe y la ciega Credulidad [alusión al cristianismo] engendra, alimenta y cría. Pero que no se acerque, excepto en un esfuerzo vano, allí donde el inexpugnable muro de la verdadera contemplación filosófica circunda, donde la tranquilidad de la vida está puesta en lo alto, donde está abierta la verdad, donde es clara la necesidad de la eternidad de toda sustancia, donde lo único que se debe temer es el ser despojado de la humana perfección y justicia, que consiste en la conformidad con la naturaleza superior y no errante[16].

Pero no debemos dejarnos despistar por la letra del discurso bruniano. Toda sustancia, efectivamente, es eterna, pero la sustancia es una, in-

---

15. *Del infinito*, p. 90 (BOeuC IV, p. 41).
16. *Expulsión*, pp. 287s. (BOeuC V, p. 473). Para el carácter averroísta de este pasaje, en el que Bruno cita tácitamente una frase importante del Proemio de Averroes al *Grande Comentario a la Física* de Aristóteles véase M. A. Granada, *Giordano Bruno*, cit., pp. 52ss. No olvidemos que, según Averroes, el sabio que ha alcanzado la perfección humana a través de la filosofía y conoce la nulidad de la vida finita en comparación con la eternidad «no se esforzará por vivir y será fuerte por necesidad y una vez tiene en propiedad la perfección humana y teme ser despojado de esa perfección, entonces no es de admirar que alguna vez prefiera la muerte a la vida, como hizo Sócrates con los atenienses». La aceptación bruniana de la muerte y la negativa a abjurar de su (la) Filosofía es plenamente consecuente con ello, tal como hemos mostrado en las páginas citadas.

finita e inmutable. Con frecuencia, Bruno usa el término «sustancia» para referirse a la «sustancia espiritual» (al principio formal o alma universal) y a la «sustancia corporal» (la materia), pero queda claro que ambos son los principios constitutivos, coextensos y coimplicados, del universo infinito, que es en propiedad la sustancia única.

Así pues, el miedo a la muerte está presente allí donde la filosofía está ausente; allí donde erróneamente se piensa de acuerdo con Aristóteles —«pazzia» o «locura» llama Bruno a tal pensamiento— que la sustancia es el compuesto hilemórfico, el sujeto finito. Como había dicho el *De la causa*, los «sofistas», esto es, los peripatéticos:

> [...] vienen a poner las sustancias corruptibles porque llaman sobre, ante y por encima de todo sustancia a aquello que resulta de la composición, lo cual no es más que un accidente que no contiene en sí ninguna estabilidad ni verdad y se resuelve en nada. Dicen que el hombre es verdaderamente el resultado de la composición, que el alma es verdaderamente o perfección y acto de cuerpo viviente o bien algo que resulta de cierta simetría de complexión y miembros, por lo que no es sorprendente si dan tanta importancia y se asustan tanto ante la muerte y disolución, como aquellos a quienes es inminente la pérdida del ser[17].

Consecuentemente el deseo de perseverar en el ser, constitutivo de la vida, se vincula con el ser presente —con la continuidad indefinida del sujeto finito, que en realidad es tan sólo un accidente o un modo pasajero de la sustancia única verdadera—, no creyendo que pueda ser nuestra otra forma de ser. Así, en *Del infinito* se dice:

> [...] desean especialmente vivir y temen especialmente morir aquellos hombres que no poseen la luz de filosofía verdadera y no conocen otro ser que el presente, pensando que no puede sobrevenirles otro ser que les pertenezca a ellos, porque no han llegado a comprender que el principio vital no consiste en los accidentes que resultan de la composición, sino en la sustancia indivisible e indisoluble, en la cual —al no haber perturbación— tampoco resulta conveniente el deseo de conservarse ni el temor a desvanecerse, sino que eso es conveniente a los compuestos, esto es, por razón de simetría, complexión y acciden-

---

17. *De la causa, principio et uno*, BOeuC III, pp. 139-141; traducción nuestra.

tes. En efecto, ni la sustancia espiritual que se entiende une, ni la material, que se entiende unida, pueden estar sujetas a alteración o pasión alguna y por consiguiente no tratan de conservarse; por eso a tales sustancias no les resulta conveniente ningún movimiento, sino tan sólo a las compuestas[18].

A partir de estos dos últimos pasajes citados podemos comprender el efecto moral de la Filosofía: ese su colocar al sabio más allá del temor y de la esperanza, ese su desvincularlo del ser presente, es el resultado de un desplazamiento de la mirada, desde la perspectiva cerrada y finita del modo particular a la contemplación *sub specie aeternitatis*, desde la perspectiva de la sustancia omnipresente en el espacio infinito y en el tiempo eterno. El primer capítulo del primer libro del *De immenso*, que es otro rotundo manifiesto filosófico, lo expresa con toda claridad: el sabio conoce que el deseo natural de perseverar en el ser presente («desiderium praesentis vitae») es insatisfacible y conoce la razón: como la porción finita de materia no puede poseer simultáneamente todas las formas, las posee sucesivamente, por lo cual sólo conoce y consiguientemente sólo desea la forma o el ser presentes, traduciendo por su ignorancia el deseo siempre concedido y siempre realizado de ser siempre («esse semper») en el imposible «ser siempre lo que es [ahora]». Ahora bien, el sabio que conoce la infinitud y eternidad de lo único que verdaderamente es (la sustancia una e infinita) y que sabe también que sus partes (los modos o particulares finitos) están en un proceso de mutación incesante, de continua transformación o sustitución de unos por otros sobre la superficie de la materia universal para que en la materia se den todas las formas extensa e intensivamente, esto es, no sólo en toda su extensión infinita, sino también en cada una de sus partes en la medida de lo posible; el sabio –decimos– por consiguiente no teme la muerte; antes bien, la acepta y le sale al encuentro, espera la mutación[19]. El diálogo *De la causa* ya lo había dicho:

18. *Del infinito*, pp. 199s. (BOeuC IV, p. 275).
19. *De immenso*, I, 1, pp. 204s.: «Neque nos ab istius lucis apprehensione perturbet, quod et desiderium praesentis vitae (sicut omnia particularia in praesenti forma perpetuari desiderant) defraudatur: inde enim istud evenit, quod, cum materia particularis universos simul actus comprehendere nequeat, successive comprehendit atque sigillatim, ita, quod praesens est, tantum cognoscit atque desiderat: per naturae ergo

Todo lo que produce diferencia y número, es puro accidente, es pura figura, pura complexión; toda producción, de cualquier clase que sea, es una alteración, permaneciendo la sustancia siempre idéntica, porque no es sino una, un ente divino, inmortal. Esto lo ha podido entender Pitágoras, que no teme la muerte, sino que espera la mutación [...]. Tenéis, pues, cómo todas las cosas están en el universo y el universo está en todas las cosas, nosotros en él, él en nosotros; y así todo concurre en una perfecta unidad. He ahí porque no debemos atormentar nuestro espíritu, he ahí porque no hay nada por lo que debamos descomponernos, puesto que sólo esta unidad es estable y siempre permanece; este uno es eterno y cualquier rostro, cualquier faz, cualquier otra cosa es vanidad, es como nada, es más: es nada cualquier otra cosa fuera de este uno[20].

Pitágoras es el alma sabia de que habla el *De immenso* por la sabiduría acerca de la unidad del alma universal que había puesto en sus labios Ovidio en el famoso discurso o parlamento del libro XV de las *Metamorfosis* y cuyos versos centrales Bruno cita con bastante frecuencia[21]. Y esta sabiduría o filosofía verdadera acerca de la sustancia única y consiguientemente del alma universal y única, con su corolario acerca de la muerte, regresa con Bruno, como un componente fundamental de la restauración de la verdad tras el periodo tenebroso de vigencia del aristotelismo-cristianismo. El Bruno de los manifiestos filosóficos que estamos analizando la formula claramente; en una ocasión incluso se aplica a sí mismo la doctrina en una muestra de la implicación ética personal

---

dictamen vult esse semper, per eam vero (quae est a contractione formae ad hanc materiam, et limitatione materiae ab hac forma) ignorantiam, vult semper esse hoc quod est; nescit enim aliud unde venit et quo vadat. Ideo si anima cui instrumenta corporis equini sunt comparata, sciret eam manere corporis humani et omnium reliquorum instrumenta seriatim, vel confuso ordine quodam, neque defunctionem praesentium instrumentorum ad futuram deinceps (secundum innumerabiles species) vitam pertinere quippiam, non tristaretur. *Anima sapiens non timet mortem*, immo interdum illam ultro appetit, illi ultro occurrit. Manet ergo substantiam omnem pro duratione aeternitas, pro loco immensitas, pro actu omniformitas». Cfr. *De la causa*, BOeuC III, p. 279: «No hay mutación que busque otro ser, sino otro modo de ser».

20. *De la causa*, BOeuC III, p. 281. Cfr. el pasaje citado de *Los Heroicos Furores*, *supra*, nota 14.

21. *De la causa*, BOeuC III, p. 141; *Cábala del caballo Pegaso*, pp. 119s. (BOeuC VI, pp. 93s.).

de la misma, allí donde se presenta con un lenguaje parecido al que la Escritura usa para Cristo, pero con la función histórica de subvertir la subversión de Cristo: «[...] este hombre [Bruno], ciudadano y siervo del mundo, hijo del padre Sol y de la madre Tierra, porque ama demasiado al mundo, vemos que deberá ser odiado, censurado, perseguido y aniquilado por él. Pero entretanto no estará ocioso ni mal ocupado mientras espera su muerte, su transmigración, su mutación»[22]. Bruno espera, pues, su mutación; es, por consiguiente, un nuevo Pitágoras, un «alma sabia» que encuentra en la Filosofía la «verdadera moralidad» de no temer la muerte, de desvincularse de los afectos ligados al modo finito.

Filosóficamente Bruno traduce la muerte en mutación y saca la consecuencia moral de ello: superación del miedo a la muerte, apertura a la transformación vicisitudinal en la naturaleza infinita, conformación a la unidad y mirada *sub specie aeternitatis*. No nos apresuremos a entender la mutación y la «transmigración» de que se ha hablado en términos de metempsicosis pitagórica entendida como el paso del alma individual o singular eterna de un cuerpo a otros sucesivos; tampoco hemos de entenderla como continuidad del alma individual separada, a la espera de la resurrección de *su* cuerpo, que le está garantizada por la resurrección de Cristo. De hecho, siempre en el *Spaccio*, Bruno dirá más adelante, en un pasaje de fortísimo tono autobiográfico y personal, lo siguiente:

> Adelante, Diligencia, ¿qué haces?, ¿por qué estamos tan ociosos y dormimos vivos, si tanto y tanto tiempo debemos estar ociosos y dormir en la muerte?, puesto que aunque esperemos otra vida u otro modo de ser nosotros, no será como la que tenemos ahora, porque ésta pasa para siempre sin esperar retorno alguno jamás[23].

A la espera de abordar más adelante el problema de en qué sentido la mutación en la sustancia o principio espiritual es una metempsicosis, digamos de momento que la mutación comporta una permanencia de nuestro ser *en la naturaleza* (adelantemos algo: del ser que verdaderamente somos, el ser universal y único; no del ser que somos ahora, el ser modal, que es un mero accidente pasajero, *nada*, como repetida-

---

22. *Expulsión*, pp. 90s. (BOeuC V, p. 11). Cfr. Juan 3, 16.
23. *Expulsión*, p. 214 (BOeuC V, p. 311). Para la cita tácita de Séneca presente en este pasaje véase *infra*, Apéndice 2.

mente dice Bruno). La naturaleza, siendo homogénea en el espacio y en el tiempo infinitos, comprende todo lo existente y es por tanto todo el horizonte de la vida humana. De ahí que no tenga sentido para Bruno una expectativa escatológica de existencia del alma personal (en su calidad de forma sustancial ligada a un cuerpo único) fuera de la naturaleza, a la espera de una reunificación sobrenatural con *su* cuerpo para una existencia posterior y definitiva heterogénea (Paraíso, Infierno) con respecto a la legalidad natural actual[24]. No hay una relación del hombre con la divinidad fuera de la naturaleza, pues toda la «comunicación» (por lo demás infinita y total) de Dios consiste en la naturaleza, que por eso es necesaria y necesariamente infinita y eterna. Si hay un paraíso de contemplación y unión con Dios no podrá existir para el hombre fuera de la naturaleza; y efectivamente, se da en la naturaleza a través de la contemplación de su estructura y de la expresión que ella misma, como su efecto necesario, hace de Dios como su principio inmanente. Como dicen *Los Heroicos Furores*, la naturaleza es ese océano infinito en el que nuestra sed de Dios se sacia y se renueva infinitamente[25].

1. LEY NATURAL = LEY DIVINA

Dios, como hemos dicho, se comunica entera y únicamente en la naturaleza, la cual es por tanto *necesaria* (porque Dios obra y produce necesariamente), *infinita* y *eterna* (porque obra de acuerdo con toda su

---

24. Véase el rechazo nítido de la escatología cristiana en la traducción latina del elogio del Nolano de *La cena de las cenizas* presente en el *Camoeracensis acrotismus* de 1588: «iam ex illo infinitae mortalitatis, fatalis irae, plumbei judicii, incertissimae salutis, partialis amoris, Erinnyum aeternarum, adamantinorumque ostiorum atque catenarum nusquam existentium horrore solutus», BOL I, I, p. 67.

25. *Los Heroicos Furores*, diálogo II, 3, pp. 194-196 (BOeuC VII, pp. 419-425 con nuestra anotación). Véase asimismo M. A. Granada, *Giordano Bruno*, cit., pp. 348ss. y *supra*, capítulo VI. No olvidemos, sin embargo, que por la ley de la mutación universal y sempiterna «se caerá» del Paraíso a las tinieblas. Cfr. *Los Heroicos Furores*, p. 71 (BOeuC VII, p. 151) y *De rerum principiis*, BOL III, pp. 550s.

infinita esencia y potencia), *expresión* y *retrato, efecto* y *simulacro* de Dios[26]. Actualizada total e infinitamente la potencia de Dios en la naturaleza infinita, se sigue que no hay un plus o remanente de potencia divina no expresado en la naturaleza. Por ello es abandonada como error e incluso como «blasfemia» la distinción entre *potentia absoluta* y *ordinata* de Dios con que la teología escolástica pretendía establecer la libertad divina y la contingencia de la creación[27]. Consecuentemente también, el orden de la naturaleza o la ley natural es la expresión de la voluntad de Dios y dado que ésta se expresa totalmente en la naturaleza, coincide enteramente con la ley natural, que es idéntica a la ley divina. De ahí las frecuentes (y nada inocentes) expresiones brunianas en que «ley divina» y «ley natural» se dan como sinónimas y coextensas o equivalentes:

> Bastará con que ponga fin a esa holgazana secta de pedantes que sin obrar bien según la ley divina y natural [...][28].
> Remitiendo todo a una mayor providencia y a una ley superior (por la cual –en tanto que divina y natural– se regule la ley civil) [...][29].
> Ella [la Fortaleza] hará que donde importa al honor, a la utilidad pública, a la dignidad y perfección del propio ser, al cuidado de las leyes divinas y naturales, no te conmuevas por terrores que amenacen con la muerte[30].

Precisamente por separar como incompatibles la ley divina y la ley natural es declarada, junto a otras razones, errónea la enseñanza de Cristo, expuesta en el *Spaccio*, bajo la veste de Orión, en los siguientes términos:

26. Véase *supra*, cap. VI.
27. Cfr. *De immenso*, III, 1, pp. 319s. y M. A. Granada, «Il rifiuto della distinzione fra *potentia absoluta* e *potentia ordinata Dei* e l'affermazione dell'universo infinito in Giordano Bruno», *Rivista di storia della filosofia*, 49 (1994), pp. 495-532; *Idem*, «"Blasphemia vero est facere Deum alium a Deo". La polemica di Bruno con l'aristotelismo a proposito della potenza di Dio», en *Letture bruniane I.II del Lessico Intellettuale Europeo 1996-1997*, edición de E. Canone, Istituti Editoriali e Poligrafici Internazionali, Pisa-Roma 2002, pp. 151-188.
28. *Expulsión*, p. 148 (BOeuC V, p. 143).
29. *Expulsión*, p. 168 (BOeuC V, p. 193).
30. *Expulsión*, p. 203 (BOeuC V, p. 281). Cfr. *supra*, nota 16 y M. A. Granada, «La perfección del hombre y la Filosofía», recogido en *Idem, Giordano Bruno*, cit., pp. 297-329 (323-329).

[...] la naturaleza es una puta ramera; que la ley natural es una bellaquería; que la naturaleza y la divinidad no pueden concurrir en un mismo buen fin y que la justicia de la una no está subordinada a la justicia de la otra, sino que son cosas contrarias, como las tinieblas y la luz[31].

De acuerdo con ello el *De immenso* afirmará rotundamente que enfrentarse a la naturaleza es enfrentarse a Dios y en tácita alusión crítica a la presunta divinidad de Cristo dirá que en ello se ve un indicio de que no puede ser el pretendido Mesías:

> Cum vere natura manus sit cunctipotentis / Vis, Actus, Ratio, Verbum, Vox, Ordo, Voluntas. / Naturae cursum quicunque ergo impedit, ille est / excors, insanus, calomastix, impius, exlex, / numinis intemerata etenim natura ministra est, / legum suppeditans justarum vera elementa, / cui Deus obsistens si quis fingatur adesse, / multum equidem defit Genius quo possit haberi / spectandus nobis, titulo laudisque vehendus[32].

Error fundacional del cristianismo es, pues, la separación e incluso contraposición entre ley natural y ley divina. Con ello profundiza y culmina la perdida de la verdad y de la correcta norma de comportamiento («aprobando y confirmando las tinieblas caliginosas de sofistas y asnos»[33]) que había empezado con Aristóteles, cuando la errónea doctrina de la centralidad absoluta e inmovilidad de la Tierra le había llevado a proclamar el error fundamental de la finitud necesaria del universo y por tanto la blasfemia de un efecto finito de la infinita potencia divina[34]. Esta unión histórica entre aristotelismo y cristianismo se expresa claramente en el *De monade*, donde al «misterio cristiano» se le atribuye, a partir del aristotelismo, el establecimiento de un «pacto» o alianza entre Dios y la humanidad «totalmente perjudicial» para esta última o bien «que presupone un pre-juicio» del todo inicuo (el decreto de la eterna y arbitraria predestinación divina asociado a la justicia de la fe, punto so-

---

31. *Expulsión*, p. 282 (BOeuC V, p. 461).
32. *De immenso*, I, 8, pp. 234s.
33. *La cena de las cenizas*, p. 70 (BOeuC II, p. 47).
34. *La cena*, p. 138 (BOeuC II, pp. 201-203), donde Bruno señala que su filosofía es más favorable a la religión que la doctrina aristotélica, por esa razón y también por la tesis de la incorruptibilidad de la sustancia.

bre el que habremos de volver), que escinde la ley natural y divina: «[...] peripatetice sapientes, qui Thragico et Syro quodam mysterio informati, quasi divinantes, foedera quaedam atque pacta praesumunt praeiudiciosissima, quae divinas naturalesque discindant leges»[35].

No puede sorprendernos, por tanto, que Bruno rechace como imposible e inaceptable un pacto entre la divinidad y los hombres o una ley divina cuya finalidad sea otra que el beneficio de la sociedad, en una perspectiva de patentizar la «gloria de Dios»: «No debe ser aceptada ninguna ley que no tenga por finalidad la convivencia humana [...] porque tanto si viene del cielo como si sale de la tierra, no debe ser aprobada ni aceptada aquella institución o ley que no aporta utilidad y ventaja»[36]; «al ser ellos [los dioses] gloriosísimos en sí y al no podérseles añadir gloria desde fuera, han hecho las leyes no tanto para recibir gloria como para comunicar la gloria a los hombres»[37]. De ahí el rechazo de la justicia de la fe y de la proclamación del nulo valor meritorio de las obras; de ahí también que una religión o ley basada en ese principio (por tanto la religión cristiana en su formulación originaria y reafirmada en la reforma luterano-calvinista) sea declarada «inicua y falsa, dictada por genios perversos y enemigos de la tranquilidad y felicidad de la sociedad humana»[38]. Por tanto, la justicia de la fe es contraria a la ley divina-natural, de la cual forma parte, por el contrario, el principio de que el mérito y la gracia ante los dioses están conmensurados al bien obrar y al beneficio aportado a los demás hombres y a la sociedad. Bruno aspira a la reunificación de ley divina y ley natural (reunificación que él ve como la restauración de una situación precedente abolida por la subversión cristiana subsiguiente al error aristotélico) y ve en ello uno de los componentes centrales de la nueva política que deberá llevar a cabo el poder aliado con la filosofía e ilustrado por ella; ese poder habrá de:

35. *De monade*, cap. 6 (BOL I, II, p. 414). Cfr. *Expulsión*, p. 223 (BOeuC V, p. 331): «[...] un individuo que [...] ha alcanzado poder para subvertir las leyes de la naturaleza, para convertir en ley ese su deseo inmoderado»; véase nuestra anotación al pasaje para la identificación de ese «individuo» con Cristo. Cfr. también *Expulsión*, p. 170 (BOeuC V, p 199): «[...] los nuestros de la falsa religión [...] dicen que solamente hay que gloriarse de no sé qué tragedia cabalística».
36. *Expulsión*, p. 169 (BOeuC V, p. 197).
37. *Expulsión*, p. 172 (BOeuC V, p. 201).
38. *Expulsión*, p. 170 (BOeuC V, p. 199).

[...] poner fin a esa holgazana secta de pedantes que sin obrar bien según la ley divina y natural se creen y quieren ser creídos religiosos gratos a los dioses y dicen que el obrar bien está bien, el obrar mal está mal, pero que no se llega a ser digno y grato a los dioses por el bien que se haga o el mal que no se haga, sino por esperar y creer según su catecismo[39].

La *Expulsión de la bestia triunfante* delinea precisamente esa restauración de la ley natural que, a nivel social, deberá ser acometida por el nuevo príncipe europeo aliado a la filosofía. En este sentido es correcta la observación de John Toland de que el *Spaccio* pretende ofrecer un «sistema completo de ley natural»[40]. Pero, si esta es la obra social de la política inspirada filosóficamente y realizada en el cuerpo social a través de la reforma religiosa, la «verdadera moralidad» que la filosofía aporta al sabio parece ir también en esa línea, puesto que de ella se dice: «[...] nos habremos hecho verdaderos contempladores de la historia de la naturaleza, la cual está escrita en nosotros mismos, y regulados ejecutores de las leyes divinas, que están esculpidas en el centro de nuestro corazón»[41]. El sabio reconoce en su propio ser natural y en la dinámica de la naturaleza en él presente los principios de la ley divina y de la voluntad de Dios.

2. VIRGINIDAD, PLACER, AMOR

La identificación de ley divina y ley natural permite pensar que Bruno no será proclive a conceder gran valor a la virginidad o al celibato. En efecto, frente a la alta valoración en la tradición cristiana como una virtud, el Nolano no encuentra nada apreciable inicialmente en la vir-

---

39. *Expulsión*, p. 148 (BOeuC V, p. 143). Cfr. *ibi*, pp. 169s. (197). Por consiguiente, se impondrá a nivel social lo que es un resultado de la filosofía: que «no se juzga acto de religión y piedad sobrehumana el pervertir la ley natural», *Expulsión*, p. 89 (BOeuC V, p. 9).
40. Véase R. Pagnoni Sturlese, «Postille autografe di John Toland allo *Spaccio* di Bruno», *Giornale critico della filosofia italiana*, LXV (1986), pp. 27-41 (33ss.).
41. *Del infinito*, p. 88 (BOeuC IV, p. 39).

ginidad. Así, la *Expulsión* constata, en el curso del rápido examen de la constelación Virgo: «En sí misma [la virginidad] no tiene valor alguno, porque en sí misma no es ni virtud ni vicio y no contiene bondad, dignidad ni mérito»[42]. De acuerdo con el principio general, asentado explícitamente en este diálogo, de que en el terreno de la religión y por tanto en el de la praxis y relaciones humanas, el valor y el mérito dependen de «los frutos» y éstos consisten especialmente en el beneficio social, el valor positivo o negativo de la virginidad dependerá en todo caso de sus efectos o frutos. Es más, allí donde la virginidad es sencillamente una resistencia al impulso o constricción de la naturaleza, no se puede dar de ella sino un juicio decididamente negativo: «[...] cuando no sirve a la naturaleza imperante se vuelve delito, impotencia, locura y estulticia manifiesta»[43]; siendo la naturaleza una estructura legal que comporta una constricción a la unión sexual, la abstención de ésta contra el mandato natural es irracional y el buen uso de la Balanza advierte contra la virginidad de base exclusivamente religiosa, esto es, basada en una presunta (para Bruno obviamente absurda) ley o imperativo divino sobrenatural: «Vaya [la Balanza] por los edificios Vestales haciendo saber a unos y a otros cuál y cuánto es el montante del contrapeso por violentar la ley de la naturaleza en favor de otra ley sobre-, extra- o contranatural»[44]. Y el Bruno, monje dominicano y sacerdote católico secularizado, pone su propio ejemplo, aduciendo una nueva instancia de identificación de ley divina y natural:

> [...] por cuantas beatitudes y reinos [obvia alusión a la beatitud eterna] se me hayan podido proponer y ofrecer, nunca fui tan sabio o bueno que pudiera acometerme el deseo de castrarme o convertirme en eunuco. Por el contrario, me avergonzaría eso, si tal cual es mi porte externo, consintiese en ceder tan sólo un cabello a cualquiera que coma dignamente su pan para servir a la naturaleza o a Dios bendito[45].

Lo único que puede hacer a la virginidad o abstención sexual virtuosa es el entrar en una dinámica de lo que podríamos llamar «subli-

---

42. *Expulsión*, p. 252 (BOeuC V, p. 405).
43. *Expulsión*, pp. 252s. (BOeuC V, p. 405).
44. *Expulsión*, p. 253 (BOeuC V, p. 405).
45. *Heroicos Furores*, pp. 5-6; traducción modificada (BOeuC VII, p. 9).

mación cultural o social» y que Bruno designa como una «razón urgente» por la cual la virginidad se convierte en «continencia» destinada al beneficio de la sociedad: «[...] y si obedece a alguna razón urgente se llama Continencia y es virtud por participar de tal fortaleza y desprecio de los placeres, desprecio que no es vano y frustrante [como en el caso de la virginidad religiosa habitual], sino que contribuye a la convivencia humana»[46]. En el caso de esta continencia que sublima la energía sexual en pro de un fin social y cultural el juicio racional otorga mayor o menor mérito y valor, en primer lugar, en función de la mayor o menor energía sexual sustraída a su fin inmediato:

> Que no haga [el Juicio] que quien doma vanamente el cuerpo esté sentado junto a quien refrena el ingenio [...]. Que no sonría tanto a quien ha frenado el ardor del deseo, que quizá es impotente y frío, como a aquel otro que ha mitigado el ímpetu de la ira [...]. Que no aplauda tanto a quien quizá inútilmente se ha obligado a no mostrarse libidinoso como a aquel otro que se decide a dejar de ser maldiciente y malhechor[47]; no alabamos la virtud de la continencia en la cochina, que se deja joder por un solo cerdo y una vez al año, sino en una mujer, que no es solicitada por la naturaleza una sola vez por las necesidades de la procreación, sino también con frecuencia por su propio pensamiento mediante el ansia de placer y por ser ella también el fin de sus actos. Además, no alabamos mucho, sino muy poco, por continencia a una hembra o a un macho porcino, pues son solicitados raramente y con poca pasión por el deseo debido a su estupidez y dureza de complexión. Lo mismo ocurre con éste por frío y hechizado y con aquél por decrépito. De otra manera debe ser considerada la continencia, que es verdaderamente tal y verdaderamente virtud en una complexión más hermosa, mejor alimentada, más ingeniosa, más perspicaz y más ansiosa[48].

Por eso, señala Bruno, debe de ser loado Sócrates, quien lejos de satisfacer inmediatamente la inclinación pederasta manifiesta en su fisonomía, desarrolló una rigurosa continencia constructiva[49]; y, según

46. *Expulsión*, p. 253 (BOeuC V, p. 405).
47. *Expulsión*, pp. 173s. (BOeuC V, p. 205).
48. *Expulsión*, p. 228 (BOeuC V, pp. 343-345).
49. *Expulsión*, p. 228 (BOeuC V, p. 345); *Cábala del caballo Pegaso*, p. 152 (BOeuC VI, p. 161).

eso, debe de ser loado el mismo Bruno, puesto que, como él mismo reconoce: «Yo no creo estar atado, porque cierto estoy que no bastaran todas las sujecciones y todos los lazos que hayan sabido y sepan nunca trabar cuantos fueron y son mercaderes de lazos y correas, aun si con ellos viniese (no sé si decirlo debiera) la misma muerte, para ejercer contra mí su maleficio. Ni creo tampoco ser frío, puesto que estimo que para enfriar mi ardor no bastarían las nieves del monte Caúcaso o Rifeo»[50].

En segundo lugar, el mérito de la continencia reside en el valor social de la actividad en la que la energía sexual se ha sublimado. Por ello tanto mayor es el mérito de Sócrates que sublima y dirige su *eros* a la sabiduría, viviendo como filó-sofo. Y lo mismo cabe decir de Bruno, puesto que precisamente en la epístola proemial al *Del infinito* había comparecido como enamorado de la sabiduría:

> [...] una que me enamora: aquella por la que soy libre en la sujección, contento en la pena, rico en la necesidad y vivo en la muerte; aquella por la que no envidio a quienes son siervos en la libertad, sienten pena en los placeres, son pobres en las riquezas y muertos en la vida, porque en el cuerpo tienen la cadena que los ata, en el espíritu el infierno que los deprime, en el alma el error que los tiene enfermos, en la mente el letargo que los mata; sin magnanimidad que los libere, sin generosidad que los eleve, sin resplandor que los ilumine, sin ciencia que los reanime [...] por amor a la verdadera sabiduría y afán de la verdadera contemplación me fatigo, me aflijo y me atormento[51].

Los Heroicos Furores expondrán, con todo detalle, la fenomenología de esta continencia o de esta sublimación del *eros* hacia la Sabiduría o Verdad, esto es, hacia «Diana» o hacia la divinidad en la medida en que puede ser conocida y responder a nuestro amor: en la Naturaleza infinita[52]. A través de esa continencia se delinea la figura de Acteón, destinado a la verdadera metamorfosis en la divinidad, descubierta y asimilada infinitamente en la naturaleza infinita y en sí mismo, frente

---

50. *Heroicos Furores*, p. 8, traducción modificada (BOeuC VII, p. 11).
51. *Del infinito*, pp. 73-75 (BOeuC IV, pp. 5-9).
52. Cfr. en particular el diálogo II, 2, con la nueva exposición de la metamorfosis de Acteón.

al Acteón «doméstico» del sacerdote católico «encantado» por Cristo y por su Iglesia[53], el cual es víctima de una doble renuncia y pérdida: por la renuncia inherente a la virginidad se convierte en un «castrado o eunuco por el reino o beatitud» celeste; en segundo lugar, esa beatitud celeste y la metamorfosis asociada a Cristo son mera ilusión.

Desde este planteamiento podemos entender la crítica bruniana al petrarquismo desplegada en la epístola dedicatoria de *Los Heroicos Furores*. El amor petrarquesco, testimoniado en la fenomenología del amante descrita en el *Canzoniere* de Petrarca, aparece retratado en tono irónico por Bruno al comienzo de esa epístola: «Es ciertamente [...] propio de un genio vil, bajo e inmundo el haber fijado singularmente la inquietud de la mente en torno a un objeto cual la belleza de un cuerpo femenino, dedicándose a ello con constante celo»[54]. Para Bruno el amor petrarquesco supone una confusión, pues dirige hacia un sujeto finito una pasión y una energía psíquica capaces de absorber la personalidad entera del amante y que en realidad son propias del «amor heroico» dirigido a la divinidad, esto es, a «Diana» o al conocimiento intelectual de la estructura del universo. De ahí que diga Bruno:

> [...] lo que quiero concluir y afirmar [...] es que aquello que es del César sea dado al César, y aquello que es de Dios, a Dios sea entregado. Quiero decir, en suma, que aunque a veces no basten a las mujeres los honores y obsequios divinos, no por ello deben serles rendidos tales honores y ofrecidos tales obsequios. Pretendo que las mujeres sean amadas y honradas como es justo que amadas y honradas sean las mujeres; en la medida y proporción, por tanto, de su poquedad, del momento y de la ocasión, ya que no tienen otra virtud que la natural[55].

---

53. Cfr. *Expulsión*, pp. 291s. (BOeuC V, p. 479). Véanse los iluminadores análisis de A. Ingegno en *La sommersa nave della religione. Studio sulla polemica anticristiana del Bruno*, Bibliopolis, Nápoles 1984, pp. 139-141 y en *Reggia pazzia. Bruno lettore di Calvino*, Quattro Venti, Urbino 1987, pp. 69-72.

54. *Heroicos Furores*, p. 3 (BOeuC VII, p. 5). Cfr. *ibi*, p. 11 (BOeuC VII, p. 21): «Ciertamente, aquello que con respecto a ellas [las mujeres] abomino es ese afanoso y desordenado amor venéreo que algunos suelen profesarles, de manera que se convierten en sus siervos con el ingenio, viniendo a poner en cautiverio a las potencias y actos más nobles del alma intelectiva».

55. *Heroicos Furores*, p. 6 (BOeuC VII, p. 11).

El error del petrarquismo consiste, por tanto, en convertir a la mujer en objeto de un amor intelectual y divino, cuando el amor que les es debido es puramente natural y conducente a la unión sexual; por esta confusión aplica a la mujer todo un repertorio metafórico desplazado de su verdadero sentido y fin, pues activa en el sentido de una relación espiritual e intelectual (y por ello más propia del amor heroico e intelectual a la divinidad) un discurso que, dirigido a la mujer, sólo puede tener como finalidad propia y natural la unión corporal. Por ello, la comedia *Candelaio* (publicada en París en 1582, antes de la serie de diálogos italianos de 1584-85) subvierte la poesía y el amor petrarquesco cuando el protagonista Juan Bernardo (*alter ego* de Bruno) aplica la terminología amorosa de Petrarca al objetivo consciente de la conquista sexual de Carubina:

> Dejemos las disputas, esperanza de mi alma. Haced (os ruego) que no os haya creado tan bella inútilmente el cielo, el cual, aunque os haya sido liberal y pródigo con tantas hechuras y gracias, ha sido sin embargo por otro lado avaro con vos, al no uniros a un hombre que de ellas hiciera caso, y conmigo cruel, al hacerme sufrir por ellas y mil veces al día morir. Entonces, vida mía, debéis preocuparos más por no hacerme morir que temer en punto alguno que mengüe lo más mínimo vuestro honor. Yo mismo pondré fin libremente a mi vida (en el caso de que no sea más poderoso el dolor para hacerme morir) si habiéndoos tenido, como os tengo, a mi alcance y tan próxima, quedo privado por la cruel fortuna de ese bien que me es más caro que la vida misma. Vida de esta alma afligida, será imposible que vuestro honor quede herido en punto alguno si os dignáis darme la vida; por el contrario es de todo punto necesario que yo muera si vos me sois cruel[56].

Bruno, por tanto, cultiva los dos registros: el amor intelectual a la divinidad en la naturaleza infinita y homogénea, es decir, el amor a la sabiduría o la pasión de la filosofía; también el amor natural, sin enmascaramientos y mixtificaciones, a la mujer. Podemos pensar que, quizá, este

---

56. *Candelero*, acto V, escena XI (BOeuC I, pp. 323-325); traducción nuestra. Cfr. G. Bárberi Squarotti en su Introducción a la edición crítica del *Candelaio*: «Le répertoire métaphorique du lyrisme pétrarquiste n'est rien d'autre qu'une façon de masquer la motivation sexuelle, présente au fond de tout discours adressée à une femme», p. LXXII.

último, desde la perspectiva filosófica de la indiferencia de los contrarios en la unidad, *sub specie aeternitatis*, queda devaluado para el filósofo Bruno en tanto que, consciente de la *vicissitudine*, «el placer no es para él placer, al tener su fenecer presente [...] tiene las cosas mudables por cosas que no son»[57]. Pero el sabio no siempre es sabio; el hombre es una realidad compleja y, desde luego, también sujeto natural. Por eso no se declara dispuesto «a no recoger aquel que es el más dulce fruto que producir pueda el vergel de nuestro terrestre paraíso»[58]. De ahí esas declaraciones del delator de Bruno ante la Inquisición veneciana, Juan Mocenigo, y de otros compañeros de cárcel, no negadas por el filósofo:

> Mi disse –así resume el *Sommario* del proceso la acusación de Mocenigo– che li piacevano assai le donne, e che non era arrivato ancora al numero di quelle di Salomone; e che la Chiesa faceva un gran pecato, in far peccato con che si serve così bene alla natura, e che lui l'haveva per grandissimo merito[59].

En esta dirección, acorde con la complejidad del sujeto humano, es coherente que Bruno concluya su obra filosófica culminante, el *De immenso et innumerabilibus* de 1591, en la que tanto lugar se concede al amor heroico a la divinidad desplegado a través de la filosofía, con una reiteración de la capacidad de ésta de producir la unión con la divinidad en la naturaleza infinita o «Diana», en la contemplación intelectual de ésta y «en la inviolable e intachable ley de la naturaleza», frente al error y fantasía cristianos[60]; pero justo después y como última página, con una comparecencia de sí mismo que reivindica su naturaleza total y plena, Bruno afirma: «Pero si tal como estoy hecho por don de los dioses / me presento: hirsuto, virilmente fuerte en los miembros, / salvaje, invicto, con voz masculina, / diré a los Narcisos: también a mí me han amado las Ninfas»[61].

---

57. Cfr. *supra*, nota 14.
58. *Heroicos Furores*, p. 5 (BOeuC VII, p. 9).
59. A. Mercati, *Il Sommario del processo di Giordano Bruno*, Biblioteca Apostolica Vaticana, Ciudad del Vaticano 1942, p. 102, # 201.
60. *De immenso*, BOL I, II, p. 316.
61. *Ibi*, p. 318: «Quod si ut sum factus, divum pro munere, memet / ingerero rigidum, membrisque viriliter acrem, / infrenem, invictum, sementoseque sonantem; /

3. METEMPSICOSIS Y «VICISSITUDINE»

Ya hemos citado anteriormente el pasaje de la *Expulsión* en el que Bruno expresa, como Pitágoras o el «alma sabia», la espera de su propia muerte, mutación y «transmigración»[62]. De este modo la idea de la metempsicosis o transmigración del alma parece aceptada e incorporada por el Nolano a su filosofía como un componente fundamental de esa verdad ya conocida por la antigüedad prearistotélica que él está llamado por el destino a restaurar en la «rueda del tiempo» o curso vicisitudinal de la historia. A ese pasaje y por tanto a la aceptación de la metempsicosis se pueden añadir otros muchos pasajes de la obra bruniana que parecen ir en la misma dirección, por ejemplo en la misma *Expulsión* así como, sobre todo, en la *Cábala del caballo Pegaso*, en este último caso no tan sólo las variadas metamorfosis o transmigraciones de Onorio descritas en la segunda parte del diálogo segundo[63], sino también las declaraciones del Asno Cilénico, en las que cabe ver –como ha mostrado muy persuasivamente Gilberto Sacerdoti– un *alter ego* del mismo Bruno reivindicando este componente del pitagorismo frente a círculos londinenses como el de Thomas Hariot, donde no habría conseguido insertarse plenamente, siendo más bien rechazado[64]. Así a Mico pitagó-

---

Narcissis referam: peramarunt me quoque Nymphae». El último hemistiquio reproduce con una ligera variante Ovidio, *Metamorfosis*, III, 456: «et amarunt me quoque nymphae» del mito de Narciso. Sobre el significado del mito de Narciso en Bruno puede verse ahora N. Ordine, *La soglia dell'ombra. Letteratura, filosofia e pittura in Giordano Bruno*, Marsilio, Venecia 2003, *ad indicem*.

62. *Expulsión*, pp. 90s., cit. *supra*, nota 22.
63. *Cábala*, pp. 127s. y 133s. (BOeuC VI, pp. 109-111 y 121-123).
64. Véase G. Sacerdoti, *Nuovo cielo, nuova terra. La rivelazione copernicana di «Antonio e Cleopatra» di Shakespeare*, Il Mulino, Bolonia 1990, pp. 365ss. Es interesante la afirmación de H. Blumenberg (*Aspekte der Epochenschwelle: Cusaner und Nolaner*, Suhrkamp, Fráncfort 1976, p. 160) de que en la loa final del Asno pronunciada por Mercurio (*Cábala*, p. 155; BOeuC VI, p. 169) Bruno parodia la *Oratio de hominis dignitate* de Pico de la Mirandola, esto es, pensamos nosotros, subvierte el discurso del mirandolano de una metamorfosis exclusivamente ascendente y de una interpretación en clave moral-cognoscitiva de la metempsicosis pitagórica (concorde por otra parte con la enseñanza de Ficino) en una afirmación de la *vicissitudine* universal en el seno de la naturaleza infinita homogénea con la consiguiente circulación universal del alma. Cfr. cuanto hemos dicho en M. A. Granada, «Giordano Bruno y la *dignitas hominis*:

rico (esto es, a una simia del verdadero pitagorismo o pseudopitagórico, que rechaza la incorporación de Bruno al grupo pitagórico por su afirmación de la metempsicosis) el Asno-Bruno replica:

> No seas tan orgulloso, Mico, y recuerda que tu Pitágoras enseña a no despreciar nada de lo que se encuentra en el seno de la naturaleza. Aunque yo tengo ahora la forma de un asno, puedo haber tenido y tener en el futuro la forma de un hombre ilustre; y aunque tú seas un hombre, puedes haber sido y podrás ser en el futuro un gran asno, según parezca conveniente al que distribuye los hábitos y lugares y dispone sobre las almas transmigrantes[65].

Sin embargo, en *Los Heroicos Furores*, en un lugar de gran importancia como es aquella especie de *protestatio fidei* incorporada a las páginas centrales del «Argumento y alegoría del quinto diálogo [de la segunda parte]», Bruno acepta –no olvidemos que se trata de una «profesión de fe», esto es, de una declaración de fe religiosa que debe ser evaluada en el sentido y en el ámbito que el filósofo (averroísta) Bruno reconoce a la religión– que los teólogos prudentes en su ejercicio pastoral de educadores de los pueblos reprueben y condenen la *vicissitudine* universal y sempiterna y la consiguiente circulación universal del alma «en cuanto a ser divulgada a los ojos de la multitud»[66], así pues no por razón de su valor de verdad, sino por la siguiente razón de tipo exclusivamente pragmático en relación con la moral del vulgo: la multitud «si a duras penas puede ser refrenada en los vicios e incitada a actos virtuosos por la creencia en penas sempiternas, ¿qué ocurriría si se le persuadiese de que los heroicos y humanos gestos serían premiados con menor rigor y de la misma manera castigados los delitos y las atrocidades?»[67].

En este nivel puramente pragmático de la construcción religiosa de la moral del vulgo (que es en puridad independiente de la cuestión téo-

---

presencia y modificación de un motivo del platonismo renacentista», recogido en M. A. Granada, *El umbral de la modernidad. Estudios sobre filosofía, religión y ciencia entre Petrarca y Descartes*, Herder, Barcelona 2002, pp. 212s. y 255s.

65. *Cábala*, p. 151 (BOeuC VI, p. 159).

66. *Heroicos Furores*, p. 22 (hemos modificado la traducción); BOeuC VII, p. 45, con nuestra anotación.

67. *Ibidem*.

rica, y por tanto filosófica, de la verdad) Bruno acepta la mayor funcionalidad y eficacia de las remuneraciones eternas a las almas e individuos personales permanentes en un ámbito escatológico de Paraíso e Infierno; y no olvidemos que se trata de una «profesión de fe» destinada a tranquilizar y a permitir el desarrollo y exposición de la opinión filosófica que Bruno considera verdadera y comunicable únicamente a «pocos, buenos y sabios»[68]: la doctrina precisamente de la *vicissitudine* y de la circulación universal del alma, por la cual «todo aquello que asciende debe volver a bajar de nuevo»[69].

No obstante, la *Expulsión* había aceptado y presentado la metempsicosis precisamente como doctrina moral, dirigida al vulgo con la finalidad educativa de incitarlo a la actividad y a la virtud mediante la presentación de un futuro, ya no escatológico y trascendente, de premio y castigo por la vía de la encarnación en diferentes cuerpos animales. Así para los pedantes y ociosos reformados que niegan la justicia de las obras y afirman la justicia de la fe, disolviendo los lazos civiles, Bruno anuncia como justo destino «que, una vez abandonado ese cuerpo, a continuación, por espacio de muchos lustros y a lo largo de muchos centenares de años, transmigrando de cuerpo en cuerpo por diversas vicisitudes y mutaciones, se vayan a habitar en cerdos [...] o bien sean ostras marinas [...] ellos irán transmigrando siempre durante tres mil años de asnos en asnos»[70]. Es más: en tácita polémica con la escatología cristiana y su Juicio universal tras la segunda venida de Cristo y el fin del mundo, Bruno se refiere a esa remuneración y destino (en conexión, evidentemente, con su concepción de la homogeneidad de la naturaleza eterna y de la dimensión puramente natural de la vida humana y de la historia, con su carácter vicisitudinal) como el resultado de «el juicio universal, por medio del cual cada uno será premiado y castigado *en el mundo* según la medida de sus méritos y deméritos»[71]. El discurso bruniano parece sobreentender una continuidad entre las sucesivas en-

---

68. *Ibidem*.
69. *Ibidem*.
70. *Expulsión*, p. 151 (BOeuC V, p. 149). De adopción «metafórica», en clave moral, de la metempsicosis y no en el sentido estricto del pitagorismo habla E. Canone en su artículo «Il fanciullo e la fenice. L'eterna essenza umana e gli innumerabili individui secondo Bruno», *Bruniana & Campanelliana*, V, 1990, pp. 381-406 (398s.).
71. *Expulsión*, pp. 151 s. (BOeuC V, p. 149); cursiva nuestra.

carnaciones o entre los modos sucesivos, como si el sujeto finito precedente continuara de algún modo en el nuevo sujeto finito y, puesto que la continuidad no se da en el plano del principio corporal, parece como si residiera en el principio espiritual, en el alma precedente individual que de alguna manera persistiera. Por otra parte, se da a entender que el nuevo sujeto finito o modo es el resultado de la vida y comportamiento del sujeto o modo precedente, de manera que existe como una responsabilidad del sujeto finito individual frente al todo universal, ya que con nuestro comportamiento en nuestra existencia actual vendríamos a determinar la configuración futura del universo[72]. Ahora bien, en este caso no se trataría ni de una configuración heterogénea con respecto a la actual, puesto que el universo permanece siempre homogéneo, ni de una mayor o menor superioridad y perfección del universo en virtud de nuestra praxis, ya que nada hace superior al hombre sobre el resto de las especies de la naturaleza, siendo las perspectivas en este sentido siempre relativas a las diferentes especies e inconsistentes desde la perspectiva del universo infinito, que como tal permanece constante, idéntico y perfecto.

Lo cierto es que cuando Bruno piensa la pretendida metempsicosis o mutación en una perspectiva no ya religiosa (por tanto de educación moral de la multitud vulgar), sino filosófica y concretamente físico-metafísica o cosmológica, excluye de la misma toda idea de una continuidad personal o individual. Bruno excluye la realidad de un alma personal inmortal que, permaneciendo ella misma, pase a otros cuerpos. La metáfora de la bebida del agua del río Leteo (que expresa el olvido, la desaparición de la memoria de la existencia precedente que acompaña inevitablemente a la mutación del alma única y universal)

---

72. *Ibi*, pp. 96s. (BOeuC V, pp. 25-27): «En virtud de la alta justicia que preside a todas las cosas, por sus afectos desordenados es condenado y envilecido en el mismo o en otro cuerpo y no debe esperar gobierno y administración de una morada mejor si se ha comportado mal en el gobierno de otra. Así, por haber llevado allí una vida por ejemplo equina o porcina, quedará dispuesto por la justicia del hado [...] que le sea tejido a su alrededor una cárcel apropiada para ese delito o crimen, órganos e instrumentos adecuados para tal operación o artífice. Y de esta manera, discurriendo siempre una y otra vez por el destino de la mutación, incurrirá eternamente en clases de vida y de fortuna sucesivamente peores o mejores, según se haya comportado mejor o peor en la condición y suerte inmediatamente anterior».

establece la discontinuidad en la existencia de los modos finitos y la fijación al modo presente, con la consiguiente generación en el alma *ignorante* del deseo imposible de «semper esse hoc quod est» ahora:

> [...] el hado [...] interpone la bebida del río Leteo en medio de las mutaciones, a fin de que gracias al olvido cada uno desee y se afane sobre todo por conservarse en el estado presente. Por eso los jóvenes no reclaman el estado de la infancia, los niños no desean el estado que tenían en el vientre de la madre, y ninguno de ellos el estado que tenía en la vida que vivía antes de la actual. El cerdo no quiere morir para dejar de ser cerdo, al caballo le asusta sobre todo el dejar de ser caballo. Lo que más teme Júpiter [...] es no ser Júpiter. Pero la merced y gracia del hado no cambiará su estado sin hacerle antes beber el agua de aquel río[73].

Si la fijación al modo finito y la consiguiente proyección ilusoria de una inmortalidad personal están conectadas a la ignorancia, a la ausencia de «filosofía verdadera»[74], o al olvido leteo, por el contrario la memoria[75] no es sino la adquisición de la *sapientia* o filosofía de la *vicissi-*

---

73. *Ibi*, p. 115 (traducción ligeramente modificada); BOeuC V, 69. Véase E. Canone, *loc. cit.*, p. 403, donde se cita también esta página de la *Expulsión*. Cfr. *De immenso*, I, 1 (BOL, I, I, pp. 204s.), analizado *supra*, pp. 229s.

74. *Del infinito*, pp. 199s., cit. *supra*, nota 18.

75. Para la contraposición de olvido/memoria véase la contraposición del furor bestial y el furor heroico en *Los Heroicos Furores*, p. 57 (BOeuC VII, p. 121), la cual refleja los itinerarios descendente y ascendente en la «rueda de la metamorfosis» o ciclo de la eterna *vicissitudine*. Por otra parte, si Pitágoras es un «*anima sapiens* que no teme la muerte, sino que espera la mutación», ello es debido –decía la tradición doxográfica antigua– a que guardaba la *memoria* de sus existencias anteriores. Pitágoras sería, pues, como el Onorio de la *Cábala* bruniana. Sin embargo nos parece que en ambos casos la memoria de las encarnaciones anteriores (que se opone a la bebida del Leteo, al olvido entre una y otra encarnación) no es sino una formulación mítica del conocimiento filosófico de la «incesante mutación» de los modos en el seno de la sustancia infinita. Si el modo finito «no sabe de donde viene ni a donde va», la memoria salvífica de Pitágoras no puede ser otra cosa que el saber filosófico de la mutación futura (la cual se espera sin temor como el destino futuro, igual que ha sido nuestra pre-historia) y de que a la sustancia corresponde la posesión actual de todas las formas («manet ergo substantiam omnem [...] pro actu omniformitas»; cfr. *supra*, nota 19). Es interesante el hecho de que a comienzos del siglo XVIII John Toland, cuya adhesión a puntos centrales de la filosofía de Bruno es manifiesta, declare en su *Clidophorus* que para los pitagóricos an-

tudine universal y sempiterna de los modos finitos y discontinuos en el seno de la sustancia única y universal en la que los principios corporal y espiritual (el alma universal y única) coinciden indiferentemente. Así pues, la filosofía bruniana en su sentido preciso físico y metafísico excluye (salvo su uso prudencial a efectos morales y religiosos en relación con el vulgo) la metempsicosis pitagórica de almas individuales perseverantes en su individualidad a través de las sucesivas encarnaciones. Establece, por el contrario, la unicidad y universalidad del alma, la cual en función de las diferentes y sucesivas configuraciones materiales o corporales a que se ve unida[76] adquiere diferentes expresiones modales[77]. La *Cábala del caballo Pegaso* parece formular esta concepción de un alma universal indistinta más allá del aparente y puramente literario registro de la multiplicidad transmigrante:

---

tiguos la metempsicosis de las almas individuales era doctrina exotérica, dirigida a la multitud: «Ni Pythagore ni les pythagoriciens n'ont cru à la *transanimation* ou *transmigration des âmes*, opinion pour laquelle ils sont si célèbres, mais qu'ils entendaient *ésotériquement* par ces termes le flux incessant, c'est-à-dire le mouvement de toutes choses, et le changement perpétuel des formes dans la matière, aucune chose n'étant sujette à la corruption ni à la mort, sinon pour commencer d'en être une autre et se transformer. Exotériquement, cependant, s'adressant à la foule immorale, ils affectaient de prêcher la doctrine égyptienne de *la révolution des âmes*, la punition ou la récompense pour tout ce que l'âme a accompli dans le corps», J. Toland, *Clidophorus*, traducción francesa de T. Dagron, Éditions Allia, París 2002, p. 61, donde se remite también a la segunda de las *Cartas a Serena* del mismo autor (cfr. J. Toland, *Letters to Serena*, reedición facsímil de la edición de Londres 1704, Frommann Verlag, Stuttgart-Bad Cannstatt 1964, p. 57). Toland fundamentaba su posición en el tratado de Timeo *De natura mundi et animae*, del que citaba a continuación un extenso pasaje (en pp. 62-64), para concluir: «Voilà bien un exemple de la double philosophie ou, si vous préférez, de la double théologie! Telle est la véritable clé qui ouvre les mystères égyptiens et pythagoriciens! Il ne faut pas nous étonner plus longtemps de ce que *les mêmes personnes n'aient pas toujours semblé dire les mêmes choses sur les mêmes sujets*: la difficulté ne saurait être résolue que grâce à la distinction entre *les doctrines externes et internes*», p. 64.

76. En este sentido resulta esclarecedora la epístola explicativa antepuesta a la *Expulsión*, pp. 93-97 (BOeuC V, pp. 19-29). El pasaje pitagorizante sobre la metempsicosis que hemos citado *supra* en nota 72 y que había sido apostillado con la palabra «Pitagoricum» por el *postillatore napoletano* (lector crítico contemporáneo de Bruno) constituye la conclusión de estas páginas. De ellas queda claro que, aunque la configuración sucesiva de los modos sea consecuencia de la vida precedente, no hay continuidad personal en el plano espiritual o del alma.

Privado del ergástulo corpóreo, me convertí en un espíritu errante sin miembros y pude darme cuenta de que (por lo que a la sustancia espiritual se refiere) no era diferente en género ni en especie a todos los demás espíritus que transmigraban tras la disolución de otros cuerpos animados y compuestos. Vi que la Parca [...] incluso en el género de la materia espiritual hace permanecer indiferente el alma asinina de la humana y el alma que constituye a los llamados animales de la que se encuentra en todas las cosas, igual que todos los humores son un solo humor en sustancia, todas las partes aéreas son un solo aire en sustancia y todos los espíritus proceden del Anfitrite de un espíritu al que retornan todos[78].

De acuerdo con ello, poco más adelante se precisa que las diferentes cualidades que muestra el alma en los diferentes sujetos (de la mera vida a la vegetación, sensibilidad e intelecto) son el resultado de la diferente configuración corporal de que se ha revestido el principio espiritual indiferente:

> Tal espíritu se une [...] ora a una especie de cuerpo ora a una otra y adquiere diversos grados y perfecciones de ingenio y actuaciones en razón de la diversidad de complexiones y miembros. Por eso el mismo espíritu o alma que estaba en la araña y allí tenía aquella industria y aquellas patas y miembros en número, cantidad y forma tales, unido a la generación humana adquiere otra inteligencia, otros instrumentos, disposiciones y actos[79].

---

77. Esta es también la conclusión a la que llega E. Canone en su citado artículo (*supra*, nota 70) y con anterioridad H. Védrine en su obra *La conception de la nature chez Giordano Bruno*, Vrin, París 1967, reimpresión 1999, pp. 299-307. Creemos que en lo fundamental coincidimos también con el ensayo de R. G. Mendoza, «Is the Doctrine of Metempsychosis compatible with Bruno's Monism?», a quien damos sinceramente las gracias por habernos permitido la lectura del mismo en manuscrito (ahora publicado bajo el título «Metempsychosis and Monism in Bruno's *nova philosophia*», en H. Gatti ed., *Giordano Bruno, Philosopher of the Renaissance*, Ashgate, Aldershot 2002, pp. 273-297).
78. *Cábala*, p. 118 (BOeuC VI, p. 91).
79. *Ibi*, p. 120 (BOeuC VI, p. 95). Es ilustrativo de lo que venimos diciendo todo el desarrollo de pp. 120-126. Cfr. con todo ello las páginas ya mencionadas de la epístola explicativa de la *Expulsión* (pp. 93-97).

4. CONCLUSIÓN: UNA MORAL DE LA ACTIVIDAD

Todo ello hace del individuo particular o del modo finito y accidental de la sustancia única una manifestación necesaria, pero efímera, que pasa para no regresar nunca jamás. Como dice la *Expulsión*, invirtiendo el famoso verso de la égloga virgiliana: «Nec iterum ad Troiam magnus mittetur Achilles»[80]. De ello no extrae Bruno una conclusión pesimista ni una exhortación al abandono, sino por el contrario el principio de una moral de la actividad y del esfuerzo heroico. Ya hemos citado el pasaje de la *Expulsión* en el que del eterno dormir tras la muerte, de la expectativa de otros modos de ser nosotros, pero distintos del modo actual nuestro, que «pasa para siempre sin esperar retorno alguno jamás»[81], Bruno extrae una apelación a la diligencia, a la acción, en el sentido de optimizar y dar la máxima expresión a nuestra existencia individual finita, tanto en el plano estrictamente personal de una búsqueda incesante de la perfección humana por medio del conocimiento intelectual de la naturaleza infinita y de la unión con Dios a través de ella, como en el plano social mediante la contribución a la mejora de la convivencia humana.

---

80. *Expulsión*, p. 114 (BOeuC V, p. 67). Cfr. Virgilio, *Eglogas*, IV, 36.
81. *Ibi*, p. 214, cit. *supra*, nota 23.

APÉNDICES

1

VICISSITUDINE (LATÍN *VICISSITUDO*)

1. *Elementos para una historia del término.* El término *vicissitudine* no parece constituir en principio un vocablo filosófico muy acreditado y de primera magnitud en la tradición. No obstante, en la época contemporánea a Bruno emerge en primer plano en alguna obra como Le Roy 1575. En el *Dictionarium* de Calepinus, *sub voce, vicissitudo* venía caracterizada como «alternatio et mutatio ex alio in aliud», de acuerdo con Cicerón, *Tusculanae*, V [24, 69], y como equivalentes se consignaba el griego μεταβολή y el italiano «permutazione, cambiamento di tutte le cose». A comienzos del siglo XVII, Goclenius asociará también la *vicissitudo* con la μεταβολή (*mutatio*, cambio en general), concretamente como variante *circular* de la misma frente a la μεταβολή simple o recta: «[μεταβολή] circularis, id est mutua et vicissitudinaria. In universa natura est mutua ac vicissitudinaria μεταβολή» [1]. Según esto se podría pensar que el término estaba asociado, más allá de con el concepto general aristotélico de «cambio», con la transformación recíproca de los elementos (μεταβολή εἰς ἀλλήλα), expuesta por Aristóteles en *De generatione et corruptione*, II, 4, 331a 11ss. como un proceso en el que «todo [elemento] nace de todo [elemento]» y donde impera un ritmo circular (cfr. 331b 2: κύκλωι τε ἔσται ἡ γένεσις τοῖς ἁπλοῖς σώμασι). Sin embargo, el término latino habitualmente usado en las traducciones aristotélicas era *transmutatio* (cfr. *De generatione et corruptione*, II, 4, en Aristóteles, *Opera omnia*, vol. V, Venecia 1574, pp. 375G-H y 376C) y el proprio Bruno se servirá del término latino *transmutatio* en sus obras expositivas de Aristóteles para designar la generación recíproca de los elementos (cfr. *Libri Physicorum Aristotelis explanati*, BOL III, p. 365 y p. 369). No obstante, Bruno incluye en esta misma obra esta dinámica

circular de los elementos dentro del concepto general de *vicissitudo* («videamus vicissitudinem quandam in generatione et corruptione tum simplicium tum compositorum» [2]), un concepto que parece haber llegado a la cultura del Renacimiento procedente de la literatura clásica latina y a Bruno, además, a partir de algunos desarrollos de la tradición aristotélica «contaminados» por la tradición literaria latina. En efecto, en un capítulo importante para el concepto de *vicissitudo*, como es Aristóteles, *Meteor.*, I, 14 (sobre los cambios en mares y continentes) observamos que el término aristotélico μεταβολή (del que se dice que procede «según un orden y de forma periódica», κατὰ τινὰ τάξιν... καὶ περίοδον, 351a 25-26, y que afecta a todas las cosas en el curso del tiempo, 353a 24) es traducido sistemáticamente en la Giuntina, que acoge la traducción de Guillermo de Moerbeke (siglo XIII), por *permutatio* (mientras περίοδος es traducido por *circuitus*), a la vez que en el comentario de Averroes se usan los términos *mutatio* y *transmutatio*. Sin embargo el título del capítulo es indicado como «De permutatione, et vicissitudine aquarum, et continentis» [3], un indicio de la superposición del vocablo procedente de la tradición literaria latina. En este sentido es significativa la importante presencia de *vicissitudo* en Pomponazzi, quien en el *De fato*, con explícita referencia a *Meteor.* I, 14, se sirve abundantemente del término para designar la transmutación recíproca de los elementos, así como el curso cíclico de los asuntos humanos, individuales y sociales [4]. Asimismo, en *De incantationibus*, cap. 12, Pomponazzi aplica el concepto a la sucesión cíclica de las religiones o *leges* como organismos sublunares: «quare de lege in legem, modo meliorem, modo deteriorem: hoc enim postulat universi perfectio, et haec fieri vicissitudinarie» [5]. Se tiene la impresión de que el uso del término latino se vio estimulado por la transparencia del mismo en la designación del ritmo circular y alternativo en el proceso de mutación.

En efecto, *vicissitudo* (voz derivada de *vicis*, que significa cambio por alternancia) designa en los autores latinos antiguos tanto el cambio y la mutación en general (como característica estructural de la naturaleza; y en este sentido se asocia al movimiento de la Fortuna [6] y a la sucesión de los regímenes políticos [7] como movimientos circulares) como la alternancia reglada entre contrarios y elementos de una serie (así Cicerón se refiere a las «dierum noctiumque vicissitudines» [8] e incluso aplica el término a la transmutación recíproca de los elementos [9]). De ahí la frase de Terencio (*Eunuchus*, 276): «Omnium rerum vicissitudo est», devenida proverbial y recogida por Erasmo como uno de sus *Adagia*, a la vez que recordada por Bruno en el *Candelaio* en boca de un personaje vulgar: «Omnio rero vecissitudo este» [10]. El adagio erasmiano recoge motivos que serán centrales en Bruno: «*Omnium rerum vicissitudo est*. Quae sententia significat in rebus mortalium nihil esse perpetuum, nihil stabile, sed omnia velut aestuario quodam fluxu et refluxu decedere et accedere. Atqui his vicibus fortunae ab aliis ad alios transferuntur imperia, opes, gloria, voluptas, eruditio, denique quicquid est aut commodorum aut incommodorum [...] Circulus res mortalium [...] et velut in orbem recurrant fortuna versante rotam» [11]. Y el adagio siguiente (*Iucunda vicissitudo rerum*) aporta otro elemento fundamental, sancionado por la autoridad de Aristóteles (*Rhetorica*, I, 1371a 25-28): en el cambio (*mutatio, metabolé, vicissitudo*) reside el placer, generando la estabilidad por el contrario saciedad y disgusto, por lo cual la naturaleza está en perpetuo movimiento: «Quod autem semper idem stati perpetuique habitus parit satietatem. Unde illud dictum est: vicissitudo rerum omnium iucunda [...] ut nihil esse possit tam suave, quod non abeat in nauseam, si paulo diutius utare, nihil tam egregium, quod idem diu placere possit» [12]. Esta es la noción de *vicissitude* que estudia Louis Le Roy en su obra de 1575 (probablemente conocida de Bruno), en especial en lo que hace referencia a los «changements alternatifs» en las lenguas, las armas (sucesión de imperios), las letras y el saber [13]. Lo característico, sin embargo, del uso bruniano es la inserción del motivo de la mutación incesante y del cambio vicisitudinal (en el sentido de una alternancia entre contrarios y de un movimiento circular) en una teoría cosmológica general nueva (la concepción de un universo infinito y homogéneo de matriz copernicana) y en un marco metafísico rigurosamente definido (un monismo ontológico radical, por el cual la sustancia es una, infinita e inmóvil, un sujeto indiferente en el que los contrarios coinciden) todo lo cual –unido a la completa y radical naturalización del sujeto humano y de la historia, de acuerdo con la tradición peripatética radical, tal como se presenta por ejemplo en Pomponazzi– otorga al concepto de *vicissitudine* el rango de principio filosófico fundamental y en buena medida clave de toda la filosofía bruniana.

2. *El monismo ontológico y el ámbito de la «vicissitudine»*. Siendo un movimiento, la *vicissitudine* no afecta a la totalidad del ser, a la sustancia (Dios o el universo), que permanece rigurosamente una, infinita e inmóvil: «È dumque l'universo uno, infinito, immobile [...]. Oltre, che per comprender tutte contrarietadi nell'esser suo, in unità e convenienza, e nessuna inclinazione posser avere ad altro e novo essere, o pur ad altro et altro modo di essere, non può esser soggetto di mutazione secondo qualità alcuna, né può aver contrario o diverso che lo alteri» [14]. La *vicissitudine* se da en el ámbito de las «naturalezas particulares», de los infinitos modos finitos que se hallan en movimiento o mutación incesante: «[...] questa [la materia di cose inferiori] con certa vicissitudine per le parti, si fa tutto; et a tempi e tempi, si fa cosa e cosa, però sempre sotto diversità, alterazione e moto» [15]. Incluso, en tanto precisamente que movimiento, la *vicissitudine* se dice afectar también a los *minima*, los átomos, aunque en este caso en la forma de un movimiento puramente local, de entrada y salida de los compuestos, con rigurosa conservación de su identidad: «[...] et praeter atomos (in earum propria nempe substantia semper easdem subsistentes) composita omnia [...] ne uno quidem momento eadem esse posse comprendimus, quorum singula innumerabilium atomorum effluxu atque influxu continue per omnes undique partes alterantur» [16]. Precisamente este movimiento de ingreso y salida de los átomos de los organismos compuestos es lo que subyace al conjunto de alteraciones de éstos y en última instancia a su generación y corrupción, esto es, a la composición y disolución que determina su existencia finita como modos de la sustancia única. En el *Camoeracensis acrotismus* se formula la vinculación de la *vicissitudine* con las partes haciendo uso de la analogía proporcional universo/ mundo (*i. e.* astro permanente): «[...] unde in universo non sequitur generatio et corruptio, sed [...] in ejus partibus vicissitudo et ordo. Ita et proportionaliter hoc astro, quod incolimus, uno et eodemque suo modo perseverante, animalium, plantarum, aliorumque multorum vicissitudo generationis corruptionisque perficitur» [17]. Así, como movimiento de las partes o modos de la sustancia única, la *vicissitudine* se da: a) en el ámbito de la conservación de la identidad de la naturaleza o modo particular (conservación que nunca es permanente, salvo acaso en lo que se refiere a los astros o mundos [18]) o b) comportando la transformación o metamorfosis en otro modo. Como

ejemplo de lo primero podemos mencionar la *vicissitudine* o *vicissitudini* innumerables que tienen lugar en la Tierra (y análogamente en los demás mundos) y a través de las cuales «questo nume» (*Cena*, BOeuC II p. 49) persevera en el ser: «[...] è cosa conveniente e necessaria, che il moto de la terra sia tale, per quale con certa vicissitudine dove è il mare sia il continente, e per il contrario; dove è l'abitabile e più temprato, sia il meno abitabile e temprato, e per il contrario; in conclusione, ciascuna parte venghi ad aver ogni risguardo ch'hanno tutte l'altre parti al sole: a fin che ogni parte venghi a participar ogni vita, ogni generazione, ogni felicità» [19]; lo segundo consiste en la transformación o circulación universal de los modos finitos en la naturaleza, la cual es descrita en *Furori* en la «ruota de le metamorfosi», estrechamente asociada a la metempsicosis o metensomatosis: «Questa conversione e vicissitudine è figurata nella ruota delle metamorfosi, dove siede l'uomo nella parte eminente, giace una bestia al fondo, un mezzo uomo e mezzo bestia descende dalla sinistra, et un mezzo bestia e mezzo uomo ascende da la destra. Questa conversione si mostra dove Giove [...] s'investisce di diverse figure dovenendo in forma de bestie; e cossì gli altri dèi transmigrano in forme basse et aliene. E per il contrario [...] ripigliano la propria e divina forma» [20].

La *vicissitudine* es una manifestación universal de la naturaleza, pues se manifiesta en todos los ámbitos, con inclusión del mundo humano y de la historia, según una legalidad y una pauta uniforme en todos los casos: «[...] necessarium est rerum vicissitudine fieri, ut quemadmodum alternatim diurna lux, noctisque tenebrae mutuo succedunt, ita in orbe intelligentiarum veritas et error» [21]. Su dimensión estructural y fundamental en la naturaleza se pone de manifiesto en que su regulación y gobierno se atribuye por igual al «destino», «hado», «fortuna», «suerte» o «providencia», conceptos que en definitiva vienen a designar, desde diferentes perspectivas, la misma ley natural o divina, el despliegue libre y necesario a la vez de la potencia infinita divina: «[...] la providenza, o fato, o sorte, che dispone della vicissitudine del nostro essere particolare [...]» [22]. De acuerdo con esta dimensión, la *vicissitudine* es precisamente el instrumento o el medio a través del cual el universo (la divinidad en el plano de la *explicatio*) alcanza su causa final, esto es, su perfección, «la quale è che in diverse parti della materia tutte le forme abbiano attuale esistenza: nel quale fine tanto si deletta e si compiace l'intelletto, che mai si stanca suscitando tutte sorte di forme da la materia» [23]. Así, si a propósito de la Tierra Bruno señala «il fine della vicissitudine: non solo per che tutto si ritrove in tutti luoghi, ma ancora perché con tal mezzo tutto abbia tutte disposizioni e forme» [24], lo mismo se puede decir a escala del universo infinito: «[...] l'alta e magnifica vicissitudine che [...] cangia la notte col giorno, et il giorno con la notte, a fin che la divinità sia in tutto, nel modo con cui tutto è capace di tutto, e l'infinita bontà infinitamente si communiche secondo tutta la capacità de le cose» [25]. En efecto, si el universo es necesariamente infinito porque la infinita potencia y bondad divinas, *complicadas* en la absoluta simplicidad divina, no pueden sino *explicarse* totalmente en el universo infinito, esta *explicatio* infinita no se da tan sólo en el plano de la extensión espacial y temporal, sino también en el plano de la *intensión*, por lo que en cada parte del universo infinito se actualizan, en la medida de lo posible, todas las formas. Ahora bien, como la presencia de una forma excluye otras formas o no las comporta *simultáneamente*, la materia las acepta *sucesivamente*, sustituyendo la anterior por una forma nueva. Y este proceso, que se desarrolla en el plano de la forma o del alma a través de la metempsicosis, se despliega precisamente a través de la «mutazion vicissitudinale del tutto» [26]. Un pasaje del *De vinculis in genere* lo formula con toda claridad, empleando el concepto de *vicissitudine*: «Perfectissimum ergo est illud principium, quod fieri vult omnia et quod non ad particularem formam fertur et particularem perfectionem, sed ad universam formam et universam perfectionem. Eiusmodi est materia per universum, extra quam nulla est forma, in cuius potentia, appetitu et dispositione omnes sunt formae, et quae in partibus suis vicissitudine quadam omnes recipit formas, quarum simul vel duas recipere non posset» [27]. De ahí que todos los modos o sujetos particulares tengan un valor, incluso un mismo valor, y que no se deba despreciar ninguna de las «minuzzarie» de la naturaleza [28]. Ahora bien, esta actualización de todo en todo mediante la *vicissitudine* universal y sempiterna excluye el retorno de lo mismo [29], de los modos individuales idénticos, aunque tornan las estructuras o formas específicas [30].

3. *Ámbitos y manifestaciones de la* vicissitudine. Como ya se ha señalado, en tanto que ley general y fundamental de la naturaleza, la *vicissitudine* se manifiesta en todos los ámbitos de la misma, con inclusión

de todos los aspectos de la existencia humana, individual y colectiva. Su manifestación primera es en la forma de una sucesión alternativa entre los miembros de una serie, los cuales se ceden recíprocamente la emergencia o dominio puntual y periódico. Así se habla, como ejemplo puntual, de las «vicissitudines eclipsium» de sol y luna [31] y en general de la «infinita generationum corruptionumque vicissitudo» [32], por la cual –bajo el supuesto de la unidad e inmutabilidad de la sustancia, que traduce la muerte en mutación de los accidentes o modos de la sustancia– las formas se suceden alternativamente sobre la superficie de la materia: «Formae istae materiales ideo appellantur corruptibiles, quia vicissitudine quadam sibi mutuo in eodem subiecto succedunt» [33].

Ahora bien, en virtud de la concepción, derivada del Cusano, de la naturaleza como una estructura de contrarios (coincidentes en la unidad infinita), la *vicissitudo* es contemplada como el movimiento entre los contrarios que permite alternativamente la emergencia temporal de los mismos: «[...] il principio, il mezzo et il fine [...] di quanto veggiamo, è da contrarii, per contrarii, ne' contrarii, a contrarii: e dove è la contrarietà, è la diversità, [...] è la vicissitudine» [34]. De ahí las declaraciones más generales, en las que se incluye todo el ámbito humano: «Cossì tutte cose nel suo geno hanno tutte vicissitudine di dominio e servitù, felicità et infelicità, de quel stato che si chiama vita e quello che si chiama morte, di luce e tenebre, de bene e male» [35]. De acuerdo con ello Bruno habla de una *vicissitudine* permanente de luz y tinieblas, de bien y mal [36], de conocimiento y error o ignorancia [37], de los estados de opresor y víctima [38]. No obstante, esta representación de la *vicissitudine* como un cambio o mutación entre los contrarios no es diferente de aquella, también frecuente en Bruno, que la ve como un proceso o movimiento circular incesante por el que se pasa sucesiva e indefinidamente (con conservación o no de la identidad del modo individual) por los diferentes estadios del círculo o rueda: «Or questa conversione e vicissitudine è figurata nella ruota delle metamorfosi» [39]; «la revoluzione è vicissitudinale e sempiterna; e che tutto quel medesimo che ascende ha da ricalar a basso: come si vede in tutti gli elementi e cose che sono nella superficie, grembo e ventre de la natura» [40]. En cualquier caso, en virtud de la *vicissitudine* todo se halla en movimiento en el seno del universo infinito inmóvil [41] y es precisamente en el cambio inducido por ella (señala Bruno en la obertura del

Spaccio, siguiendo el adagio erasmiano *Iucunda vicissitudo rerum*) donde se encuentra el goce y el deleite: «Talché se ne li corpi, materia et ente non fusse la mutazione, varietade e vicissitudine, nulla sarrebe conveniente, nulla di buono, niente delettevole» [42].

4. *Vicissitudine y mundo humano: la naturalización del hombre*. El hombre es fruto y resultado de la *vicissitudine* universal, de la mutación vicisitudinal sempiterna de las formas en la naturaleza infinita. Nace de la naturaleza (de la Tierra) [43] y torna a ella, como cualquier otro ser vivo. El hombre carece, pues, de un estatuto especial que lo diferencie del resto de la naturaleza y le otorgue una *dignitas* especial; la materia y el alma que lo constituyen son los mismos que en el resto de los seres vivos [44], por lo cual no es sino «ente tra gli enti» [45]. El hombre no es, pues, el resultado de una creación especial por parte de un Dios personal que ejerce sobre él una especial Providencia y mantiene con él una vinculación y comunicación especial de tipo sobrenatural, al margen de la naturaleza. Toda la «comunicación» de y con Dios (tanto en el sentido de la «difusión» de su potencia y bondad como en el sentido de un posible «diálogo») tiene lugar en la naturaleza infinita y en su estructura legal permanente e inmodificable que expresan toda su voluntad [46], por lo que el planteamiento cristiano de una creación, de un curso histórico y de un destino especiales del hombre, al margen de la naturaleza, carecen de sentido. El cristianismo mismo y la figura de Cristo son reducidos a la *vicissitudine* natural, como una *lex* religiosa más y como un momento –además negativo o «tenebroso»– en el curso vicisitudinal del saber y de la civilización. Reducido, pues, el hombre a naturaleza e inmersa toda su existencia en el flujo vicisitudinal de la misma, queda abandonada la visión lineal-escatológica de la historia y la historia de la redención del género humano; queda abandonada la escatología, esto es, la espera de una próxima mutación de la creación en el Paraíso e Infierno eternos [47]. Al mismo tiempo, es la perspectiva de un destino trascendente a la naturaleza lo que queda abandonado; como cualquier otro producto de la naturaleza infinita (y por tanto de Dios), también el hombre está rigurosamente reducido a la inmanencia a la naturaleza y a la *vicissitudine*. En este marco, la unión con la divinidad y por tanto el Paraíso, en la medida en que es posible al hombre naturalmente, esto es, en la imagen necesaria de la naturaleza infinita y homogénea, consisten en el conocimiento filosófico de la reali-

dad física y metafísica del universo (su carácter de efecto necesario y total de la causa divina, su infinitud y homogeneidad, su unidad sustancial, la *vicissitudine* misma), en el acceso a la verdad. El Paraíso y la unión con Dios, de este modo, se inmanentizan [48] y se hacen coincidir precisamente con el punto superior de la rueda de la metamorfosis o ciclo vicisitudinal [49], lo cual permite pensar que el Infierno no es otra cosa que el alejamiento de Dios, esto es, de la verdad, y por tanto coincide con la vida en la ignorancia de la verdadera realidad de la naturaleza o con el punto inferior de dicha rueda de la metamorfosis o ciclo vicisitudinal: «[...] Talis vicissitudo est in ordine planetarum, talis est in vicissitudine regnorum et fatis. Mitto circulum Pythagoricum et Platonicum de Diis et heroibus descendentibus usque ad profundum tenebrarum, et ex illo rursum rota temporis et aeviternitatis discurrentes ad superna revocari. Unde illud Pythagorici poetae [Virgilio] de inferno: [...] rursus incipiunt per portam corneam prodire de tenebris ad lucem, quibus per portam eburneam ad inferna factus est ingressus» [50]. Bruno, por tanto, rechaza la negación llevada a cabo por san Agustín de la *vicissitudo* (*revolutio saeculorum, circuitus temporum*) en el plano espiritual o religioso [51] y reivindica la figura de Orígenes, que en opinión de Luis Vives era objeto de la crítica del santo en *De civitate Dei,* XII, 13, 2: «Quidam et illud quod legitur in libro Salomonis, qui vocatur Ecclesiastes, *Quid est quod fuit?* [...] (Ecclesiastés 1, 9-10); propter hos circuitus in eadem redeuntes et in eadem cuncta revocantes, dictum intelligi volunt» [52].

5. Vicissitudine *y «vera moralità»*. Como ley fundamental que gobierna el movimiento de los modos o sujetos particulares en el seno de la sustancia única e infinita que es la naturaleza infinita como retrato o expresión necesaria y completa de Dios, la *vicissitudine* es un componente necesario (al igual que la necesidad, infinitud y homogeneidad del universo, el monismo ontológico y la metamorfosis de los modos, la correcta actitud ante la llamada «muerte») de la sabiduría o Filosofía, cuya adquisición comporta la perfección del hombre y la unión con Dios posible en la naturaleza. Es lógico, por tanto, que el conocimiento de la misma y la consecuente actitud moral en el sujeto humano sean un componente de la «vera moralità» que, según Bruno, es consecuencia necesaria de la Filosofia: «Ecco la raggion della mutazion vicissitudinale del tutto; per cui cosa non è di male da cui non s'esca, cosa

non è di buono a cui non s'incorra: mentre per l'infinito campo, per la perpetua mutazione, tutta la sustanza persevera medesima et una. Dalla qual contemplazione (se vi sarremo attenti) avverrà che nullo strano accidente ne dismetta per doglia o timore, e nessuna fortuna per piacere o speranza ne estoglia: onde aremo la via vera alla vera moralità» [53]. Así, la Filosofía genera una actitud moral caracterizada por nada temer y nada esperar [54], por la temperanza ante el hecho de la mutación entre los contrarios y la indiferencia por el conocimiento de la nulidad y vanidad de todo modo particular frente a la sustancia una e infinita [55].

No puede sorprender, por tanto, que *Furori*, la conclusión de ese originalísimo *itinerarium mentis in veritatem (Deum)* que es la obra unitaria de los diálogos, concluyan con los ciegos que han recobrado la visión (el hombre que ha recuperado la verdad y la visión de Dios) y afirmando: «[...] tutti d'accordo celebrano l'alta e magnifica vicissitudine che [...] cangia la notte col giorno, et il giorno con la notte, a fin che la divinità sia in tutto, e l'infinita bontà infinitamente si communiche secondo tutta la capacità di le cose» [56]. Por otra parte, esa «vera moralità» de temperancia e indiferencia corresponde a la mirada *sub specie aeternitatis* de la Filosofía. El filósofo o «sapiente» está también, como sujeto finito, en el seno de la *vicissitudine* y en relación con otros sujetos finitos. En este plano, aplica la Filosofía a la finitud, lleva a cabo sus decisiones y elecciones, desarrolla la moral de la actividad mediante la cual «vegna occupato ne l'azzione per le mani, e contemplazione per l'intelletto; de maniera che non contemple senza azzione, e non opre senza contemplazione», llevando a cabo esa obra de construcción de la civilización y desarrollo de las artes, dentro del ciclo de la *vicissitudine*, por la cual vendrá «ad serbarsi dio de la terra» [57]. Lo que la Filosofía y dentro de ella el conocimiento de la ley de la «vicissitudine universale e sempiterna» aporta al hombre es la prudencia para que su dominio sobre la naturaleza no se transforme en la falsa creencia de un estatuto ontológico de superioridad y de un destino diferente al del resto de la naturaleza; aporta la sabiduría del Asno cilénico («ricordati ch'il tuo Pitagora insegna di non spreggiar cosa che si trove nel seno della natura» [58]) y la convicción de que la fijación a la propia especie, al propio modo, es universal («il porco non vuol morire per non esser porco, il cavallo massime paventa di scavallare. Giove per le instante necessitadi sommamente teme di non esser Giove» [59]) y fruto de la ignorancia del modo futuro que nos está reservado [60]. La aceptación gozosa del «fato della mutazione», del destino de la *vicissitudine*, tal como lo celebran los ciegos-videntes al final de los *Furori*, es un rasgo de la «verà moralità» que sigue al descubrimiento de la «vera filosofia».

NOTAS

[1] Goclenius 1615, p. 130. [2] *Libri Physicorum Aristotelis explanati*, BOL III 363. [3] Cfr. Aristóteles, *Meteorologica*, en *Opera omnia*, vol. V, Venecia 1574, pp. 419r-421r. [4] P. Pomponazzi, *Libri quinque de fato, de libero arbitrio et de praedestinatione*, cit. en Ciliberto 1999, pp. 217-219. [5] Pomponazzi 1567, p. 293. [6] Cicerón, *Familiares*, 5, 12, 14: «fortunae vicissitudines». [7] Cicerón, *Republica*, I, 29, 45: «Mirique sunt [...] quasi circumitus in rebus publicis commutationum et vicissitudinum». [8] *De legibus*, 2, 16. [9] *De natura deorum*, II, 33, 84: «Et cum quattuor genera sint corporum, vicissitudine eorum mundi continuata natura est». [10] *Candelaio*, BOeuC I, p. 142. [11] Erasmo 1998, nº 663, pp. 188-190. [12] Erasmo 1998, nº 664, pp. 190s. [13] Papi 1968, pp. 220ss. y *ad ind*. [14] *Causa*, BOeuC III, p. 271; véase *Summa terminorum metaphysicorum*, BOL I, IV, p. 93, donde se usa un lenguaje más teístico o convencional: «Substantia omnino immobilis, nullis vicissitudinibus obnoxia». [15] *Causa*, BOeuC III, p. 251. [16] *De minimo*, BOL I, III, p. 200; cfr. *Infinito*, BOeuC IV, p. 261: «Quanto appartiene alli primi corpi indivisibili [...] è da credere che per l'immenso spacio hanno certa vicissitudine, con cui altrove influiscano, et effluiscano altrove». [17] *Camoeracensis acrotismus*, BOL I, I, pp. 175s. Cfr. *Spaccio*, BOeuC V, p. 19: «In tutto uno infinito ente e sustanza sono le nature particolari infinite et innumerabili [...] che come in sustanza, essenza e natura sono uno: cossì per ragion del numero che subintrano, incorreno innumerabili visissitudini e specie di moto e mutazione». [18] Cfr. *Camoeracensis acrotismus*, cit. en nota precedente; *Infinito*, BOeuC IV, pp. 143-145 y Granada 2000. [19] *Cena*, BOeuC II, p. 271. Cfr. *ibi*, pp. 259-265

(con referencia a Aristóteles, *Meteorologica*, I, 14); *Infinito*, BOeuC IV, pp. 207-209. [20] *Furori*, BOeuC VII, p. 151. Cfr. *Cabala*, BOeuC VI, p. 105, donde se adapta a esta concepción el pasaje paulino de Romanos 9, 21-23: «[...] il tutto essere in mano dell'universale efficiente come la medesima luta in mano del medesimo figolo, che con la ruota di questa vertigine de gli astri viene ad esser fatto e disfatto secondo le vicissitudini della generazione e corrozione delle cose, or vase onorato, or vase contumelioso, di medesima pezza»; *Furori*, BOeuC VII, p. 203: «[...] la natura compiacersi in questa vicissitudinale circolazione che si vede ne la vertigine de la sua ruota». [21] *Camoeracensis acrotismus*, BOL I, I, p. 60. Cfr. asimismo *Spaccio*, BOeuC V, p. 417: «[...] il fato ha ordinata la vicissitudine delle tenebre e della luce»; *Cabala*, BOeuC VI, p. 113: «[...] le vicissitudini delle scienze e virtudi [...]». [22] *Infinito*, BOeuC IV, p. 41. Cfr. *Spaccio*, BOeuC V, p. 277 (*vicissitudine* y fortuna), 417, cit. nota [21] (*vicissitudine* y hado). Téngase presente que según *Furori*, BOeuC VII, p. 149 «necessità, fato, natura, consiglio, voluntà, nelle cose giustamente e senza errore ordinate, turri concorreno in uno». [23] *Causa*, BOeuC III, p. 121. [24] *Cena*, BOeuC II, p. 259. [25] *Furori*, BOeuC VII, p. 51. [26] *Infinito*, BOeuC IV, p. 39. [27] *De vinculis*, BOL III, p. 695. Cfr. *De immenso*, BOL I, I, p. 204: «[...] cum materia particularis universos simul actus comprehendere nequeat, successive comprehendit atque sigillatim». [28] *Spaccio*, BOeuC V, pp. 161-175: «Ogni quantosivoglia vilissima minuzzaria, in ordine del tutto et universo è importantissima» (175); *De minimo*, BOL I, III, p. 272: «[...] ad universum respicienti nihil occurret turpe, malum, incongruum; neque etenim varietas atque contrarietas efficit quominus omnia sint optima, prout videlicet a natura gubernantur, quae veluti phonascus contrarias voces extremas atque medias ad unam [...] optimam symphoniam dirigit et perducit». [29] *De immenso*, BOL I, I, pp. 367-372; *Theses de magia*, BOL III, p. 469: «Circulum ergo rerum seriem cum certa vicissitudine, qua ad similia fiat reditio, non autem ad eadem, intelligatur». [30] *De minimo*, BOL I, III, p. 136: «Gottfridum vestit Turno [...] Exit de panno antiquo nova vestis, et hic sunt / syndonem in alterius femoralia Caesaris acta». [31] *De immenso*, BOL I, I, p. 375. [32] *Figuratio*, BOL I, IV, pp. 168 y 218; *Libri Physicorum Aristotelis explanati*, BOL III, p. 367. [33] *Ibi*, 315 y en general *Causa*, diálogos III y IV. [34] *Spaccio*, BOeuC V, p. 59. [35] *Cena*, BOeuC II, p. 259. [36] *Infinito*, BOeuC IV, p. 39; *Furori*, BOeuC VII, p. 101. [37] *Cena*, BOeuC II, p. 63; *Infinito*, BOeuC IV, p. 183; *Camoeracensis Acrotismus*, BOL I, I, p. 60, cit. *supra* nota [21]. [38] *Cena*, BOeuC II, p. 45; cfr. *Spaccio*, BOeuC V, p. 61. [39] *Furori*, BOeuC VII, p. 151 y la «vicissitudinale circolazione» de p. 203, cit. nota [20]. [40] *Furori*, BOeuC VII, p. 45; cfr. *Lampas triginta statuarum*, BOL III, pp. 70s. [41] *De rerum principiis*, BOL III, p. 550: «cum nihil sit stabile et omnia incerta circulari vicissitudine consistant [...]». [42] *Spaccio*, BOeuC V, p. 49. [43] *Cena*, BOeuC II, p. 49: «[...] questo nume [la terra], questa nostra madre, che nel suo dorso ne alimenta e ne nutrisce, dopo averne produtti dal suo grembo al qual di nuovo sempre ne riaccoglie». [44] *Cabala*, BOeuC VI, pp. 91ss. [45] Montano 2000, p. 91. En esta igualación radical del hombre al resto de la naturaleza Bruno coincide con Montaigne (véase en particular la *Apologie de Raimond Sebond*, *Essais*, II, 12). [46] *Infinito*, BOeuC IV, pp. 83-85 y *Spaccio*, BOeuC V, pp. 417s., 427. [47] Cfr. *Camoeacensis Acrotismus*, BOL I, I, p. 67; Granada 2000, pp. 452-478. [48] *Furori*, BOeuC VII, 147-151, 159, 391-395, 417-423; *De immenso*, BOL I, I, pp. 205s. Véase Granada 2002, caps. 6, 7 y Epílogo. [49] *Furori*, BOeuC VII, pp. 43-51, 151. [50] *De rerum principiis*, BOL III, pp. 550s. Cfr. *Furori*, BOeuC VII, p. 45 y Granada 2002, pp. 352-363. [51] S. Agustín, *Confessiones*, XII, 9 y 15; *De civitate Dei*, XII, 13. [52] J. L. Vives 1993, p. 578. Precisamente, ese paso del *Eclesiastés* es texto predilecto de Bruno como autoridad de la identidad y homogeneidad de la naturaleza y de su ciclo vicisitudinal. Cfr. *Causa*, BOeuC III, pp. 141 y 281. [53] *Infinito*, BOeuC IV, p. 39; cfr. *ibi*, p. 41 y *Spaccio*, BOeuC V, p. 59. [54] *Causa*, BOeuC III, p. 281: «Pitagora [...] non teme la morte ma aspetta la mutazione»; *De immenso*, BOL I, I, p. 205: «*Anima sapiens non timet mortem, immo interdum illam ultro appetit*». Cfr. *Spaccio*, BOeuC V, p. 473. [55] *Furori*, BOeuC VII, pp. 101 y 103; *Causa*, BOeuC III, p. 281. [56] *Furori*, BOeuC VII, p. 51; cfr. Granada 2002, pp. 357ss. [57] *Spaccio*, BOeuC V, pp. 343 y 341. Cfr. Montano 2000, cap. 2 y Granada 2000, pp. 253ss. [58] *Cabala*, BOeuC VI, p. 159. [59] *Spaccio*, BOeuC V, p. 69; cfr. *Furori*, BOeuC VII, p. 191: «[...] il porco non può desiderar esser uomo, né quelle cose che son convenienti all'appetito umano. Ama più d'isvoltarsi per la luta che per un letto di bissino; ama d'unirsi ad una scrofa, non a la più bella donna che produca la natura». [60] *De immenso*, BOL I, I, pp. 204s.

BIBLIOGRAFÍA

A. Calepinus, *Dictionarium,* Venecia 1555. M. Ciliberto, *Umbra profunda. Studi su Giordano Bruno*, Roma 1999, 209-225. D. Erasmo, *Opera omnia*, ordinis secundi tomus secundus, *Adagiorum Chilias prima, pars altera*, Ámsterdam-Lausanne-Nueva York-Oxford-Shannon-Tokio 1998. R. Goclenius, *Lexicon philosophicum graecum*, Marburgo 1615. M. A. Granada, *«Voi siete dissolubili, ma non vi dissolverete». Il problema della dissoluzione dei mondi in Giordano Bruno*, «Paradigmi», XVIII, 2000, 261-289. Idem, *El umbral de la modernidad. Estudios sobre filosofía, religión y ciencia entre Petrarca y Descartes*, Herder, Barcelona 2000, pp. 452-478. Idem, *Giordano Bruno. Universo infinito, unión con Dios, perfección del hombre*, Herder, Barcelona 2002. L. Le Roy, *De la vicissitude ou variete des choses en l'univers*, París 1575, reed. en Corpus des Oeuvres de Philosophie en langue française, Fayard, París 1988. A. Montano, *La mente e la mano. Aspetti della storicità del sapere e del primato del fare in Giordano Bruno*, La Città del Sole, Nápoles, 2000. F. Papi, *Antropologia e civiltà nel pensiero di Giordano Bruno*, La Nuova Italia, Florencia 1968. P. Pomponazzi, *De naturalium effectuum causis sive de Incantationibus*, Basilea 1567. F. Raimondi, *Il sigillo della vicissitudine. Giordano Bruno e la liberazione della potenza*, Unipress, Padua 1999. J. L. Vives, *Commentarii ad divi Aurelii Augustini De civitate Dei, libri VI-XIII*, edición de F. G. Pérez Durá, J. M. Estellés González, Valencia 1993.

2
«QUEL CHE VIVIAMO È UN PUNTO...».
NOTA SOBRE EL USO DE SÉNECA POR GIORDANO
BRUNO EN *DE GLI EROICI FURORI*

La presencia de Séneca, más allá de la del estoicismo en general, en la obra de Giordano Bruno es de sobras conocida. En primer lugar tenemos la cita frecuente en los diálogos italianos de pasajes de las tragedias, por lo general sin indicación del nombre del autor latino. Es el caso, por ejemplo, de los versos de *Medea* citados en *La cena de las cenizas*, en el lugar importantísimo de la transición del elogio de Copérnico al elogio de Bruno mismo[1]. *La cena* recurre también a una cita anónima del *Oedipus* para ilustrar mediante la relación entre Manto y su padre Tiresias la compleja relación entre Copérnico y Bruno[2]. Finalmente, en *Los Heroicos Furores* el «trágico poeta» es de nuevo aducido, en cita de *Fedra*, versos 279-282 y 293, para ilustrar la furia del fuego amoroso[3].

1. *Medea*, versos 301-304, 375-379 y 329-339. Véase G. Bruno, *La cena de le Ceneri*, BOeuC II, pp. 43-47. Para la traducción castellana véase G. Bruno, *La cena de las cenizas*, traducción de M. A. Granada, Madrid, Alianza 1987, pp. 68s. Los versos 335-339 son citados también atribuyéndolos al «poeta trágico» en *De l'infinito universo e mondi*, BOeuC IV, p. 365 (traducción castellana: G. Bruno, *Del infinito: el universo y los mundos*, traducción de M. A. Granada, Alianza, Madrid 1993, p. 240).
2. *Oedipus*, versos 295-296 y 301-302. Cfr. BOeuC II, p. 37; traducción castellana, cit., p. 65. El *Oedipus* es citado también al comienzo del *Spaccio de la bestia triunfante*, BOeuC V, pp. 67-69, pero en esta ocasión la larga tirada (vv. 1001-1008 y 1015-1016) se atribuye al «trágico Séneca». Véase la traducción castellana: G. Bruno, *Expulsión de la bestia triunfante*, traducción de M. A. Granada, Alianza, Madrid 1989, p. 115.
3. G. Bruno, *De gli eroici furori*, BOeuC VII, p. 353. Para la traducción castellana véase G. Bruno, *Los Heroicos Furores*, traducción de M. R. González Prada, Tecnos, Madrid 1987, p. 166. En este diálogo (BOeuC VII, p. 365; traducción castellana p. 171) hay asimismo una rápida cita de *Tiestes*, v. 572, que no ha sido reconocida en la versión castellana.

Se trata en todos los casos de citas ornamentales, colocadas en lugares más o menos estratégicos de la obra bruniana con el fin de ilustrar y apoyar la argumentación en curso.

En otro lugar hemos puesto de manifiesto la notable presencia de elementos procedentes de la cosmología estoica en la obra bruniana[4]. En este caso hemos mostrado que, a propósito de la concepción de los cometas como cuerpos celestes permanentes en movimiento circular en torno al centro, una concepción ciertamente heterodoxa dentro del estoicismo, Bruno muy probablemente había tenido en consideración dentro de sus fuentes antiguas el libro séptimo de las *Naturales quaestiones*, en el que Séneca había expuesto por extenso, apartándose de la opinión de la escuela y con gran eficacia retórica y literaria, esa misma concepción de Bruno[5]. Restan las *Epístolas morales a Lucilio* y los *Diálogos*, esto es, la presencia del Séneca moral.

I

En este último caso, y ya de antiguo, se ha mostrado la importante presencia de las *Epístolas* en los diálogos italianos, ahora no como meras citas ornamentales, perfectamente diferenciadas del texto bruniano, a pesar de su frecuente anonimato, por su estructura en verso y por su lenguaje latino. Por el contrario, en el caso de las *Epístolas*, nos encontramos *casi siempre* con citas tácitas y camufladas, porque se presentan en traducción italiana del propio Bruno y en el seno de la propia argumentación bruniana como parte integrante de la misma, esto es, incorporadas al propio discurso como texto personal. Es un ejemplo de la

---

4. Véase M. A. Granada, «Giordano Bruno et la Stoa. Une présence non reconnue de thèmes stoïciens?», en *Le stoïcisme au XVIe et XVIIe siècle. Le retour des philosophies antiques à l'âge classique*, vol. I, P.-F. Moreau (dir.), Albin Michel, París 2000, pp. 140-174; *Idem*, «Giordano Bruno et *le banquet de Zeus chez les éthiopiens*: la transformation de la doctrine stoïcienne des exhalaisons humides de la terre», *Bruniana & Campanelliana*, III, 1997, pp. 185-207.

5. M. A. Granada, «Giordano Bruno et la Stoa...», cit., pp. 156-158. Obviamente, Séneca pone en el centro la tierra y Bruno el sol.

práctica habitual en la época y por supuesto muy frecuente en Bruno, que se sirve de ella con todo tipo de autores: del Cusano a Ficino, de Boecio a Averroes, etc.

Fue ya Giovanni Gentile quien señaló, a comienzos del siglo XX, la presencia de las *Epístolas a Lucilio* en *De gli eroici furori*, a partir de la primera y única mención explícita del autor latino por parte de Bruno: «Mi sovviene di quel che dice Seneca in certa epistola dove referisce le paroli d'Epicuro ad un suo amico, che son queste»[6]. En este caso la referencia es explícita y la extensa cita se integra en una argumentación bruniana de importancia excepcional: la crítica del sacrificio –de todo sacrificio, incluido el «sacrificio de alabanza», en contra de la opinión de Calvino– como vía de unión con la divinidad. Por el contrario, el sacrificio de alabanza sólo vale en las relaciones interhumanas (como en el «sacrificio» que hace Homero en honor de Aquiles, por el cual éste asciende al cielo junto con su poeta cantor). Éste es precisamente el punto que la cita de Séneca pretende ilustrar[7].

Muy poco después Gentile registró un nuevo uso de Séneca y de sus *Epístolas*, bajo la mención de «disse il filosofo morale»[8], esta vez para avalar un nuevo tema muy importante (y de amplio registro en Séneca): el regreso a sí mismo y a la propia intimidad, el alejamiento de la multitud y del mundo exterior, la búsqueda del trato con quienes aspiran también a la sabiduría. Es, en suma, la oposición entre el sabio y el vulgo y la concepción del primero como «contemplativo» o intelectual, tan importante en la obra de Bruno y en su reivindicación de la Filosofía[9], que el Nolano plantea con la ayuda de Séneca, para quien dicho tema es también fundamental.

---

6. Véase G. Bruno, *De gli eroici furori* en *Dialoghi italiani, II, Dialoghi morali*, reimpresión con notas de G. Gentile, tercera edición de G. Aquilecchia, Sansoni, Florencia, 1958, p. 1083 (= BOeuC VII, p. 309). Bruno cita *Epístolas a Lucilio*, 21, 3-5.

7. Sobre la polémica con Calvino desarrollada en estas páginas véase A. Ingegno, *Regia pazzia. Bruno lettore di Calvino*, Quattro Venti, Urbino, 1987, pp. 87-96 y nuestra anotación a *Furori*, BOeuC VII, pp. 307-311.

8. *De gli eroici furori* en *Dialoghi italiani*, cit., p. 1086 (= BOeuC VII, p. 315; traducción castellana, cit., p. 148). La referencia y cita –según Gentile– es a *Epístolas*, 7, 2 y 10, pero hemos mostrado en la anotación a BOeuC VII que Bruno reproduce también otros pasajes de dicha epístola.

9. Véase *supra*, cap. I, "Mirado el pecho del Nolano, donde habría podido faltar más bien algún botón". Bruno y la "rareza" del filósofo».

Asimismo, en el curso de estas mismas páginas y después de haberse venido sirviendo tácitamente, pero de forma literal, de las epístolas senequianas, Bruno decide revelar su fuente y reconoce: «[...] per cui disse un filosofo morale che scrisse a Lucilio»[10]. En este caso se trata del desprecio de las riquezas y de lo externo y de la retirada sobre sí mismo a la búsqueda de la divinidad que mora en nuestro interior.

Y esto es todo, aunque no es poco, por lo que se refiere al reconocimiento por parte de Gentile de la presencia del Séneca moral en los diálogos italianos y en concreto en *Los Heroicos Furores*. Es un reconocimiento, como decimos, de aquellas citas en las que el uso deviene mención explícita. Sin embargo el uso bruniano es mucho más extenso, sólo que por lo general es un uso tácito, en el que las epístolas de Séneca se integran y se usan −en pasajes más o menos largos− para la formulación del propio pensamiento. En nuestra anotación a la edición Belles Lettres de *De gli eroici furori* hemos señalado bastantes citas de este tenor que habían escapado a la atención de los estudiosos. Una −muy importante, decisiva incluso− queremos recordar, por su trascendencia y porque se encuentra en medio (si bien oculta) de las menciones explícitas que acabamos de registrar. Después de plantear el necesario alejamiento de la multitud de acuerdo con Séneca (*Epístolas*, 7, 1) con vistas a elevarse a la altura de la inteligencia, el interlocutor pregunta: «Come intendi che la mente aspira alto? verbigrazia con guardar alle stelle? Al cielo empireo? sopra il cristallino?»[11] Y Bruno responde: «Non certo, ma procedendo al profondo della mente per cui non fia mistiero massime aprir gli occhi al cielo, alzar alto le mani, menar i passi al tempio, intonar l'orecchie di simulacri, onde più si vegna exaudito: ma venir al più intimo di sé, considerando che Dio è vicino, con sé e dentro di sé, più ch'egli medesimo esser non si possa; come quello ch'è anima de le anime, vita de le vite, essenza de le essenze»[12].

Se podría pensar que Bruno se remite a la espiritualidad cristiana, de corte por ejemplo agustiniano, de acuerdo con la convicción de san Agustín de que la divinidad mora en el alma del hombre y que, en conse-

---

10. *De gli eroici furori*, en *Dialoghi italiani*, cit., p. 1087 (= BOeuC VII, p. 319; traducción castellana, cit., p. 149). Bruno viene elaborando *Epístolas*, 31, 4ss., de la cual ya se había servido en *Expulsión*, BOeuC V, pp. 305-307.
11. *De gli eroici furori*, BOeuC VII, p. 317; traducción castellana, cit., p. 149.
12. *Ibidem*.

cuencia, el estudio de la naturaleza es una "vana curiositas" cuya persecución comporta el peligro de la perdición. Tal interpretación parece estar avalada por las últimas fórmulas, que subrayan la presencia de la divinidad en nuestro interior más profundo y que ciertamente recuerdan famosas expresiones agustinianas: el dios dentro del hombre «più ch'egli medesimo esser non si possa» recuerda el pasaje de las *Confessiones* en en el que el santo confiesa a Dios «tu autem eras interior intimo meo»[13]; del mismo modo la calificación de Dios como «anima de le anime, vita de le vite» traduce la frase agustiniana de la misma obra «Deus autem tuus etiam tibi vitae vita est»[14]. Y sin embargo, nada sería, pensamos, más erróneo. La clave está en las primeras líneas, que son una cita literal de las *Epístolas a Lucilio*:

> Facis rem optimam et tibi salutarem, si, ut scribis, perseveras ire ad bonam mentem, quam stultum est optare, cum possis a te impetrare. Non sunt ad caelum elevandae manus nec exorandus aedituus, ut nos ad aurem simulacri, quasi magis exaudiri possimus, admittat; prope est a te deus, tecum est, intus est[15].

La incorporación del texto senequiano basta para indicarnos (de acuerdo, por otra parte, con el sentido general de la cosmología infini-

---

13. *Confessiones*, III, 6, 11.
14. *Ibi*, X, 6, 10.
15. *Ad Lucilium Epistulae morales*, ed. de L. D. Reynolds, Clarendon Press, Oxford 1965, ep. 41, 1 (traducción castellana: *Epístolas morales a Lucilio*, 2 vols., trad. de I. Roca Meliá, Gredos, Madrid 1986. El lector nos disculpará si tanto a propósito de Séneca como de Bruno citamos siempre el texto original; era necesario para dejar claros los préstamos presentes en Bruno, que podrían quedar inevitablemente oscurecidos en las traducciones). La continuación de este pasaje («Ita dico, Lucili: sacer intra nos spiritus sedet, malorum bonorum nostrorum observator et custos. Hic prout a nobis tractatus est, ita nos ipse tractat. Bonus vero vir sine Deo nemo est [...]. In unoquoque virorum bonorum "(quis deus incertum est) habitat deus"») ya había sido citada, incorporada también de forma tácita al propio discurso, en *Furori*, BOeuC VII, p. 255: «Si trova in noi certa sacrata mente et intelligenza, cui subministra un proprio affetto che ha il suo vendicatore, che col rimorso di certa sinderesi al meno, come con certo rigido martello flagella il spirto prevaricante. Quella osserva le nostre azzioni et affetti, e come è trattata da noi fa che noi vengamo trattati da lei. [...] In tutti è Dio certissimamente, ma qual dio sia in ciascuno non si sa cossì facilmente»; traducción castellana, cit., p. 118.

tista bruniana y de la concepción de la relación de la divinidad con el universo) que esa presencia de la divinidad en el hombre tiene el sentido griego y pagano (reafirmado en la Stoa y en Séneca) de la inmanencia de la divinidad en la naturaleza divina y por tanto también en el hombre como parte de la misma. Bruno no pliega, pues, Séneca a la espiritualidad cristiana; antes bien, del mismo modo que usa tácitamente a Ficino para reducir el platonismo cristiano y su representación trascendente y escatológica del Paraíso a una concepción inmanente, a una actualización del Paraíso y de la unión con Dios en el hombre por medio de la contemplación intelectual de la Filosofía en esta vida[16], el uso de Séneca en este caso está orientado a inducir en el lector la concepción de la unión con Dios en la naturaleza que lo expresa y con la que se identifica.

Si esta cita tácita ilustra cumplidamente el uso de las *Epístolas a Lucilio* en *Los Heroicos Furores* como un texto incorporado e integrado en la expresión del propio pensamiento, ello no constituye un caso aislado. Al contrario, la apropiación del Séneca moral está presente también en el otro gran diálogo moral, publicado en 1584, unos meses antes que los *Furori*: la *Expulsión de la bestia triunfante*. En este caso debemos la demostración a Maria Pia Ellero y a su anotación a este diálogo en la edición Belles Lettres[17].

De la anotación de Maria Pia Ellero se desprende que las citas y préstamos tácitos de Séneca y de las *Epístolas* se concentran en tres lugares del *Spaccio de la bestia trionfante*, los tres muy importantes desde el punto de vista de la formulación de una teoría moral: el discurso de Júpiter a la Pobreza en BOeuC V, pp. 239-241; el discurso del mismo dios a la Solicitud y la respuesta de ésta en BOeuC V, pp. 305-315; y finalmente, aunque la presencia de textos de Séneca parece ser menor, la crítica del ocio en la primera parte del tercer diálogo (BOeuC V, pp. 345 y 353).

El discurso de Júpiter a la Pobreza está construido en gran medida como un hábil montaje a partir de pasajes de las *Epístolas* relativos a la

16. Véase nuestra introducción a BOeuC VII, pp. XC–CXVIII y asimismo M. A. Granada, *Giordano Bruno. Universo infinito, unión con Dios, perfección del hombre*, Herder, Barcelona 2002, cap. VII: «La perfección del hombre y la Filosofía».
17. Véase G. Bruno, *Oeuvres complètes*, vol. V, *Expulsion de la bête triomphante [Spaccio de la bestia trionfante]*, texto establecido por G. Aquilecchia, introducción de N. Ordine, notas de M. P. Ellero, Les Belles Lettres, París 1999.

pobreza y a la riqueza y a su respectiva relación con la virtud y la sabiduría. Si a lo que aspiramos es a estas últimas, elegiremos la pobreza, que por lo demás, dada su relación con la naturaleza y lo necesario, es la verdadera riqueza. Ellero ha mostrado cómo en el breve arco de apenas dos páginas Bruno construye su discurso sobre diferentes sentencias senequianas:

- «Alla filosofia donano impedimento le ricchezze, e la Povertade porge camino sicuro et espedito» (BOeuC V, p. 239; traducción castellana, cit., p. 188); «Multis ad philosophandum obstitere divitiae; paupertas expedita, secura est» (*Epistulae*, 17,3);
- «Nessuno può gustar che cosa sia tranquillità di spirito se non è povero o simile al povero» (*ibidem*); «Si vis vacare animo, aut pauper sis oportet aut pauperi similis» (*Epistulae*, 17,5)[18];
- «Appresso voglio che sia grande colui che ne la povertà è ricco, perché si contenta; e sia vile e servo colui che ne le ricchezze è povero, perché non è sazio. Tu sarai sicura e tranquilla; lei turbida, sollecita, suspetta et inquieta» (*ibidem*); «Qui multum habet plus cupit, quod est argumentum nondum illum satis habere; qui satis habet consecutus est quod numquam diviti contigit, finem. An has ideo non putas esse divitias quia propter illas nemo proscriptus est? quia propter illas nulli venenum filius, nulli uxor inpegit? quia in bello tutae sunt? quia in pace otiosae? quia nec habere illas periculosum est nec operosum disponere?» (*Epistulae*, 119,6);
- «Tu con la legge della natura voglio che sii ricca» (BOeuC V, p. 241; traducción castellana, cit., p.188); «ad legem naturae revertamur; divitiae paratae sunt» (*Epistulae*, 25, 4);
- «Perché non colui che ha poco, ma quello che molto desidera è veramente povero» (*ibidem*); «non qui parum habet, sed qui plus cupit, pauper est» (*Epistulae*, 2, 6);

18. M. P. Ellero no ha señalado, sin embargo, que el texto bruniano entre los dos pasajes recién citados se inspira asimismo y cita puntualmente expresiones del texto también intermedio en la epístola de Séneca: «[...] essendo che non può essere la contemplazione, ove è circonstante la turba di molti servi [...], la pastura di tante pancie mal avezze» /«non circumstat illam [la pobreza] turba servorum [...]. Facile est pascere paucos ventres», *Epistulae*, 17, 3-4.

— «A te (se strengerai il sacco della cupidità) il necessario sarà assai, e poco sarà bastante; et a lei niente baste, benché ogni cosa con le spalancate braccia apprenda. Tu chiudendo il desiderio tuo potrai contendere de la felicità con Giove» (*ibidem*); «sarcinas contrahe; nihil ex iis quae habemus necessarium est. [...] panem et aquam natura desiderat. Nemo ad haec pauper est, intra quae quisquis desiderium suum clusit cum ipso Iove de felicitate contendat» (*Epistulae*, 25, 4).

Muestra también la huella de la lectura de Séneca y la incorporación de sus textos el importantísimo capítulo de la Solicitud o Diligencia, con el discurso de Júpiter a esta virtud y el posterior de la virtud misma. El comienzo del discurso de Júpiter exhortando a esta virtud a ocupar su puesto en el cielo (esto es, en el ánimo humano) reproduce las consideraciones de Séneca sobre el trabajo (*labor*):

«Voglio, o Diligenza, che ottegni questo nobil spacio nel cielo, perché tu sei quella che nutri con la fatica gli animi generosi. Monta, supera e passa con uno spirto, se possibil fia, ogni sassosa e ruvida montagna» (BOeuC V, p. 305; traducción castellana, cit., p.212); «surge et inspira et clivum istum uno si potes spiritu exsupera. Generosos animos labor nutrit» (*Epistulae*, 31, 4-5).

El desarrollo bruniano posterior, con la incitación a la Diligencia a vencerse a sí misma, es una amplificación de un *dictum* senequiano en esa misma epístola: «Infervora tanto l'affetto tuo, che non solo resisti e vinci te stessa [...] vieni al meno ad esser opresa da te medesima. La somma perfezzione è non sentir fatica e dolore, quando si comporta fatica e dolore» (BOeuC V, pp. 305-307; traducción castellana, cit., p. 212). Séneca, en efecto, había dicho: «Labor bonum non est: quid ergo est bonum? Laboris contemptio» (*Epistulae*, 31, 4).

La continuación del discurso muestra una conexión más laxa con Séneca, pero sigue siendo, no obstante, apreciable e incluso se hace más literal y explícita en un pasaje paralelo de los *Eroici furori*[19]. No ol-

---

19. «Se vuoi essere là dove dove il polo sublime della Verità ti vegna verticale, passa questo Apennino» (BOeuC V, p. 307; traducción castellana, cit., p.212). Cfr. Séneca, *Epistulae*, 31, 8-9: "Quomodo", inquis, "isto [al sumo bien] pervenitur?"

videmos que en el *Spaccio* la Solicitud ocupa en el cielo el espacio de la constelación de Perseo (héroe que no se ve depuesto del cielo, porque simboliza dicha virtud), del mismo modo que la Fortaleza asciende al cielo a acompañar a su símbolo Hércules (la constelación de Engonasin o el Arrodillado). Son virtudes activas y socialmente productivas, imprescindibles, llamadas a reprimir y rectificar el error y vicio contemporáneos –causados e instigados por la Reforma protestante– del ocio inerte, del desprecio por el buen obrar y de la condena de la contemplación intelectual, por mor de la errónea e insana doctrina de la justicia de la fe y del nulo valor meritorio de las obras. Es, por tanto, muy significativo y consecuente que –del mismo modo que Bruno opone a la religión cristiana, especialmente en la versión reformada, del ocio y de la perspectiva ultramundana, la antigua religión romana de la gloria mundana y de la acción en beneficio de la república humana, en sintonía con Maquiavelo[20]– construya también el elogio del esfuerzo y de la solicitud con ayuda del estoico Séneca.

La llamada de Júpiter a la Solicitud prosigue con una exhortación a la unidad en el ejercicio humano, al despliegue simultáneo de la *acción* y de la *contemplación*: «Non voglio che possi dividerti: perché se ti smembrerai, parte occupandoti a l'opre de la mente e parte a l'oprazioni del corpo, verrai ad esser defettuosa a l'una e l'altra parte; e se più ti adonnarai a l'uno, meno prevalerai ne l'altro verso: se tutta inclinarai a cose materiali, nulla vegni ad essere in cose intellettuali, e per l'incontro»[21].

Esta reivindicación de un sujeto humano atento, a la vez, a la acción y a la contemplación vuelve a plantearse –como es sabido– más adelante en la *Expulsión*, en aquellas páginas concretamente en que, frente al ocio inerte, se proclama: «[...] ha determinato la providenza che [l'uomo] vegna occupato ne l'azzione per le mani, e contemplazzione per l'intelletto; de maniera che non contemple senza azzione, e non opre senza contemplazione. [...] Onde sempre più e più per le so-

---

Non per Poeninum Graiumve montem». Véase en *Furori*, BOeuC VII, p. 319 (traducción castellana, cit., pp. 149s.) la cita literal.

20. Véase M. A. Granada, *Giordano Bruno. Universo infinito, unión con Dios, perfección del hombre*, cit., cap. 4: «Maquiavelo y Bruno: religión civil y crítica del cristianismo».

21. *Spaccio*, BOeuC V, p. 309; traducción castellana, cit., p. 213.

llecite et urgenti occupazioni allontanandosi dall'esser bestiale, più altamente s'approssimano a l'esser divino»[22]. De nuevo y significativamente, pero sin que pueda ya sorprendernos, el Séneca moral nos ofrece un paralelo que muy probablemente Bruno ha tenido presente. La misma epístola 31 que Bruno ha usado en el discurso a la Solicitud proclama que la naturaleza «te ha provisto de aquellos recursos que, si no los desaprovechas, te elevarán a la misma altura de Dios»[23]. Pero es que, además, el Séneca que en su diálogo *De brevitate vitae* ha procurado a Bruno ejemplos plásticos del ocio inerte, inútil y degradante[24], le procura también en el *De otio* la doctrina del desarrollo armónico y complementario de la acción y de la contemplación: «Solemus dicere summum bonum esse secundum naturam vivere: natura nos ad utramque genuit, et contemplationi rerum et actioni» (*De otio*, 5, 1); «natura autem utrumque facere me voluit, et agere et contemplationi vacare: utrumque facio, quoniam ne contemplatio quidem sine actione est» (*ibi*, 5, 8)[25].

Séneca presenta este tema insistiendo a la vez sobre un punto al que también es sensible, por fundamental, Bruno: la fugacidad del tiempo, la brevedad de la vida, la escasez del tiempo que se nos ha concedido: «Ad haec [el mundo y su estructura] quaerenda natus, aestima quam non multum acceperit tempus, etiam si illud totum sibi vendicat» (*De otio*, 5, 7). Es, no obstante, *De brevitate vitae* la obra en la que, poco antes de los pasajes sobre el ocio indigno que Bruno ha tenido presentes en la *Expulsión*, Séneca despliega por extenso el tema. El filósofo moral señala dos motivos: primero la brevedad de la vida; en segundo lugar y sobre todo que la vida es breve para el necio, esto es, para la mayoría, que vive sin vivir, malgastando y derrochando el tiempo,

---

22. *Ibidem*, p. 343; traducción castellana, cit., p. 227. Véase asimismo M. A. Granada, *El umbral de la modernidad. Estudios sobre filosofía, religión y ciencia entre Petrarca y Descartes*, Herder, Barcelona 2000, primera parte, cap. 5: «Giordano Bruno y la *dignitas hominis*: presencia y modificación de un motivo del platonismo renacentista», pp. 252ss.

23. *Epistulae*, 31, 9: «Dedit tibi illa quae si non deserueris, par deo surges».

24. Señalados oportunamente por M. P. Ellero en su anotación. Cfr. *De brevitate vitae*, 12, 1-3.

25. Citamos los diálogos por la edición de L. D. Reynolds: L. A. Seneca, *Dialogorum libri duodecim*, Clarendon Press, Oxford, 1977. Para la traducción castellana véase L. A. Séneca, *Diálogos*, traducción de C. Codoñer, Tecnos, Madrid 1986.

como si nunca fuera a faltar: «Tamquam semper victuri vivitis, numquam vobis fragilitas vestra succurrit, non observatis quantum iam temporis transierit» (*De brevitate vitae*, 3, 4); «nemo aestimat tempus; utuntur illo laxius quasi gratuito» (*ibi*, 8,2); «nemo restituet annos, nemo iterum te revocabit aut supprimet» (*ibi*, 8, 5)[26].

Y Séneca comenta la huída precipitada del tiempo hacia delante, la fugacidad del momento presente: «Praesens tempus brevissimum est, adeo quidem ut quibusdam nullum videatur; in cursu enim semper est, fluit et praecipitatur; ante desinit esse quam venit, nec magis moram patitur quam mundus aut sidera, quorum inrequieta semper agitatio numquam in eodem vestigio manet» (*De brevitate vitae*, 10, 6). Es una reflexión que hallamos también en Giordano Bruno, precisamente en las páginas de la *Expulsión* en las que –tras el discurso de Júpiter a la Solicitud, donde tan fuerte es la presencia de Séneca a través de las *Epistulae*– la virtud toma la palabra para dirigir un discurso enfervorizado a sus virtudes acólitas con vistas a movilizar el sujeto humano en la dirección de la acción. En este discurso, donde el componente autobiográfico pasa a primer plano y donde los préstamos a Séneca son también abundantes, Bruno pone en boca de la Solicitud las siguientes palabras: «Su, Diligenza, che fai? Perché tanto ociamo e dormiamo vivi, se tanto tanto doviamo ociar e dormire in morte? Atteso che se pur aspettiamo altra vita o altro modo di esser noi, non sarà quella nostra, come di chi siamo al presente: perciochè questa, senza sperar giamai ritorno, eternamente passa»[27].

Es una declaración fortísima e importantísima, en la que trasluce la doctrina metafísica bruniana de la unidad de la sustancia infinita, de la permanencia incesante del Ser único y universal a través de la mutación incesante de los modos individuales finitos («aspettiamo altro modo di esser noi») e irrepetibles[28], pero donde es también manifiesta la coincidencia con el Séneca moral en la viva convicción de la finitud de nuestra vida y en la exigencia del aprovechamiento integral del

---

26. Para la adopción por Bruno del tema averroísta de los «muertos en vida» para designar a quienes no se elevan a la contemplación intelectual, esto es, a la Filosofía, véase *supra*, cap. I.

27. *Spaccio*, BOeuC V, p. 311; traducción castellana, cit. *supra*, p. 223.

28. Sobre esta problemática véase *supra*, cap. VII: «Universo infinito, *vicissitudine* y "verdadera moralidad"».

tiempo para una vida activa plena y enriquecedora tanto de uno mismo como de la sociedad. Incluso podemos percibir un préstamo casi literal que no ha sido señalado hasta ahora: si Séneca decía en *De brevitate vitae*, 8, 5: «Vita festinat: mors interim aderit, cui velis nolis vacandum est», Bruno replica: «Tanto tanto doviamo ociar e dormire in morte [...] percioché questa [vita] [...] eternamente passa». Es en virtud de una vida vivida bajo el signo de la Solicitud por lo que Bruno, como conclusión de este discurso en el que tantos ecos autobiográficos y personales están presentes, se permite mirar con serenidad el final:

> Fà [Timore] che prima che il torpore e morte mi tolga le mani, io mi ritrove talmente provista che non mi possa togliere la gloria de l'opre. Sollecitudine, fà che sia finito il tetto prima che vegna la pioggia; fa che si ripare a le fenestre prima che soffieno gli Aquiloni et Austri di lubrico et inquieto inverno. Memoria del bene adoperato corso de la vita, farai tu che la senettute e morte pria mi tolga, che mi conturbe l'animo. Tu Téma di perdere la gloria acquistata ne la vita, non mi farai acerba, ma cara e bramabile, la vecchiaia e morte.[29]

En suma, la construcción de una teoría de la moral activa, contrapuesta a la errónea doctrina reformada basada en la justicia de la fe, se hace en buena parte echando mano al activismo estoico de Séneca. Y precisamente un punto central de esta teoría, la valoración del tiempo como un bien fugaz que se nos escapa precipitadamente de las manos, es presentado por Bruno en fórmulas tomadas de Séneca. Si el pasaje del *Spaccio* que hemos citado nos habla de la vida que, rápida y precipitadamente, pasa para siempre obligándonos a llenarla con una acción plena de sentido, en *Los Heroicos Furores* hallamos la cita literal, de nuevo tácita, de Séneca: «[...] essendo che sí mirabilmente precipitoso scorra il presente»[30].

A la presentación y comentario de la presencia escondida de Séneca en este importantísimo lugar de los *Eroici furori* –presencia que no habíamos reconocido en nuestro comentario a la edición Belles Lettres y que tampoco ha sido señalada, si no estamos mal informados, por nin-

---

29. *Spaccio*, BOeuC V, pp. 315-317; traducción castellana, cit., pp. 215s.
30. BOeuC VII, p. 377 (traducción castellana, cit., p. 176). «Praesens tempus [...] fluit et praecipitatur», decía *De brevitate vitae*, 10,6.

gún otro estudioso, pero que hemos anunciado someramente en la recentísima edición U.T.E.T. de las *Opere italiane*[31] del filósofo a la espera del momento presente– está dedicada esta nota, después de tan prolija y extensa presentación, que esperamos será juzgada útil, si no necesaria, para situar en su justo horizonte la apelación bruniana a Séneca en la página de los *Eroici furori* que vamos a abordar a continuación.

II

En el segundo diálogo de la segunda parte de *Los Heroicos Furores* Bruno aborda una problemática decisiva: la metamorfosis de Acteón (es decir, del filósofo auténtico, de Bruno mismo) cuando, en la cumbre del ascenso intelectual, contempla la divinidad, la Unidad, en el universo infinito que es el retrato de la misma. Para ello el comienzo de ese diálogo plantea la necesidad de no confundir en una «certa neutralità e bestiale equalità»[32] la diferencia natural entre los seres humanos, entre la mayoría que no se eleva por encima del conocimiento sensible y la minoría de los sujetos intelectuales y contemplativos que –como había dicho *La cena de las cenizas*– «son verdaderamente hombres»[33]. Precisamente, Aristóteles ha dado comienzo (en opinión de Bruno) a la época de las tinieblas y abierto las puertas al cristianismo cuando con su filosofía *vulgar*, basada en la experiencia sensible, ha entronizado el *pedantismo*, triunfante en la cultura contemporánea a Bruno con su reducción de la filosofía a lenguaje y con la pretensión –la alusión al cristianismo parece aquí obvia– de una universal elevación a la divinidad: «Non vedete oltre in quanta iattura siano venute le scienze per questa caggione che gli pedanti hanno voluto essere filosofi, tratar cose natu-

---

31. G. Bruno, *Opere italiane*, texto crítico y nota filológica de G. Aquilecchia, introducción y coordinación general de N. Ordine, comentarios de G. Aquilecchia, N. Badaloni, G. Bárberi Squarotti, M. P. Ellero, M. A. Granada, J. Seidengart, U.T.E.T., Turín 2002, vol. II, p. 688.
32. *De gli eroici furori*, BOeuC VII, p. 373; traducción castellana, cit., p.174.
33. G. Bruno, *La cena de las cenizas*, cit., p. 134 (cfr. BOeuC II, p. 193). Véase asimismo M. A. Granada, *Giordano Bruno*, cit., pp. 43ss. y *supra*, cap. I.

rali, intromettersi a determinar di cose divine? Chi non vede quanto male è accaduto et accade per averno simili fatte "ad alti amori le mente deste"?»[34].

Frente a ello Bruno –y ahí reside en gran medida la misión histórica que él considera habérsele conferido por el destino– afirma la distinción y reivindica la Filosofía como empresa intelectual de los sujetos «alados» (es obvia la alusión platónica) frente al pedantismo: «Il "sursum corda" non è intonato a tutti, ma a quelli che hanno l'ali. Veggiamo bene che mai la pedantaria è stata più in exaltazione per governare il mondo, che a'tempi nostri [...]. Però a questo tempo massime denno esser isvegliati gli ben nati spiriti armati dalla verità et illustrati dalla divina intelligenza, di prender l'armi contra la fosca ignoranza, montando su l'alta rocca et eminente torre di contemplazione. A costoro conviene d'aver ogn'altra impresa per vile e vana»[35].

Y del mismo modo que, en la *Expulsión*, la condena del ocio indigno y de la actividad estéril y en el fondo ociosa se realizaba mediante préstamos tácitos del Séneca moral, al igual que la exaltación del sujeto humano activo en la construcción de una república bien ordenada y en la proscripción de los vicios, también ahora, en *Los Heroicos Furores*, nos encontramos con idéntica utilización tácita y literal de Séneca. Como en la *Expulsión*, el tema es el tiempo, su curso rápido e inexorable, la brevedad de la vida y la consiguiente necesidad de ser consciente del tiempo, de vivirlo y de vivir la vida bajo el imperio de la Solicitud. En la *Expulsión* eso se traducía en el buen empleo del tiempo en el ámbito de la *vida activa*; en las páginas de los *Furori* que venimos comentando se manifiesta en el desarrollo esforzado y constante de la contemplación filosófica, en la «caza» cognoscitiva de la divinidad en la naturaleza infinita y homogénea en que se expresa. Por eso, continúa Bruno:

> Questi [los sujetos heroicos y contemplativos a los que ha convocado a la batalla contra el pedantismo] non denno in cose leggieri e vane spendere *il tempo, la cui velocità è infinita* [cfr. Séneca, *Epistulae*, 49, 2: «Infinita est velocitas temporis»]: essendo che sì mirabilmente

---

34. *Furori*, BOeuC VII, p. 373; traducción castellana, cit., p.174.
35. *Ibi*, p. 377; traducción castellana, cit., p.176.

precipitoso scorra il presente [cfr. *Epistulae*, 49, 2: «[...] ad praesentia intentos fallit; adeo praecipitis fugae transitus lenis est»; *De brevitate vitae*, 10, 6: «[...] *praesens [...] fluit et praecipitatur*», cit. *supra* n. 30], e con la medesima presteza s'accoste il futuro. Quel che abbiamo vissuto è nulla [cfr. *Epistulae*, 49, 3: «Quidquid temporis transit eodem loco est; pariter aspicitur, una iacet; omnia in idem profundum cadunt»], *quel che viviamo è un punto* [cfr. *Epistulae*, 49, 3: «*Punctum est quod vivimus et adhuc puncto minus*»] quel che abbiamo a vivere non è ancora un punto, ma può essere un punto, il quale insieme sarà e sarà stato[36].

El texto continúa con unos ejemplos de trágica pérdida o mejor de trágico empleo inútil e indigno del tiempo, los cuales –como veremos– tienen también un paralelo en Séneca. Pero tras la enumeración de esos ejemplos, Bruno adopta de nuevo el tono sentencioso y magistral concluyendo:

[36]. *Ibidem*; cursiva nuestra. Ya Averroes había dicho en el proemio al *Comentario a la Física*: «Cum noverit sapiens parvitatem vitae suae [...] et quod proportio vitae suae ad tempus sempiternum est sicut puncti ad lineam», y en consecuencia «non procurabit propriam vitam, et tunc erit fortis ex necessitate» (*In libros Physicorum Aristotelis Prooemium*, en Aristoteles, *Opera omnia*, Apud Iunctas, Venecia, 1574, vol. IV, p. 2A). Bruno evoca y alude a este pasaje en *Furori*, BOeuC VII, p. 101: «Il sapiente ha tutte le cose mutabili come cose che non sono, et afferma quelle non esser altro che vanità et un niente: perché il tempo a l'eternità ha proporzione come il punto a la linea» (traducción castellana, cit., p. 48); véase M. A. Granada, *Giordano Bruno*, cit., p. 61, y sobre la dimensión metafísica y moral *supra*, cap. VII. Bruno trata en estas páginas construidas sobre Averroes el problema ontológico de la relación entre el modo finito y la sustancia única e infinita, así como las consecuencias morales que de todo ello se desprenden, mientras que en las posteriores construidas sobre Séneca su objetivo es plantear, ante la realidad de la finitud del tiempo de nuestro modo finito, la necesidad del aprovechamiento integral del mismo. Sin embargo no nos resistimos a señalar que la expresión según la cual el sabio «non si dismette né si gonfia di spirito, vien continente nell'inclinazioni e temperato nelle voluptadi» (*Furori*, BOeuC VII, p. 101; pasaje paralelo a *Del infinito*, BOeuC IV, p. 39: «[...] nullo strano accidente ne dismetta per doglia o timore, e nessuna fortuna per piacere o speranza ne estoglia: onde aremo la vera vera alla vera moralità») tiene un cierto paralelo en Séneca, allí donde de la *Consolatio ad Helviam* retrata al sabio con los siguientes rasgos: «Nec secunda sapientem evehunt nec adversa demittunt; laboravit enim semper ut in se plurimum poneret, ut a se omnium gaudium peteret» (5, 1) y «at ille, qui se laetis rebus non inflavit, nec mutatis contrahit. Adversus utrumque statum invictum animum tenet exploratae iam firmitatis; nam in ipsa felicitate quid contra infelicitatem valeret expertus est» (5, 5).

È gran cosa certo che *il tempo che non può bastarci manco alle cose necessarie, quantumque diligentissimamente guardato, viene per la maggior parte ad esser speso in cose superflue*, anzi cose vili e vergognose[37] [cfr. Séneca, *Epistulae*, 49, 5: «Eo magis ita indignor aliquos ex hoc tempore quod sufficere ne ad necessaria quidem potest, etiam si custoditum diligentissime fuerit, in supervacua maiorem partem erogare»; cfr. *ibi*, 48, 12: «Etiam si multum superesset aetatis, parce dispensandum erat ut sufficeret necessariis: nunc quae dementia est supervacua discere in tanta temporis egestate»].

La construcción del propio texto sobre el modelo del autor latino es obvia y no deja espacio a duda alguna. Pero es que, además, Bruno aduce –al igual que había hecho Séneca– algunos ejemplos de mal uso del tiempo (uso pedantesco, por tanto ocioso) en el estudio. Así, el moralista romano se había referido a las inepcias de los dialécticos: «"Mus syllaba est; mus autem caseum rodit; syllaba ergo caseum rodit". Puta nunc me istuc non posse solvere: quod mihi ex ista inscientia periculum inminet? Quod incommodum? [...] O pueriles ineptias!»[38]. Por su parte Bruno ejemplifica: «E tra tanto questo s'intesse la memoria di genealogie, quello attende a desiferar scritture, quell'altro sta occupato a moltiplicar sofismi da fanciulli. Vedrai verbigracia un volume pieno di: *"Cor" est fons vite, "nix" est alba: ergo "cornix" est fons vitae alba*. Quell'altro garrisce se il nome fu prima o il verbo, l'altro se il mare o gli fonti, l'altro vuol rinovare gli vocaboli absoleti che per esserno venuti una volta in uso e proposito d'un scrittore antico, ora de nuovo le vuol far montar a gli astri; l'altro sta su la falsa e vera ortografia, altri et altri sono sopra altre et altre simili frascarie, le quali molto più degnamente son spreggiate che intese»[39].

Para Séneca no cabe duda de que tales ejercicios y arguicias son contraproducentes: «Utinam tantum non prodessent! nocent. Hoc tibi cum voles manifestissimum faciam, comminui et debilitari generosam

---

37. *Furori*, BOeuC VII, p. 379; cursiva nuestra. Cfr. la traducción castellana, cit., p. 177.
38. *Epistulae*, 48, 6-7.
39. *Furori*, BOeuC VII, pp. 377-379; traducción castellana, cit., pp. 176s. Cfr. Séneca, *Epistulae*, 49, 6: «Nec ego nego prospicienda ista, sed prospicienda tantum et a limine salutanda, in hoc unum, ne verba nobis dentur et aliquid esse in illis magni ac secreti boni iudicemus. Quid te torques et maceras in ea quaestione quam subtilius est contempsisse quam solvere?».

indolem in istas argutias coniectam»[40]. Del mismo modo Séneca aduce, en la epístola 49, el ejemplo de quien, en una situación de peligro inminente para la ciudad, pierde el tiempo en cuestiones privadas e intrascendentes:

> *Demens* omnibus merito viderer, si cum saxa in munimentum murorum senes feminaeque congererent, cum iuventus intra portas armata signum eruptionis expectaret aut posceret, cum hostilia in portis tela vibrarent et ipsum solum suffossionibus et cuniculis tremeret, sederem *otiosus* et eiusmodi *quaestiunculas* ponens: «quod non perdidisti habes; cornua autem non perdidisti; cornua ergo habes» aliaque ad exemplum huius acutae delirationis concinnata. Atqui aeque licet tibi *demens* videar si istis inpendero operam: et nunc obsideor. Tunc tamen periculum mihi obsesso externum inmineret, murus me ab hoste secerneret: nunc mortifera mecum sunt. Non vaco ad istas *ineptias*; ingens *negotium* in manibus est[41].

No cabe excluir, pensamos, que a este pasaje de Séneca replique Bruno, cambiando el ejemplo del terreno de las sutilezas y sofismas lógicos al de las disquisiciones matemáticas, con la alusión a la muerte de Arquímedes durante el asedio romano a Siracusa, donde el Nolano deja patente su oposición a la valoración tradicional de la actitud del geómetra griego, degradándola al nivel del comportamiento propio de un «senex puer»:

---

40. *Epistulae*, 48, 9.
41. *Ibi*, 49, 8-9; cursiva nuestra. La traducción castellana reza: «Con razón me tacharían todos de loco, si mientras ancianos y mujeres amontonan piedras para fortificar los muros, mientras la juventud armada dentro del recinto espera o reclama la señal del ataque, mientras los dardos del enemigo centellean ante las puertas y el propio suelo se estremece ante las perforaciones y minas, me sentase yo *tranquilo* proponiendo *acertijos* de esta clase: "Lo que no has perdido lo posees; es así que no has perdido los cuernos, luego posees cuernos"; y otros sofismas elaborados a ejemplo de este sutil desvarío. Ahora bien, puedes considerarme igualmente *loco* si dedico mi trabajo a esas fruslerías: también ahora me veo yo cercado. Sólo que, en caso de guerra, vendría del exterior el peligro que me amenazaría durante el asedio; la muralla me separaría del enemigo. Ahora las armas mortíferas están dentro de mí. No dispongo de tiempo para esas *bagatelas*: llevo entre manos un *asunto* trascendental».

Non è da ridere di quello che fa lodabile Archimede o altro appresso alcuni, che a tempo che la cittad andava sottosopra, tutto era in ruina, era acceso il fuoco ne la sua stanza, gli nemici gli erano dentro la camera a le spalle, nella discrezzion et arbitrio de quali consisteva de fargli perdere l'arte, il cervello e la vita; e lui tra tanto avea perso il senso e proposito di salvar la vita, per averlo lasciato a dietro a perseguitar forse la proporzione de la curva e la retta, del diametro al circolo o altre simili matesi, tanto degne per giovanetti quanto indegne d'uno che (se posseva) devrebbe essere invecchiato et attento a cose più degne d'esser messe per fine de l'umano studio[42].

En cualquier caso, la valoración irónica que a Bruno ha merecido la actividad estudiosa del pedantismo: «[...] qua diggiunano, qua ismagriscono, qua intisichiscono, qua *arrugano la pelle*, qua *allungano la barba*, qua *marciscono*, qua poneno l'àncora del sommo bene»[43], encuentra su réplica, a veces también literal, en Séneca: «O pueriles ineptias! in hoc *supercilia subduximus*? in hoc *barbam demisimus*? hoc est quod *tristes* docemus et *pallidi*?»[44]. Bruno prosigue con su sarcasmo diciendo: «Con questo spreggiano la fortuna, con questo fan riparo e poneno lo scudo contra le lanciate dal fato. Con tali e simili vilissimi pensieri credeno *montar a gli astri, esser pari a gli dèi*, e comprendere il bello e buono che *promette la filosofia*»[45]. Por su parte Séneca se expresa en los siguientes términos: «Quid [...] et grandia locuti [...] ad grammaticorum elementa descenditis? Quid dicitis? Sic *itur ad astra*? Hoc enim est quod mihi *philosophia promittit, ut parem deo faciat*»[46].

---

42. *Furori*, BOeuC VII, pp. 379-381; traducción castellana, cit., p. 177. La muerte de Arquímedes es narrada por Plutarco, *Vida de Marcelo*, 19, con el reconocimiento y admiración ante quien se ha elevado a la contemplación intelectual y a la investigación teórica.
43. *Ibi*, p. 379 (traducción castellana, cit., p. 177); cursiva nuestra.
44. *Epistulae*, 48, 7; cursiva nuestra.
45. *Furori*, BOeuC VII, p. 379 (traducción castellana, cit., p. 177); cursiva nuestra.
46. *Epistulae*, 48, 11; cursiva nuestra. Cfr. *ibi*, 48, 7: «Vis scire quid philosophia promittat generi humano? consilium», donde la promesa de la filosofía (asimilación a la divinidad; la fórmula se remonta a Platón) se opone al incumplimiento de la misma por los pedantes (cfr. la mención de los "gramáticos"), los cuales disfrazan y ocultan su incumplimiento con la apariencia falaz del «sileno invertido». Sobre todo ello véase *supra*, cap. I.

CONCLUSIÓN

De lo visto hasta aquí a propósito de los dos grandes diálogos morales cabe inferir la alta probabilidad de que en ellos se escondan todavía otras citas tácitas y préstamos puntuales del Séneca moral, de las *Epístolas a Lucilio* sobre todo, pero quizá también de los *Diálogos*, incorporadas por medio de la traducción italiana al propio discurso filosófico del pensador italiano. Las presentes páginas habrán alcanzado su objetivo si consiguen estimular a algún lector a la búsqueda paciente y meticulosa de esos préstamos y correspondencias.

ÍNDICE ONOMÁSTICO

Abraham 53, 206
Acosta, E. 83
Acteón 119, 129, 231, 232, 271
Adam, A. 149
Agamenón 93, 95
Agustín, san 9, 107, 113, 115, 116, 117, 118, 119, 123, 124, 128, 131, 177, 199, 205, 253, 257, 262
Alcibíades 63, 64, 159, 163, 165, 167
Alejandro de Afrodisia 27, 81
Alejandro Magno 60
al-Farabi *véase* Farabi, al-
Alonso, D. 166
Antístenes 159
Apolo 191, 192, 203
Aquilecchia, G. 37, 45, 49, 50, 108, 110, 131, 133, 134, 135, 261, 264, 271
Aquiles 261
Aristóteles 13, 15, 18, 19, 24, 27, 33, 53, 57, 59, 60, 61, 62, 66, 74, 75, 79, 80, 81, 82, 101, 130, 154, 159, 161, 163, 176, 197, 198, 199, 200, 201, 202, 212, 219, 220, 226, 245, 246, 247, 255, 256, 271
Armesso 70
Arquímedes 275, 276
Asclepio 52, 97
Asno Cilénico 235, 254
Atenágoras 55
Augustijn, C. 165
Avempace 20
Averroes 13, 18, 20, 23, 27, 28, 30, 37, 40, 68, 72, 75, 79, 80, 81, 82, 102, 130, 158, 176, 180, 181, 182, 219, 246, 261, 273

Bacon, F. 107, 216
Badaloni, N. 50, 271
Barbaro, E. 64, 65
Bárberi Squarotti, G. 49, 233, 271
Basilio de Cesarea 167
Bataillon, M. 166
Battaglia, S. 149
Bausi, F. 65
Bayod, J. 67, 79, 150

Beatriz (Dante) 111, 112
Beierwaltes, W. 191
Benoit, J.-D. 151
Bianchi, L. 25, 68, 75
Bierlaire, F. 136
Blumenberg, H. 88, 189, 235
Bodei, R. 116
Boecio 113, 261
Bolzoni, L. 109, 110
Boyancé, P. 95
Bracciolini, P. 95
Brague, R. 20, 21, 22, 82
Brisson, L. 64
Brunschvicg, L. 209, 210
Buenaventura, san 24
Burnett, Ch. 74

Canfora, L. 17, 75
Canone, E. 46, 96, 103, 115, 157, 158, 198, 225, 237, 239, 241
Calepinus, A. 245, 258
Calvino, J. 115, 129, 137, 139, 146, 149, 150, 151, 152, 153, 155, 175, 232, 261
Cantimori, D. 156, 159
Canziani, G. 56
Castelnau, M. de 118
Cavaillé, J. P. 42, 49
Celso 55
Chantraine, G. 165
Chiavacci Leonardi, A. M. 112
Cicerón, M. T. 245, 246, 255
Ciliberto, M. 49, 53, 60, 98, 108, 114, 133, 141, 153, 155, 160, 170, 255, 258
Clemente de Alejandría 166

Clericus, J. 178
Colli, G. 125
Copérnico, N. 47, 66, 97, 107, 259
Corti, M. 129
Crisóstomo, san Juan 158, 167
Cristo 9, 12, 19, 24, 33, 35, 39, 43, 52, 53, 57, 59, 73, 101, 102, 103, 114, 115, 116, 118, 119, 128, 129, 130, 131, 136, 138, 139, 140, 141, 142, 143, 144, 145, 146, 149, 150, 152, 153, 154, 159, 160, 161, 162, 163, 165, 166, 167, 168, 172, 173, 176, 183, 184, 185, 186, 187, 189, 193, 195, 196, 199, 200, 201, 202, 203, 207, 210, 211, 212, 223, 225, 226, 227, 232, 237, 252
Curione, Celio Secondo 179
Cusano, N. 218, 251, 261

D'Alverny, M.-Th. 74
Dagron, T. 42, 50, 240
Dante Alighieri 9, 13, 28, 66, 68, 105, 106, 107, 109, 110, 111, 112, 113, 115, 117, 123, 124, 128, 129, 130, 131, 163, 172
De Bujanda, J. M. 157
De Robertis, D. 109
Demócrito 11
Diana 138, 152, 192, 193, 203, 231, 232, 234
Digges, Th. 114, 144

Diógenes 159
Dionisio Areopagita 192
Domanski, J. 24, 167

Echandi, S. 64
Ellero, M. P. 49, 150, 152, 264, 265, 268, 271
Enrique de Navarra 34
Epicteto 159, 208, 209
Epicuro 9, 69, 83, 85, 91, 92, 93, 94, 96, 98, 99, 101, 102, 104, 261
Erasmo de Rotterdam 9, 19, 46, 63, 64, 136, 138, 139, 145, 150, 151, 153, 155, 156, 157, 158, 159, 160, 161, 162, 164, 165, 166, 167, 168, 169, 170, 172, 173, 174, 175, 176, 177, 178, 179, 180, 181, 182, 247, 255, 258
Estagirita *véase* Aristóteles
Estellés González, M. 258

Farabi, al– 20, 21, 34, 75, 176
Ficino, M. 39, 85, 86, 95, 99, 235, 261, 264
Filodemo 84
Filoteo 70, 105, 121
Finocchiaro, M. 27
Fiorentino, F. 50, 53
Firpo, L. 25, 26, 158, 190
Flamini, F. 108, 109, 110, 111, 124

Gaiser, K. 62, 78
Galileo 27, 33, 47, 75

García Gual, C. 83, 87
Garcilaso de la Vega 86
Gasbarri, P. 165
Gatti, H. 27, 241
Gauthier, R. A. 130
Genequand, Ch. 81
Gentile, G. 108, 110, 133, 134, 135, 136, 261, 262
Goclenius, R. 245, 255, 258
Goldoni, D. 56
González Prada, M. R. 50, 55, 106, 169, 217, 259
Gosselin, E. A. 135, 140, 146
Gouhier, H. 183, 203, 206, 207, 208, 210, 212
Gourinat, B. 64
Grasset, B. 211
Guglielminetti, M. 110

Hadot, P. 167, 216
Hadzsits, O. D. 95
Halkin, L.-E. 136
Hamesse, J. 194
Hariot, Th. 235
Hayoun, M.-R. 22
Hércules 35, 128, 267
Hermes Trimegisto 97
Hissette, R. 75, 189
Hobbes, Th. 153
Homero 261
Horacio, Q. 65, 88
Hoven, R. 136
Huguet, E. 150

Ícaro 106
Ifigenia 93
Imbach, R. 129

Ingegno, A. 125, 129, 137, 138, 139, 146, 147, 149, 150, 151, 152, 155, 161, 162, 176, 232, 261
Isabel I 34, 37, 39, 135

Jerónimo, san 158
Jesucristo *véase* Cristo
Juan Bernardo 233
Juno 74
Júpiter 35, 144, 153, 170, 217, 239, 264, 266, 267, 269
Justino 166

Kant, I. 107
Kristeller, P. O. 95, 135

Laura (Petrarca) 111
Le Roy, L. 245, 247, 258
Lemke, D. 91
Leteo 238, 239
Levi ben Gerson 20
Lledó, E. 45, 99
Löwith, K. 202
Lucrecio 9, 83, 84, 85, 87, 88, 89, 90, 91, 92, 93, 94, 95, 96, 97, 98, 99, 101, 102, 103, 104, 105
Lutero, M. 72, 114, 154, 175, 176, 177

Magnard, P. 109, 204
Mahnke, D. 204
Mahoma 21
Maimónides 18, 20, 22, 23, 37, 55, 75, 81, 82, 83, 145, 176, 181, 192, 193

Malingrey, A.-M. 167
Mann, N. 114, 165
Manto 105, 123, 259
Maquiavelo, N. 16, 21, 95, 267
Memnio 92, 93
Méndez Lloret, I. 84
Mendoza, R. G. 79, 241
Mercati, A. 234
Mercurio 33, 235
Mersenne, M. 203
Mico Pitagórico 235
Miller, H. C. 137
Minerva 36, 74, 77, 130
Mocenigo, J. 38, 234
Moerbeke, G. de 246
Moisés 21, 53, 82
Moisés de Narbona 20
Montaigne, M. de 67, 96, 199, 208, 210, 215, 216, 257
Montinari, M. 125
Moreau, P.-F. 260
Morgana 111

Narciso 234, 235
Nardi, B. 129, 148, 149, 182
Nietzsche, F. 53, 54, 125, 187, 202
Norden, E. 86
Nundinio 62, 63, 148

Onorio 235, 239
Ordine, N. 21, 35, 43, 49, 60, 96, 134, 136, 137, 222, 235, 253, 256, 264, 271
Orígenes 13, 45, 55, 131, 253
Orión 35, 57, 101, 103, 115, 128, 130, 144, 150, 152, 161, 168, 196, 199, 225

Ovidio 104, 106, 222, 235

Pablo, san 145, 168, 172, 177
Panofsky, E. 76
Papi, F. 96, 255, 258
Paris 25, 74, 75, 189
Pascal, B. 9, 183, 187, 202, 203, 204, 205, 206, 207, 208, 209, 210, 211, 212, 213
Patin, G. 149
Paulo IV 157
Pérez de Chinchón, B. 159, 178
Pérez Durá, G. G. 258
Perfetti, A. 96
Perseo 35, 128, 267
Petrarca 86, 111, 139, 156, 195, 232, 233, 236, 258, 268
Piché, D. 75
Pico de la Mirandola, G. 64, 65, 235
Pinès, Sh. 82
Pío IV 157
Pitágoras 26, 28, 106, 192, 222, 223, 235, 236, 239, 254, 257
Platón 13, 15, 16, 17, 19, 28, 34, 60, 62, 64, 79, 84, 85, 87, 98, 99, 106, 154, 159, 175, 176, 191, 200, 201, 276
Plotino 13, 191
Plutarco 85, 86, 87, 88, 90, 276
Polihimnio 61
Pomponazzi, P. 68, 148, 149, 182, 246, 247, 255, 258
Posidonio de Apamea 86
postillatore napoletano 35, 125, 144, 173, 186, 187, 240
Príapo 63

Ptolomeo 101

Quaglioni, D. 25
Quirón 153

Raimondi, F. 258
Reynolds, L. D. 263, 268
Ricci, S. 35, 133, 135, 203
Rodolfo II 31, 73, 171
Ronsard, R. de 35
Ruggiu, L. 56
Ruiz Bueno, D. 55

Sacerdoti, G. 35, 36, 38, 64, 130, 136, 138, 139, 145, 148, 149, 150, 153, 176, 193, 235
Salomón 43, 253
Schmid, W. 84
Sedeyn, O. 20
Segonds, A.-Ph. 158, 190
Seidel Menchi, S. 156, 179
Seidengart, J. 49, 271
Séneca, L. A. 9, 35, 41, 47, 117, 223, 259, 260, 261, 262, 263, 264, 265, 266, 267, 268, 269, 270, 271, 272, 273, 274, 275, 276, 277
Siger de Brabante 28
Sileno 38, 40, 60, 61, 63, 64, 65, 70, 138, 139, 142, 143, 148, 159, 160, 161, 162, 163, 276
Sócrates 11, 13, 14, 16, 17, 27, 28, 43, 51, 60, 64, 65, 74, 86, 106, 159, 200, 201, 215, 219, 230, 231

Sofía 26, 29, 84, 170, 173
Solana Dueso, J. 64
Spampanato, V. 96
Spini, G. 33
Spinoza, B. de 16, 32, 78, 82, 127, 153, 172, 182, 187, 202, 205, 209, 210, 212
Strauss, L. 17, 20, 21, 22, 23, 24, 25, 34, 38, 42, 75, 176
Sturlese, R. 59, 228

Tales 15, 36, 37, 58, 83, 151, 152, 164, 177, 178, 180, 182, 221, 232, 241, 274
Tansillo, L. 106, 107, 108, 109, 110, 111, 112, 113, 115, 117, 123, 128, 131
Tempier, E. 25, 189
Teófilo 78, 97, 107, 113
Tessicini, D. 144
Tifón 69, 70, 104
Timeo 240
Tiresias 259
Tirinnanzi, N. 108, 133
Toland, J. 37, 228, 239, 240

Tomás de Aquino 79
Torcuato 62, 63, 64, 65, 148

Ulises 129, 130

Valla, L. 158
Vanini, J. C. 75
Vasoli, C. 109
Védrine, H. 42, 241
Venus 74, 217
Virgilio, P. 86, 88, 98, 112, 131, 242, 253
Vives, J. L. 131, 253, 257, 258
Volz, P. 165

Whitgift, J. 135
Winckler, G. B. 166
Wycliff, J. 177

Yates, F. A. 65, 135

Zarka, Y.-Ch. 56, 206, 210
Zedler, B. H. 181
Zeus 104, 260
Zoroastro 11

Miguel Ángel Granada

Giordano Bruno

Universo infinito, unión con Dios, perfección del hombre

El siglo XVI es un siglo de hierro en el que Europa asiste a cambios decisivos. La reforma religiosa desemboca en la tragedia de las guerras de religión; el descubrimiento de América abre paso a la empresa depredadora de la colonización; el Estado moderno prosigue su difícil obra de construcción, al tiempo que el sistema del saber y la imagen del mundo dominantes durante siglos entran en una crisis irreversible de la que surgirá el pensamiento de la modernidad. Este libro analiza cómo Giordano Bruno (1548-1600) enfrenta en su obra buena parte de estos problemas y cómo lleva a cabo una revisión crítica del conjunto de la tradición filosófica y teológico-religiosa de Occidente. El objetivo de Bruno es elaborar un pensamiento que recupere el conocimiento de la verdadera estructura del universo y devuelva la paz civil a una Europa envenenada por el sectarismo religioso, haciendo posible al mismo tiempo a la personalidad especulativa el libre ejercicio de la filosofía.

384 págs. ISBN 84-254-2224-8

MIGUEL ÁNGEL GRANADA

El umbral de la modernidad
*Estudios sobre filosofía, religión y ciencia
entre Petrarca y Descartes*

El presente libro analiza, a lo largo del periodo comprendido entre Petrarca y Descartes (siglos XIV-XVII), algunos momentos decisivos en la gestación del pensamiento moderno. En la primera parte se estudian la renovación de la «biblioteca filosófica» llevada a cabo por el Humanismo con su programa de Renacimiento de la Antigüedad y las consecuencias en el plano filosófico-religioso (platonismo renacentista, escepticismo, Erasmo, Giordano Bruno) y político (Maquivelo). La segunda parte, en cambio, aborda la primera fase de la destrucción de la cosmología aristotélica, atendiendo a la formulación y despliegue de la cosmología copernicana, al debate sobre las «novedades celestes», a la cosmología radical de Giordano Bruno (donde el copernicanismo se radicaliza en la concepción de un universo infinito y homogéneo con infinitos sistemas planetarios) y a la formulación del ideal baconiano de la ciencia como realización de poder humano sobre la naturaleza.

514 págs. ISBN 84-254-2123-3